21世纪高职高专旅游专业模块化创新规划教材

U0826296

中国旅游客源国概况

ZHONGGUO LUYOU KEYUANGUO GAIKUANG

主　编 ◎ 何丽芳

副主编 ◎ 钟小东　刘列夫　刘　亢　刘孝利

参　编 ◎ 姚丹君　张丽萍　江　莲　翟　丽

湖南大学出版社

内容简介

本教材按照世界地理和文化特征，将我国主要客源国归为七大客源国地区。对主要客源国的自然地理、历史人文、政治经济、民俗文化、旅游资源等知识进行了系统介绍，重点突出了其特色文化、习俗礼仪、主要城市和旅游景区景点。

本书适合普通高校及高职高专院校旅游类专业学生使用，也可作为旅游行业人员培训和职业资格考试教材，还可作为旅游者旅行参考书目。

图书在版编目（CIP）数据

中国旅游客源国概况/何丽芳，欧阳莉主编．—长沙：湖南大学出版社，2013.2（2016.8重印）

ISBN 978-7-5667-0307-1

Ⅰ.①中… Ⅱ.①何… ②欧… Ⅲ.①旅游客源—概况—中国—高等学校—教材 Ⅳ.①F592.6

中国版本图书馆CIP数据核字（2013）第033401号

中国旅游客源国概况

ZHONGGUO LǓYOU KEYUANGUO GAIKUANG

作　　者：何丽芳　欧阳莉　**主编**
策　　划：严小涛
责任编辑：严小涛　**责任校对**：全　健　**责任印制**：陈　燕
印　　装：虎彩印艺股份有限公司
开　　本：710×1000　16开　**印张**：13.25　**字数**：246千
版　　次：2013年2月第1版　**印次**：2016年8月第3次印刷
书　　号：ISBN 978-7-5667-0307-1
定　　价：32.00元

出 版 人：雷　鸣
出版发行：湖南大学出版社
社　　址：湖南·长沙·岳麓山　　**邮　　编**：410082
电　　话：0731-88822559(发行部)，88821343(编辑室)，88821006(出版部)
传　　真：0731-88649312(发行部)，88822264(总编室)
网　　址：http://www.hnupress.com
电子邮箱：yanxiaotao@hnu.cn

目 次

第一章
世界旅游业与中国入境旅游市场

➤**教学目标**　知识目标：了解世界旅游业概况；熟悉世界各旅游区特点；掌握中国海外客源市场的特点

能力目标：能正确分析世界旅游客源市场格局

➤**教学难点**　世界旅游客源市场的分布格局

➤**教学重点**　国际旅游客流的地理分布规律；中国海外客源市场的特点

➤**主要内容**　世界旅游业概况

世界旅游发展概况　世界旅游业发展的特点　世界各旅游市场概况

中国入境旅游市场

中国入境客源市场划分　中国入境旅游市场的发展历程　中国入境旅游市场的基本状况

中国入境旅游市场的基本特点

自第二次世界大战结束以来，随着世界经济的发展，人们生活水平的提高和闲暇时间的增多，旅游业在全世界的范围内得到了空前的发展。全世界的旅游客流总量（包括国际旅游和国内旅游）逐年增长，呈现出持续上升的趋势。中国自改革开放以来，入境旅游市场快速发展，到 2009 年我国接待国际游客人次排在法国、美国和西班牙之后，居全球第四位，入境旅游收入居全球第五位。

第一节　世界旅游业概况

一　世界旅游业发展概况

近代旅游业发端于 19 世纪中叶的西欧和北美。伴随着火车和轮船的出现，19 世纪六七十年代，西欧和北美出现了专门组织国内和跨国旅游的旅行社。以后，随着科学技术革命的日新月异、经济文化的迅速发展、国际交往的日益频繁，旅游的范围从局部地区向跨国、跨洲扩展，现代世界旅游业进入了一个全新阶段。

根据世界旅游组织的有关统计数据，从1950年到2010年，全世界国际旅游客流量增长了将近36.9倍，国际旅游收入总量增长了将近476倍，见表1-1。

表1-1 1950—2008年全世界国际旅游人次和收入

年份	旅游人次（百万）	旅游收入（十亿美元）
1950	25.3	2.10
1960	69.3	6.9
1971	172.2	20.9
1980	286.5	105.4
1990	455.9	464.1
2000	687.3	473.4
2006	842.0	793.0
2008	924.0	900.0
2010	935.0	1 000.0

过去60年来，世界旅游业发展一直长盛不衰，期间虽然也有波动，但总体上呈现高速增长态势。推动世界旅游业迅速发展的关键因素有三个：一是各国经济快速增长及与其相关的国民收入稳步提高，使人们有能力支付旅游旅行费用；二是交通运输技术的迅速发展，使长途旅行发生了巨大的变化，大大缩短了国家与国家之间的距离，使“地球村”的理念成为现实；三是劳动生产率的大幅度提高和人权、民生状况的不断改善，使人们可以有大量的闲暇时间用于旅游旅行。

二 世界旅游业发展的特点

1. 世界旅游市场出现的新格局

从旅游目的地区域板块划分来看，欧洲和北美长期以来是世界上最受欢迎的两大旅游胜地，是全球旅游市场的“双雄”。但最近10年来，情况却在发生快速变化。经济全球化和区域经济一体化的进程深刻地影响着世界旅游业的发展，也打破了原有的旅游市场格局。东亚及太平洋地区已经成为国际旅游者第三首选目的地，形成了欧洲、北美、东亚及太平洋地区“三足鼎立”的新格局。1950年，东亚及太平洋地区所接待的国际游客量不足19万人，到2000年接待的游客量达到了1.12亿人，2010年接近2亿人，约占全球份额20%。据预测，到2020年，东亚及太平洋地区接待国际旅游人数占全球份额将上升为27.3%，超过北美，位居世界第二，进一步巩固“三足鼎立”的新格局。

2. 度假旅游呈持续增长之势

随着经济社会的发展，人们的休闲时间与时俱增，恩格尔系数则与时俱减。早在1995年，全世界就有145个国家实行每周5天工作制，其中大多数国家实行每年5～52天不等的在职带薪休假制，人们可自由支配的收入大幅度增加。休闲度假旅游已经成为最重要的市场方向，世界旅游强国大多数是休闲度假旅游比较发达的国家。其中，海岛、滨海休闲度假是旅游业的第一大支柱，是一些国家和地区的主要经济收入来源，如在百慕大、巴哈马、开曼群岛，旅游业收入占其国民收入的50%以上。地中海沿岸、加勒比海地区、波罗的海及大西洋沿岸的海滨、海滩，则成为极负盛名的旅游度假胜地。

3. 旅游市场的供求内容发生了实质性变化

与传统观光旅游的基本内容相比较，整个旅游市场的供求内容发生了实质性变化。从20世纪70年代末、80年代初开始，旅游者已不满足传统的大众化的观光旅游，开始选择具有鲜明地域特色、时代特色和个性特色的度假旅游产品。因此，供给者便着力培育世界一流的旅游度假胜地，形成规模性的复合型度假产品体系，满足各个层次的游客需求。度假者在度假期间除了在度假地活动以外，往往还会以该地为中心，做短途游览，进行观光、考古、探险等，认识、感悟和体验不同旅游度假地的特色文化，扩大视野，放松身心，提升内涵。

4. 绿色旅游将成为亮点

根据《达沃斯宣言》的要求，今后国际旅游业的发展必须与减少二氧化碳排放量相结合。世界旅游组织总干事弗朗西斯科·弗兰基阿利弗指出，20世纪70年代国际游客人数仅为1.6亿，2006年则达到8.42亿，预计到2020年将增加到16亿，如此众多的游客在世界各地旅行不可能不对环境和气候产生影响。测定数据也充分证明，国际游客的旅行以及为他们提供服务的旅游机构参与了温室气体的排放。弗朗西斯科表示，若不尽快采取有效举措，今后30年，随着国际旅游年均人数的大幅攀升，与旅游业有关的二氧化碳气体排放将增长150%。

为了减少旅游业排放的二氧化碳，《达沃斯宣言》呼吁世界各国政府大力发展绿色旅游产业。在有100多位主管旅游业的政府部长参加的伦敦“世界第28届旅游交易会”上，世界旅游组织主席菲奥纳·杰弗里指出，科学家已证明世界旅游业对气候变化产生了深远的影响，旅游业不能无视气候变化，向全球200多个国家的400多万业界人士呼吁，希望旅游界使用可再生能源和减少温室气体排放的技术，并与消费者、政府及国际组织一道采取行动，共同应对气候变化。

资料1-1

全球旅游业受到三大挑战

2009年11月18日，联合国世界旅游组织秘书长塔勒布·瑞法依在广西桂林旅游高等专科学校对师生演讲时称，全球旅游业目前受到生态环境、经济环境、社会环境的挑战，需要世界各国共同努力应对。塔勒布·瑞法依认为，目前旅游业受到生态环境的严峻挑战，虽然旅游业对生态环境有一定积极影响，但气候条件、气体排放的不利因素也对生态环境造成一定的损害。据世界旅游组织统计数字显示，每年经旅游业排放的二氧化碳占5%，一些大城市的排放量更大。旅游业还受到经济方面的挑战，如果经济衰退，人类的生存受到威胁，没有钱何谈去旅游？旅游业不是一个孤立的行业，是与经济发展相得益彰的行业，促进经济的发展，就为旅游业的发展奠定了坚实的基础。旅游业对社会的影响也是十分巨大的，对消除贫困、解决就业起着重要的作用。旅游是人们生活中不可或缺的一部分，人人都有享受旅游乐趣的权利。

因此，塔勒布·瑞法依提出，各国政府应携手合作，积极采取相应措施，应对各种不利因素的挑战，大力发展旅游业，促进人类社会之间的和睦相处。各国要把经济战略与环境战略紧密联系在一起，努力发展“绿色经济”。

三　世界各旅游市场概况

按照世界旅游组织的统计标准，全球分为六个旅游区：欧洲、美洲、东亚及太平洋地区、南亚、中东和非洲。

1. 欧洲地区

欧洲历史悠久，经济实力雄厚，交通通信发达，文化绚丽多彩，旅游接待设施完备。它是近代旅游业的发源地，也是当代世界旅游业最发达的地区。旅游业已经成为该地区规模最大、就业人口最多的行业。随着欧洲一体化的深入，旅游业的国际协调和合作不断加强。

（1）世界上最大的旅游区

欧洲是资本主义发源地，人文旅游资源非常丰富。其中地中海沿岸是世界上开发最早、最发达的海滨度假旅游地。2001 年该地区接待国际游客占全世界总量的 55%，旅游收入占全世界旅游收入的 50%。2001 年世界前五位接待外国游客的旅游目的地国家，此地区占有 3 个。其中名列第一的法国当年接待外国游客 7 500 万，西班牙接待 4 800 万，意大利接待 4 100 万。但是，此地区接待的国际游客人数和旅游收入占全世界总份额中的比例逐渐降低。据预测，到 2020 年欧洲占入境旅游市场的份额将为 44.7%。

（2）世界最大旅游客源区

2001 年全世界出国旅游人数为 6.89 亿人次，此地区便有近 3 亿人次，其中 89%在洲内和地中海沿岸旅游，还有近 400 万人赴亚洲和大洋洲旅游。在世界 10 个出国消费最多的国家中，该地区有英国、德国、法国、荷兰、奥地利、瑞典等 6 个国家。欧洲出境旅游正以年均增长 3.4%的速度发展，2020 年出境旅游者将达 7.71 亿，占世界旅游市场份额的 48.1%。其中增长最快的是远程出境旅游，主要目的地是中东、亚洲和美洲。

2. 美洲地区

美洲的经济发展不平衡。北美是世界经济最发达的地区之一，而拉丁美洲多为发展中国家。

（1）世界第二大旅游接待区

美国名胜古迹虽然不多，但旅游资源开发得很好。一是充分利用自然风光，如世界闻名的科罗拉多大峡谷和黄石国家公园；二是建造了许多人造景观，像世界闻名的“迪士尼乐园”、环球影城等；三是开放了白宫、国会山、众参两院、宇航馆、联邦调查局、制币厂等比较特殊的参观点。

加拿大的情况和美国相似。

墨西哥由于是文明古国，又有美丽的海滩、神奇的印第安文化、古代金字塔、宫殿遗址和巨幅壁画，每年都吸引来数百万的外国游客。

2001 年，该地区接待国际旅游者占全世界的 17.4%，占国际旅游收入总额的 26.5%。

（2）世界第二大旅游客源输出区

该地区为世界旅游市场大约提供了 20%的客源。还有世界上最大的旅游客源输出国——美国，每年有近 6 000 万人次到国外旅游。

3. 东亚及太平洋地区

近三十年来，东亚及太平洋地区旅游业的发展超出世界平均速度，居世界之首。

（1）世界第三大旅游接待区

本地区的旅游市场规模居世界第三位。据统计，其接待人数每年以17%的速度上升。据权威预测，到2020年该地区占入境旅游市场的份额为27.3%，将成为世界上第二大旅游区。

东北亚区：主要有中国、朝鲜、韩国、日本等国家，是世界上人口最多的地区。自然旅游资源方面以温带、亚热带森林景观占优势。文化方面以儒家文化为主，深刻影响人们的思想观念；同时受佛教文化影响较大，因此佛教等宗教内容的建筑、石刻等人文景观亦占较大优势。

东南亚区：主要有缅甸、泰国、柬埔寨、老挝、越南、新加坡、马来西亚、印度尼西亚、菲律宾等国家。自然旅游资源以热带季风气候和热带雨林气候为主，热带森林自然景观占优势。文化方面差异较大，中南半岛信仰佛教，马来半岛及马来群岛信仰伊斯兰教，菲律宾信仰天主教。

太平洋地区：主要国家有澳大利亚、新西兰及太平洋群岛国家。自然旅游资源方面属于热带、亚热带风光，多火山岛和珊瑚岛；居民多欧洲移民，文化属于西方文化区，80%的人信仰基督教。

（2）主要客源输出区

东亚及太平洋地区外出旅游的主要目的地是欧洲和美洲。该地区到2020年的出境旅游人数将达到4.62亿，在世界旅游市场所占份额将从1995年的15.1%上升到28.8%。

日本作为世界上第二大经济强国，亚洲第一大经济强国，生活水平高，带薪假期长，又有强烈的旅游意识，是亚洲最大的旅游客源国，每年有几千万人出游。

韩国市场自1992年中韩两国建交后，一直保持高速增长的态势，1999年达99万人次，2007年达477万人次。

东南亚五国（新、马、泰、菲、印尼）每年给中国带来300万～400万人次的市场规模，这个市场相当稳定。这五个国家也是中国游客最早到国外旅游的目的国，有来有往，市场稳定可靠。

4. 南亚地区

南亚地区各国都是发展中国家，由于受经济发展水平的制约和一些国家政局动荡、民族和宗教纷争的影响，该地区旅游业起步晚、发展慢、起伏大。2001年，南亚接待国际旅游者和旅游收入分别占世界份额的0.9%和1%。据预测，2020年南亚地区入境游在世界旅游市场将占到1.2%的份额。

5. 中东地区

中东地区的旅游业长期受该地区战争和恐怖活动的制约，起伏不定，发展缓慢。2001 年，中东地区接待国际旅游者和旅游收入分别占世界份额的 3.3%和 2.4%。据预测，2020 年中东地区入境游在世界旅游市场将占到 4.3%的份额。

6. 非洲地区

非洲的旅游业起步晚，基础差，发展缓慢。2001 年，非洲接待国际旅游者和旅游收入分别占世界份额的 4%和 2.5%。据预测，2020 年非洲入境游在世界旅游市场将占到 4.7%的份额。

第二节　中国入境旅游市场

近年来，中国经济发展迅速，国际地位不断提高。2008 年北京奥运会和 2010 年上海世博会等一系列重大国际活动，使中国日益成为世界焦点。中国旅游业也因此蓬勃发展，旅游基础设施不断改善，旅游产品日益丰富。世界旅游组织多次预测到 2015 年中国将成为世界第一大旅游接待国，这些都使中国作为世界旅游目的地的知名度大大提高。

一　中国入境客源市场划分

中国入境客源市场，即中国海外客源市场，分为两块：一是香港、澳门和台湾同胞及侨胞；二是外国人（包括已加入外国国籍的海外华人）。作为海外旅游者，港、澳和华侨游客自新中国成立以来一直是中国海外客源市场的主体。1988 年后，随着海峡两岸关系的变化，台湾旅游者成为海外客源市场的又一重要部分。

在海外游客中，外国人占入境市场的比重逐年上升，20 世纪 80 年代为百分比个位数，90 年代为 10%以上，到 2011 年达到 20%。外国人的比重上升在一定程度上反映出我国入境旅游市场国际化的进程。

外国客源市场以亚洲为主体，欧洲和北美为两翼。亚洲客源市场约占中国外国客源市场的 1/2，是中国的基础客源市场。欧洲市场约占 1/4，北美市场约占 1/10，欧美市场是中国的传统客源市场。

二　中国入境旅游市场的发展历程

从 1949 年到 1978 年，中国入境旅游业粗具雏形，但尚未形成产业。1978 年以后，在改革开放政策的推动下，中国的入境旅游业有了巨大的发展。其发展历程如下：

（1）起步时期。“五五”时期后三年，来华旅游入境人数由 180.92 万人次，发展到 570.25 万人次，年均增幅为 46.6%。这一阶段的超高速增长，主要是由于发展基数较小所致。

（2）大发展时期。“六五”时期，来华旅游入境人数由 776.71 万人次发展到 1 783.31 万人次，五年内人数净增 1 000 万，年均增幅高达 18.1%。

（3）高速发展时期。“七五”时期前三年（不考虑 1989 年的特殊因素），来华旅游入境人数突破 3 000 万人次，年均增幅为 11.6%。

（4）由初创阶段进入到发展阶段。“八五”时期，中国的入境旅游业经过十年的高速发展后，随着基数的增大，增势有所减缓，到 1995 年来华旅游入境人数已达到 4 638.65 万人次，年均增幅为 6.8%。

（5）稳步发展阶段。“九五”时期以后，中国入境旅游业继续保持强劲的增长势头。“九五”时期开局第一年就实现了历史性突破，入境人数超过 5 000万人次，到 1998 年来华旅游入境人数已达到 6 348 万人次，年均增幅为 11.4%。到 2007 年，中国接待入境旅游者 1.3 亿人次，入境过夜达 5 472 万人次，国际旅游外汇收入 419 亿美元，分别是 1978 年的 72 倍、70 倍和 159 倍，中国已成为全球第四大入境旅游接待国和第五大旅游创汇国。到 2008 年中国接待入境旅游人数基本稳定在 1.30 亿人次以上，入境过夜旅游人数5 300万人次以上。2012 年，中国接待入境旅游人数 1.33 亿人次，入境过夜 5 740 万人次，旅游外汇收入 485 亿美元。

三　中国入境旅游市场的基本状况

中国的入境旅游市场主要集中在亚洲国家。外国人来华旅游市场按照规模大小排列依次为亚洲市场、欧洲市场、美洲市场、大洋洲市场和非洲市场。与 20 世纪 80 年代的情况相比，欧洲市场由原来的第三位进至第二位。这是因为传统的西欧来华旅游市场中的英、德、法旅华客流量，自进入 20 世纪 90 年代以来都已经超过了十万人次，而且意大利等西欧国家的旅华人数也都有显著增长。另一方面，随着苏联的社会变化，俄罗斯也从过去的潜在市场转变为来华旅游的现实市场。本世纪来，这种格局没有变化（表 1-2）。可以预料，在今后相当长的时期内，外国人来华旅游市场可能不会有大的变化。

表 1-2　1980、1990、2001、2008、2011 年来华旅游外国人数（按洲别分）

洲别 \ 接待情况 \ 年份	1980		1990		2001		2008		2011	
	接待数（人）	份额（%）	接待数（人）	份额（%）	接待数（人）	份额（%）	接待数（人）	份额（%）	接待数（人）	份额（%）
亚洲	262 647	49.6	915 172	52.4	6 982 361	62.2	14 561 714	59.9	16 652 000	61.4
欧洲	111 774	21.1	446 260	25.5	2 567 272	22.9	6 112 653	25.1	5 910 800	21.8
美洲	119 482	22.6	303 542	17.4	1 278 383	11.4	2 581 910	10.6	3 201 000	11.8
大洋洲	31 175	5.9	63 497	3.6	310 207	2.8	688 723	2.8	859 300	3.2
非洲	3 545	0.7	12 582	0.1	73 263	0.7	378 401	1.5	488 800	1.8
其他	501	0.1	6 264	0.4	14 898	0.1	1 936		1 900	
总计	529 124	100	1 747 315	100	11 226 384	100	24 325 337	100	27 112 000	100

以国别划分，亚洲的主要客源国是韩国、日本、俄罗斯（东部地区为主）、马来西亚、新加坡、菲律宾、蒙古、泰国、印度和印度尼西亚等国家；欧洲的主要客源国是英国、德国、法国、意大利、荷兰、瑞典、西班牙、瑞士、比利时和奥地利等国家；美洲的主要客源国是美国和加拿大；大洋洲的主要客源国是澳大利亚和新西兰（表 1-3）。

表 1-3　2011 年入境外国旅游者人数（按国籍分）

序号	国家名称	入境人数（万人）	占百分比（%）
1	韩国	418. 54	15.41
2	日本	365.82	13.46
3	俄罗斯	253.63	9.33
4	美国	211.61	7.78
5	马来西亚	124.51	4.57
6	新加坡	106.30	3.91
7	蒙古	99.42	3.65
8	菲律宾	89.43	3.28
9	加拿大	74.8	2.72
10	澳大利亚	72.62	2.65
11	德国	63.7	2.32
12	印度尼西亚	60.87	2.22

续表

序号	国家名称	入境人数（万人）	占百分比（%）
13	泰国	60.8	2.22
14	印度	60.65	2.21
15	英国	59.57	2.17
16	哈萨克斯坦	50.62	1.84
17	法国	49.31	1.80
18	意大利	23.51	0.85
19	荷兰	19.75	0.70
20	瑞典	17.01	0.63
21	西班牙	13.99	0.51
22	朝鲜	15.23	0.55
23	新西兰	12.09	0.44
24	巴基斯坦	9.25	0.34
25	瑞士	7.53	0.28
26	比利时	7.04	0.26
27	奥地利	6.69	0.24
28	墨西哥	5.37	0.20
29	挪威	5.14	0.19
30	吉尔吉斯斯坦	4.76	0.18

从多年的中国前十位客源国分析（表1-4），我国外国客源市场已经趋于相对稳定。韩国、日本、俄罗斯、美国等前四位的客源国占到市场份额的一半以上，号称中国四大客源国。即使经过近年的金融危机，这种基本格局也没有改变。

表1-4　1979、1988、1994、2001、2008、2011年中国前十位客源国

位次	1979	1988	1994	2001	2008	2011
1	日本	日本	日本	日本	韩国	韩国
2	美国	美国	美国	韩国	日本	日本
3	菲律宾	英国	俄罗斯	俄罗斯	俄罗斯	俄罗斯

续表

位次	1979	1988	1994	2001	2008	2011
4	英国	德国	韩国	美国	美国	美国
5	法国	菲律宾	蒙古	马来西亚	马来西亚	马来西亚
6	新加坡	泰国	新加坡	新加坡	新加坡	新加坡
7	德国	新加坡	马来西亚	菲律宾	菲律宾	蒙古
8	泰国	加拿大	菲律宾	蒙古	蒙古	菲律宾
9	加拿大	法国	英国	英国	澳大利亚	加拿大
10	澳大利亚	澳大利亚	泰国	泰国	泰国	澳大利亚

四　中国入境旅游市场的基本特点

1. 总体为“一主两翼”的市场格局

中国旅游发展遵循世界入境旅游市场的基本规律，邻近市场是本国旅游客源的主体市场，亚洲和东太平洋区域成为了中国入境旅游市场主体，经济发达的欧洲和北美远程洲际市场成为了两翼。

2. 容易受到各种因素的冲击

作为一个敏感的产业，旅游业的发展容易受到各种因素的冲击，这一特征在 2008 年体现得尤为明显。受到 2008 年各类自然灾害、政治事件以及国际金融危机的综合影响，2008 年中国入境旅游 13 002.74 万人次，比上年下降 1.40%；全国旅游外汇收入 408.43 亿美元，比上年下降 2.57%。这是改革开放以来入境旅游业继 1989 年和 2003 年之后的第三次下降，但降幅远远低于前两次。而从 2007 年 12 月 31 日到 2008 年 12 月 31 日，美元兑人民币汇率从 7.304 6 下降到 6.834 6，这实际意味着人民币兑美元在 2008 年升值了 6.88%。因此如果扣除汇率变动因素，入境过夜游客的人均花费实际下降了 3.33%。

3. 边境旅游是重要组成部分

边境省区特殊的地理位置决定了在入境旅游市场中边境旅游是重要组成部分。中国边境省区的旅游市场具有旅游产品多样化、停留时间较短、旅游足迹向腹地延伸、旅游购物为重要的消费活动之一等特点。

目前，中国边境省区入境旅游已经有了较大的市场规模，对当地旅游业及经济社会的发展起到了很大的推动作用。

资料1-2

相辅相成的出入境旅游

基于特殊的国情，中国旅游业的发展是从入境旅游开始的，大力发展入境旅游是中国需要长期坚持的发展旅游的基本方针。经济改革和开放政策实行了30多年，国家的社会经济发生了巨大的变化，作为改革开放产物的中国旅游业变化更大。其中变化最大的是国民旅游，即公民的国内旅游和出境旅游。目前，对发展国内旅游，无论是中央政府还是地方政府，无论是学术界还是业界，似乎没有多少歧义。但是，在如何处理好入境旅游和出境旅游的关系方面还存在着明显的不足。

1. 中国出境旅游的发展历程

1978年以来，中国改革开放不断深入，经济得到了迅速发展。随着中国居民人均可支配收入的增加，出境旅游的需求也不断增加，中国公民出境旅游市场得到了迅猛发展。中国公民出境旅游人数1993年为374万，2000年为1 000多万，2003年为2 022万，2007年高达4 095万。从1993年到2003年，年平均增长率达到20%；从2003年到2007年，年平均增长率更高达25%。据世界旅游组织预测，到2015年，中国居民出境旅游数量将达到1亿人次，占全球出境旅游市场的6.2%，仅次于德国、日本和美国，居全球第4位。

中国出境旅游是从中国公民自费出境探亲旅游发展而来的。1990年起，中国政府陆续批准新加坡、马来西亚、泰国、菲律宾为探亲旅游的目的地国家；1997年起，根据新的原则与程序，又陆续批准开放了一些中国公民自费出国旅游的目的地国家，使出境探亲旅游正式改变为中国公民自费出国旅游。截至2008年年底，中国政府已经批准了137个中国公民自费出境旅游目的地国家（地区）。

2. 中国入境旅游的功能变化

与20世纪80年代相比，国家对旅游业的期望有了很多变化。改革开放伊始，百废待兴，而外汇短缺的矛盾格外突出。1980年国家的外汇储备是负数，整个80年代国家外汇储备在20亿和30亿美元间徘徊，最高的年份也没有超过100亿美元。应当说，那时的国际旅游业是为数不多的赚取外汇的行业之一。当时旅游业所赢得的外汇收入虽然不多，但是对国家现代化建设是非常宝贵的。似乎当时开展入境旅游的主要目的就是为了赚取外汇。

到2006年底，中国的外汇储备超过了10 000亿美元。入境旅游的外汇收入接近340亿美元，还不到国家当年外汇储备的4%，其创汇的功能已基本不存在了。但是，入境旅游增加收入的功能还是不应当被低估。与国内旅游和出境旅游不同的是，入境旅游可以增加国家的财富，在服务贸易中入境旅游是最具有比较优势的产业，这一产业优势应该得到充分发挥；而且中国发展入境旅游的最大竞争力在于文化，文化旅游资源的充分利用，不仅不会影响国内其他产业的发展，还会有利于促进国家整体形象的确立与改善，促进文化产业的振兴与扩大。

3. 中国出入境旅游的关系

与入境旅游相比，出境旅游真正开展只有十来年的时间，其发展速度非常快，尤其是目前国家公布的统计数字和国际上广泛传播的关于中国人境外消费的数字，的确令世界瞩目。从目前的情况分析可以作出这样的判断：中国的出境旅游仍然处于起步阶段。从某种程度上说，目前对中国出境旅游的规模和影响估计偏高。中国的出境旅游无论是在人次数上，还是在海外消费上，还没有对中国的经济安全造成负面影响，更谈不上形成“威胁”。

入境旅游与出境旅游的关系不是矛盾的，应当是相辅相成的。一个经济强国和旅游强国，不应当也不可能只发展入境旅游，而长期抑制出境旅游的发展。对入境旅游和出境旅游来说，都要强调质量而不是数量。在入境旅游方面，要加强高端市场的培育和开发，提高旅游产品的持久国际竞争力，赢得更多的财富。在出境旅游方面，要重视旅游经营者和旅游者的行为规范和他们合法权益的保护，使旅游者获得满意的体验。与此同时，政府要从政策上鼓励更多的企业走出国门，在国际市场竞争中赢得更大的市场。

4. 中国出境旅游的基本政策

中国政府对中国出境旅游市场采取“有组织、有计划、有控制地适度发展”的指导方针。具体来说：一是对方是中国的客源国；二是政治上对中国友好；三是其旅游资源有吸引力，具备适合中国旅游者的接待服务设施；四是对中国旅游者在法律、行政等方面没有歧视性、限制性政策，使中国旅游者有安全保障；五是具有良好的可进入性等原则和程序；六是切实搞好中国出境旅游的宏观调控，防止出现旅游贸易逆差，不能因扩张过猛而影响中国外汇储备增长；七是充分利用中国越来越明显的客源输出国地位，最终实现“以出境带旺入境”的目标。随着中国经济实力的不断增长，可以预计，中国出境旅游的需求会继续稳固增长。

思考与习题

1. 试分析世界旅游业发展的特点。
2. 为什么说区域旅游仍是世界旅游业的热点?
3. 简述世界旅游区的划分及其特点。
4. 中国海外客源市场由哪些部分构成?
5. 中国海外客源市场经历了一个怎样的发展历程?
6. 中国海外客源市场有什么特点?
7. 中国出境旅游的基本政策是什么?
8. 中国旅游外国客源市场的主要客源国有哪些?
9. 分析国际旅游客源的发展变化趋势。

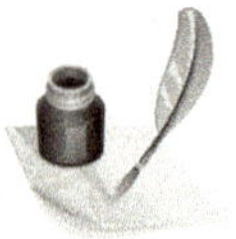

第二章 东亚地区国家

➤**教学目标** 知识目标：了解东亚地区主要客源国的基本概况；掌握人文习俗和著名旅游景点

能力目标：分析本区客源国在文化上与中国的联系

➤**教学难点** 本区客源国的禁忌和民俗

➤**教学重点** 本区客源国日本和韩国的人文习俗及著名旅游景点

➤**主要内容** **日本**

基本国情 文化艺术 习俗礼仪 主要城市和旅游景点

韩国

基本国情 文化艺术 习俗礼仪 主要城市和旅游景点

蒙古

基本国情 习俗礼仪 主要城市和旅游景点

东亚位于亚洲东部，太平洋西岸。包括中国、蒙古、朝鲜、韩国和日本等国家。总面积约 1 200 万平方千米，约占全球大陆面积的 9%。地形西高东低，呈三级阶梯分布：第一级为青藏高原，第二级为系列盆地和高原，第三级为低平原、丘陵和一些海岛。东部沿海地区季风气候显著，是世界上最典型的亚热带、温带季风气候区，气候湿润温和；西部内陆地区为典型的温带大陆性气候，属干旱、半干旱气候区；青藏高原地区为高地气候区。

本区人口超过 15 亿，占亚洲人口的 40%，世界总人口的 1/4。本区也是世界人口密度最高的地区之一，平均每平方千米约 130 人，相当于世界人口密度平均值（每平方千米约 40 人）的 3 倍。以黄色人种为主，人口集中在沿海及河谷平原。本区域各国在世界上的政治、经济重要性正日益提升。

第一节 日 本

日本，国名全称为“日本国”。国名含义为“日出之国”，誉称“樱花之国”、“火山地震之邦”。日本文化受西方文化的影响较大，是东西方两种文化交融的典型国家。首都东京。

一　基本国情

1. 地理气候

日本是亚洲大陆东部的群岛国家。位于太平洋西岸，是一个由东北向西南延伸的弧形岛国。西隔东海、黄海、朝鲜海峡、日本海与中国、朝鲜、韩国和俄罗斯相望。领土由本州岛、北海道、四国、九州岛四个大岛和数千个小岛组成，因此也被称为“千岛之国”。

日本境内多山，山地约占总面积的70%，大多数山为火山。其中著名的活火山富士山海拔3 776米，是日本最高的山，也是日本的象征。全国有大小火山200多座，其中活火山45座。由于火山众多而形成大小2万余处温泉。日本河流密布，有河流上百条，主要有利根川、信浓川、石狩川、北上川、天盐川、木曾川六大水系。全国共有湖泊600多个，最大的是琵琶湖，面积672平方千米。

资料2-1

富士山

富士山是日本第一高峰，也是日本民族的象征，被日本誉为“圣岳”。

富士山位于本州岛中南部，海拔3 776米。自日本有文字记载以来，富士山共喷发过18次，最后一次是在1707年，此后它就变成了休眠火山。富士名源于虾夷语，现意为“永生”，原发音来自日本少数民族阿伊努族的语言，意思是“火之山”或“火神”。山体呈优美的圆锥形，山顶终年积雪，是日本的神圣象征。锯齿状的火山口边缘有“富士八峰”，即剑峰、白山岳、久须志岳、大日岳、伊豆岳、成就岳、驹岳和三岳。在富士山山麓周围，分布着5个淡水湖，统称“富士五湖”，是日本著名的观光度假胜地。

日本地震频发，每年发生有感地震1 000多次，是世界上地震最多的国家，全球10%的地震均发生在日本及其周边地区。

资料2-2

环太平洋火山带

环太平洋火山带，又称环太平洋地震带或火环，是一个围绕太平洋经常发生地震和爆发火山的地区。南起南美洲的科迪勒拉山脉，转向西北的阿留申群岛、堪察加半岛，向西南延续的是千岛群岛、日本列岛、琉球群岛、台湾岛、菲律宾群岛以及印度尼西亚群岛，全长4万余千米，呈马蹄形。

环太平洋火山带火山活动频繁。据历史资料记载，全球现代喷发的火山这里占 80%，主要发生在北美、堪察加半岛、日本、菲律宾和印度尼西亚。地球上 90%的地震以及 81%最强烈的地震都发生在该地带上。日本处于环太平洋火山带，集中了世界活火山的 1/10，有“火山国”之称。因此，日本的温泉随处可见，日本也因此成为了世界闻名的温泉之国。

日本地处海洋的包围之中，属温带海洋性季风气候，气候温和，四季分明。主要气候特征是终年温和湿润，冬无严寒，夏无酷暑。夏秋两季多台风，6 月份多梅雨。年降水量 700～3 500 毫米，最高达 4 000 毫米以上。

2. 发展简史

4 世纪中叶，日本开始形成统一的国家，称为大和国。5 世纪初，大和国达到鼎盛时期，其势力扩及朝鲜半岛南部。646 年日本进行“大化革新”，建立起以天皇为首的中央集权国家体制。12 世纪后期创立“幕府”制度，进入由武士阶层掌管实权的军事封建国家，史称“幕府时代”。

1868 年日本实行“明治维新”，废除封建割据的幕藩体制，建立统一的中央集权国家，恢复了天皇至高无上的统治。明治维新后，日本资本主义发展迅速，逐步走上侵略扩张的道路。1894 年，日本发动甲午战争；1910 年侵吞朝鲜；1914 年参加第一次世界大战，夺得德国在太平洋的岛屿和在中国的特权；1931 年日本制造“九一八”事变，侵占中国东北地区；1937 年挑起“卢沟桥事变”，发动全面侵华战争；1945 年 8 月 15 日宣布无条件投降，成为第二次世界大战战败国。战后初期，美军对日本实行单独占领。1947 年 5 月，日本实施新宪法，由绝对天皇制国家变为以天皇为国家象征的议会内阁制国家，天皇为日本和日本国民总体的“象征”。1952 年《旧金山和约》生效，日本恢复国际地位。

资料2-3

明治维新

明治维新是日本历史上的一次政治革命。它推翻了德川幕府，使大政归还天皇，在政治、经济和社会等方面实行大改革，促进了日本的现代化和西方化。明治维新的主要领导人是一些青年武士，他们以“富国强兵”为口号，企图建立一个能同西方并驾齐驱的国家。1871 年废藩置县，摧毁了封建政权。同年成立新的常备军。1873 年实行全国义务兵制。1885 年实行内阁制。1889 年颁布宪法。1890 年召开第一届国会会议。在政治改革的同时，也进行经济和社会改革，实现工业化，军事工业以及交通运输都得到很大发展。1872 年建成第一条铁路，1882 年成立新式银行。到 20 世纪初，明治维新的目标基本完成，日本从此走上现代工业国的道路。

3. 人口与居民

日本人口约 1.276 1 亿人。民族构成比较单纯，主要为大和族，占 99.4%，其他占 0.60%，包括在北海道约有 2.4 万的阿伊努族人。日本居民中还有一部分外侨，其中朝侨最多，大多聚居在横滨、神户两市。

日本通用的语言是日语。北海道地区有少数人会阿伊努语。日本人姓名绝大部分用汉字表达，与中国汉族人的姓名很相似，姓在前，名在后，延续父姓，世代相传，但变化较多。

神道教和佛教是日本的主要宗教，明治维新后定神道教为国教，现有神社等设施 18 万多处。大多数日本国民并没有特定的宗教信仰，但是许多宗教仪式或活动已经与生活融为一体，如婚礼和葬礼。

4. 国旗、国徽、国歌、国花、国鸟

国旗："日章旗"或"日之丸旗"，俗称太阳旗。呈长方形，长与宽之比为 3∶2。旗面为白色，正中有一轮红日。白色象征正直和纯洁，红色象征真诚和热忱。传说日本是太阳神所创造，天皇是太阳神的儿子，太阳旗即来源于此。

国徽：圆形，为绘有 16 瓣黄色菊花瓣的图案。菊花图案也是皇室御纹章上的图案。

国歌：《君之代》。

国花：樱花。

国鸟：绿尾虹雉。

资料2-4

樱花之国

樱花是日本的国花。日本遍植樱花，种类在 340 种以上，主要品种有八重樱、吉野樱、大山樱、晚樱等。每年春天，日本全国的樱花由南至北连成一线次第开放，粉红色的花朵堆云聚雾，绵延不断，十分壮观，日本人称之为"樱花前线"。每到这个时候，日本人就会全家出动、扶老携幼到各个植有大片樱花树的地方去赏樱，品评樱花的开放姿态。

5. 政治与经济

日本实行以立法、司法和行政三权分立为基础的议会内阁制。根据日本宪法规定，天皇是日本国和日本国民整体的象征。议会泛称国会，由众、参两院组成，为最高权力机关和唯一立法机关。内阁为国家最高行政机关，对国会负责，由内阁总理大臣（首相）和分管各省厅（部委）的大臣组成。首相由国会提名，天皇任命。第二次世界大战后，日本实行“政党政治”，代表不同阶级、阶层的各种政党相继恢复或建立。目前主要政党有自民党、民主党、公明党、日本共产党、社民党、保守党等。

日本国土狭小，资源贫乏，绝大部分依赖进口。第二次世界大战后，日本奉行“重经济、轻军备”路线，重点发展经济，在20世纪60年代末成为世界第二大经济实体，经济实力仅次于美国。现在为世界第三经济大国。日本制造业高度发达，服务业占国内生产总值的70%左右。

日本法定货币为日元（￥）。1元=100钱。

二　文化艺术

日本独特的地理条件和悠久的历史，孕育了别具一格的日本文化。日本的传统舞台表演艺术和传统体育运动丰富多彩，享誉世界。和服、相扑和歌舞伎，充分反映了日本的民族文化。

1. 文学

日本独特的文学形式有和歌、俳句、川柳等诗歌形式。1968年川端康成以《雪国》、《古都》、《千羽鹤》三部代表作荣获诺贝尔文学奖。

日本独特的艺术形式有大和绘、浮世绘、能乐、歌舞伎、茶道、花道、书道等。

2. 传统表演艺术

能乐。是日本代表性的传统舞台艺术。原来是一种宗教仪式，具有700多年的历史。表演者穿戴日本传统服饰，戴上面具或者无表情地表演情趣盎然的传统舞蹈。

歌舞伎。是日本的国粹文化，与中国京剧素有“东方艺术传统的姊妹花”之称。它是一种戏迷遍布全世界的日本传统舞台表演艺术，有400多年的历史。其最大的特征就是女性角色全部由男演员扮演。

茶道。也称为茶汤（品茗会）。自古以来，茶道就作为一种礼仪形式，受到日本上流阶层的喜爱。现在，茶道被用作训练集中精神，或者用于培养礼仪举止，为一般民众所广泛接受。日本国内有许多传授茶道各流派技法的学校，不少宾馆也设有茶室，可以欣赏茶道表演。

花道。即插花，是一种在茶室内再现野外鲜花盛开的技法。因展示的规则和方法不同，花道有20多种流派。在日本的宾馆、百货商店、公共场所的大厅等各种场所，均可以欣赏到优美的插花艺术。

文乐。由三名木偶剧艺人共同操作表演的“木偶剧”。三味线伴奏与台词朗读，配合栩栩如生的木偶动作，再加上绚丽多姿的木偶戏装，惟妙惟肖。

3. 传统体育运动

相扑。也称角力、角抵，是闻名世界的日本传统格斗运动。相扑源于中国，大约在唐朝时传入日本，现在日本颇为流行，被誉为日本国粹。体重为100～200公斤的大力士大都是职业选手。相扑的规则十分简单，基本形式是两个肥胖的选手在一个圆环里进行“肉搏战”。圆形竞技场为直径4.5米的土表（环形比赛场），脚底以外的部分接触到土表者或者身体出土表者表示被击败。

柔道。一种利用对方的力量的护身之术。柔道的级别用腰带的颜色区分，初级为白，高级为黑。

剑道。从武士的重要武艺——剑术中派生的击剑运动。剑道比赛者按照严格的规则，身着专用防护具，用一把竹刀互刺对方的头、躯体以及手指尖。

空手道。从中国传入日本的格斗运动。空手道不使用任何武器，仅使用拳和脚，与其他格斗运动相比，是一种相当具有实战意义的运动形式。

合气道。其基本理念是对于力量不采用力量进行对抗。合气道与柔道和空手道等运动相比，没有粗野感，是一种精神锻炼和健身运动，很受老年人和女性的欢迎。

资料2-5

日本和服

和服是日本传统民族服装，也称为“着物”。它是仿照中国隋唐服饰改制形成，具有独特的风格。虽然现代日本人的日常服装已为西服所替代，但在以下两种场合穿着和服的概率还是比较高的：一是传统的民间活动，如新年、成人节、盂兰盆节等；二是在重要的社交场合，如婚礼、大型活动的开幕式等。此外，在剑道、柔道、空手道、合气道等体育比赛中，有专门的体育和服。在一些特殊的行业里，工作人员也必须穿着和服，如宗教活动从事者、歌舞伎、相扑比赛的裁判等。

和服最大的特点是不用纽扣，只用一条打结的腰带。腰带的种类很多，使用比较广泛的是“太鼓结”，即在后腰打结处的腰带内垫有一个看上去像个方盒的装饰品。由于打结很费事，后来出现了备有现成结的“改良带”和“文化带”。和服的款式和花色的差别，是区别年龄和结婚与否的标志。未婚姑娘穿紧袖外服，已婚妇女穿宽袖外服；梳“岛田”式发型（呈钵状）、穿红领衬衣的是姑娘，梳圆发髻、穿素色衬衣的是主妇。

三　习俗礼仪

1. 节日庆典

日本主要节日有：元旦（1月1日），成人节（每年1月第二个星期一），建国纪念日（2月11日），宪法纪念日（5月3日），男孩节或端午节（5月5日），海洋日（7月第三个星期一），敬老节（9月15日），体育节（10月第二个星期一），文化节（11月3日），勤劳感谢节（11月23日），天皇诞生日（12月23日）。

日本还有很多民间节日，如女孩节或偶人节（3月3日），七夕或乞巧节（7月7日），盂兰盆会（8月15日左右），赏月（阴历8月15日和9月13日夜晚月圆之时），“七五三”节（每逢11月15日，3岁和5岁的男孩、3岁和7岁的女孩穿上鲜艳的和服去参拜神社）。

2. 饮食习俗

日本特殊的地理环境决定了日本民众独特的饮食习惯。传统饮食为“和食”，以稻米为主食，海味为副食，人们一般又称之为“日本料理”。

和食的主要特色可归纳为“五味”、“五色”与“五法”。所谓“五味”，是指在不同的季节饮食的口味往往有不同的侧重，通常讲究春苦、夏酸、秋滋、冬甜，此外还有涩味。所谓“五色”，是指和食讲究色彩搭配，要令人赏心悦目，一般要求绿春、朱夏、白秋、玄冬，再就是广泛运用的黄色。所谓“五法”，是指和食烹饪的蒸、烧、煮、炸、生五种方法。

“便当”和“寿司”是在日本普遍受欢迎的两种传统方便食品。“便当”就是盒饭，“寿司”就是人们在逢年过节时才吃的“四喜饭”。

日本人的饮食尽量保持天然风味，口味清淡，喜欢吃略带酸甜、微辣、麻香味的食品。食物不用油炒，一般是火烤、水煮。酷爱吃鱼，并有生食的习惯，如“生鱼片”。餐前餐后习惯饮用绿茶。日本人喜欢吃广东菜、北京菜、上海菜。

资料2-6

寿　司

寿司是以生鱼片、生虾、生鱼粉等为原料，配以精白米饭、醋、海鲜、辣根等，捏成饭团后食用的一种食物。寿司的种类有数百种之多，各地区的寿司也有不同的特点。大多数是先用米饭加醋调制，再包卷鱼、肉、蛋类，加以紫菜或豆皮。吃生鱼寿司时，饮日本绿茶或清酒，别有一番风味。

3. 社交礼仪

日本人讲究礼节。在人际交往中，日本人相见时都互致问候，通常行握手礼、脱帽鞠躬礼、跪礼、摇屐礼。日本女子则只行鞠躬礼，而不握手。在各种商务场合中，如果日本女子主动伸出手来，作为来宾必须回应，但握手时不要用力过猛或久握不松手。日本人在行礼时，同时讲究谦恭地问候。常用的问候语有“您好”、“您早”、“晚安”、“再见”、“拜托了”、“初次见面，请多关照”等，忌问“吃饭了没有”。

在行鞠躬礼时，日本人不但讲究行礼者必须毕恭毕敬，而且在鞠躬的弧度、鞠躬时间的长短、鞠躬的次数等方面特别讲究。一般而言，鞠躬弧度大小、时间长短及次数，往往与对对方的尊敬程度成正比。有的时候，日本人还会一面与人握手，一面鞠躬致敬。

跪礼或摇屐礼在日本民间，尤其在乡村送别亲友时采用。跪礼，即屈膝下跪，它是妇女所行的礼节。摇屐礼，即手持木屐在空中摇动，它是男子所行的礼节。

日本人与他人初次见面时，通常都要互换名片，否则被理解为不愿与对方交往。因而有人将日本人的见面礼节归纳为“鞠躬成自然，见面递名片”。

日本人宴请友人时，桌上总要摆一碗清水，并在客人面前摆上一块白纱布。主人先将自己的杯子在清水中涮一涮，杯口朝下在白纱布上将水珠按净，然后斟酒并双手敬于客人，目视着客人干杯。接着，客人也以同样的方式向主人敬酒，如此交杯尽兴，以表宾主亲密无间，称为“交杯礼”。

日本称呼人时，习惯在其姓氏之后加上一个“君”字，将其尊称为“某某君”。在很正式的情况下，称呼日本人时须使用其全名。

4. 禁忌

日本人有不少语言忌讳，忌讳“4”、“9”、“6”、“13”、“42”等数字。这些数字被认为是不吉祥的。“4”在日文里发音与“死”相似，“9”的发音与“苦”相近，“6”是强盗的标记，“13”因等于“4”加“9”，“42”的发音是死的动词形。在婚礼等喜庆场合，忌说“去”、“归”、“返”、“离”、“破”、“薄”、“冷”、“浅”、“灭”、“重复”、“再次”、“破损”、“断绝”等不吉和凶兆的语言。商店开业和新店落成时，忌说“烟火”、“倒闭”、“崩溃”、“倾斜”、“流失”、“衰败”等与火灾或破产相联系的语言。

日本人一般不吃肥肉和猪内脏，也有人不吃羊肉和鸭子；招待客人忌讳将饭盛得过满过多，也不可一勺就盛好一碗；忌讳客人吃饭一碗就够，只吃一碗认为是象征无缘；使用筷子时忌把筷子放在碗碟上面。

日本人讲究送礼，注重实惠。忌送玻璃、陶瓷之类的易碎易破品。忌送梳子，日语中“梳子”和“苦死”谐音。在包装礼品时，不能扎蝴蝶结。送礼一般用单数，尤其是 3、5、7 这三个单数。礼品包装纸的颜色也有讲究，最好用花色纸包装礼品。

大多数日本人不喜欢紫色，认为紫色是悲伤的色调；最忌讳绿色，认为绿色是不祥之色；喜欢红色（象征吉祥）和黄色（为阳光色）。忌讳荷花，荷花是丧花。不愿接受有菊花或菊花图案的东西或礼物，因为它是皇室家族的标志。喜欢的图案是松、竹、梅、鸭子、乌龟等。

四　主要城市和旅游景点

日本旅游资源丰富，拥有众多的山川和森林、湖泊和瀑布、火山和温泉、海滨和沙滩、峡谷景观和海岸风貌。日本有许多古都、遗迹、古寺院、神社，各种祭祀及庆祝活动富于民族色彩。日本旅游业发达，为亚洲主要的客源国之一。日本旅游行政主管机构是运输省的国际运输观光局。

1. 富士山

位于本州岛中南部，海拔 3 776 米，是日本第一高峰，世界著名火山及风景游览区。山体呈圆锥形，山顶终年积雪，被誉为“圣岳”，是日本的象征。

2. 东京

日本首都，全称东京都。位于本州岛关东平原南端，东南濒临东京湾。面积 2 187 平方千米，人口 1 200 万。东京是日本的政治、经济、文化中心，海陆空交通枢纽，现代化国际都市和世界著名旅游城市。

东京城市创建于 1457 年，古称江户。明治维新后，明治天皇从京都迁都江户，改称东京。东京是日本最大的工业城市，全国主要的公司都集中于此，工业产值居全国第一位。东京与横滨、千叶构成日本著名的京滨工业区。东京也是日本的商业、金融中心。银座是东京的一条繁华街道，集中了许多高级商店、饭店、酒吧和夜总会。除此以外，新宿、池袋、涩谷也是东京的繁华地区。主要景点有东京塔、皇宫、明治神宫、滨离宫庭园、浅草寺、太阳城、迪士尼乐园和上野公园等。

东京塔。日本最高的独立铁塔，是一座电视及广播电台的发射塔，高 333 米。铁塔由四脚支撑，为棱锥体，塔身橙黄色和乳白色相间，鲜艳夺目。在塔高 100 米和 250 米处，设有展望台。

日本皇宫。位于东京市中心千代田区，是天皇的起居之地，建于天正十八年（1590 年），占地 2.3 万平方米。建筑特色为绿色的瓦顶、白色的墙壁和茶褐色的铜柱。正殿是整个宫殿的中心，皇室的主要活动和外交礼仪都在正殿的“松之阁”举行。长和殿是天皇接受群众朝贺的地方。常御殿为天皇内宫。

明治神宫。位于东京涩谷区，是为供奉明治天皇及昭宪皇太后而修建的神宫，建于1915年至1920年。二战时被焚，1958年按原样重建，面积约70万平方米。苑内有各色花卉，特别是御苑南池旁的菖蒲田里，培育着150多种菖蒲。每年的6月中旬，大片菖蒲竞相开放，成为神宫一大景观。每年的元旦和3月11日，日本各地都有许多人专程赶往神宫参拜。

滨离宫庭园。位于东京西南端的东京湾畔，是江户时代的名园，面积2.65万平方米。临海而建，引海水入池，是江户时代有代表性的“入湖式林泉庭园”。原为德川幕府将军的御鹰场，明治时代成为天皇的离宫，第二次世界大战后改为公园。

浅草寺。位于东京台东区，创建于628年，正式名称为“金龙山浅草寺”，是江户初期神社建筑的代表作。浅草寺一年四季都会举行大型传统庆祝活动。

上野公园。日本最早最大的公园，建有众多的文化设施，有日本“文化之林”的美称。

资料2-7

日本园林

日本园林历史悠久，源远流长。6世纪，中国园林随佛教传入日本。日本园林在造园手法方面与中国园林是一致的，但结合了日本的地理条件和文化传统，自成体系，形成独特风格。

日本园林以清纯、自然的风格闻名于世。它有别于中国园林“人工之中见自然”，而是“自然之中见人工”。它着重体现和象征自然界的景观，避免人工斧凿的痕迹，创造出一种简朴、清宁的致美境界。有别于中国园林的步移景随，日本园林是以静观为主。日本庭园一般可分为枯山水、池泉园、筑山庭、平庭、茶庭、露地、回游式、观赏式、坐观式、舟游式以及它们的组合等。枯山水，又叫假山水，是日本特有的造园手法，系日本园林的精华。其本质意义是无水之庭，即在庭园内敷白砂，缀以石组或适量树木，因无山无水而得名。枯山水很讲究置石，主要是利用单块石头本身的造型和它们之间的配列关系。石形务求稳重，底广预削，不作飞梁、悬挑等奇构，也很少堆叠成山。这与中国的叠石很不一样。枯山水庭园内也栽植有不太高大的观赏树木，十分注意修剪控制树形而又不失自然。

池泉园，是以池泉为中心的园林构成，体现日本园林的本质特征，即岛国性国家的特征。园中以水池为中心，布置岛、瀑布、土山、溪流、桥、亭、榭等。

筑山庭，是在庭园内堆土筑成假山，缀以石组、树木、飞石、石灯笼的园林构成。日本庭园中一般有池泉，但不一定有筑山，即日本以池泉园为主，筑山庭为辅。

平庭，即在平坦的基地上进行规划和建设的园林，一般在平坦的园地上表现出一个山谷地带或原野的风景，把各种岩石、植物、石灯和溪流配置在一起，组成各种自然景色，多用草地、花坛等。

茶庭，是把茶道融入园林之中，为进行茶道的礼仪而创造的一种园林形式。面积很小，可设在筑山庭和平庭之中，一般是在进入茶室前的一段空间里布置各种景观。

回游式、观赏式、坐观式、舟游式是指在大型庭园中，设有“回游式”的环池设路或可兼做水面游览用的“回游兼舟游式”的环池设路等，一般是舟游、回游、坐观三种方式结合在一起，以增加园林的趣味性。

3. 京都

位于日本本州岛中西部，为盆地地形，面积 610 平方千米，人口 150 万，是著名的历史古城。在 794 年至 1868 年，京都是日本的首都。1 200 年的历史古都，遗留下众多的著名神社、神阁和古寺名刹。京都也是中国化极深的城市，许多店铺的名称仍然有汉字的痕迹。京都是日本纺织物、陶瓷器、漆器、染织物等传统工艺品的产地，日本花道、茶道的繁盛之地，故有“真正的日本”之称。主要景点有京都御所、桂离宫、清水寺等。

京都御所。位于京都鸭川西，现仍为京都天皇的寝宫。最初是作为天皇的第二宫殿而建，1331 年至 1868 年用作居住。皇宫几经修复，现存的建筑建成于 19 世纪中叶的安政二年（1855 年）。正殿和紫宸殿曾举行过大正、昭和的继位大典。曾经环绕着大殿的庭园现已成为京都御苑，是对外开放的公园。

桂离宫。位于京都桂川的西岸，始建于 1590 年，占地 6.94 万平方米。主要建筑有书院、松琴亭、笑意轩、园林堂、月波楼和赏花亭等。书院里收藏有上千册的古书和各种古董，都是皇室的珍品。其建筑和庭园，堪称日本建筑的精华。

东山。位于东山群峰的西麓，是京都市区东部地区的总称。自 14 世纪中叶起，东山一带建造了许多寺院和贵族别墅，收藏了许多绘画和各种工艺品，还可进行花道、茶道、能乐等表演。

清水寺。位于京都东山山腰。寺内有近 30 栋木结构建筑物，有正殿、钟楼、三重塔、经堂、地方神社、成就园等。正殿依山而建，宽 19 米，进深 16 米，殿顶铺有数层珠形的桧树皮瓦，是日本国宝建筑之一。

岚山。位于京都西北，为世界著名风景游览区。四季景色各异，尤以春天樱花和秋天红叶驰名。1980 年日本友人在岚山建周恩来纪念诗碑，上刻周恩来 1919 年写的《风雨岚山——日本京都》诗全文。

4. 奈良

奈良，古称“大和之国”，8 世纪时日本的首都，也是日本文化的摇篮，日本的美术、文学、工艺都以此为发祥地。1950 年被指定为国际文化观光都市。

唐招提寺。为唐朝高僧鉴真于 759 年创建，日本佛教律宗总本山，收藏有 1 200 多年前鉴真从中国带去的经卷。寺内开山堂供奉的鉴真干漆夹纻坐像，系仿其圆寂前影形塑造。唐招提寺的建筑和众多的佛像被日本定为国宝。

东大寺。初建于 745 年，是日本佛教华严宗总寺院。其大佛殿高 51 米，正面 57 米，侧面 50.5 米，是世界上现存最高大的木构建筑。

5. 大阪

位于本州岛西南部，淀川下游两岸的大阪平原上。濒临大阪湾，面积 208 平方千米，人口 300 余万。大阪府首府，为日本第二大城市、重要工商业城市、水陆交通中心、著名历史古城。大阪为日本的经济中心，工业生产规模及产值仅次于东京而位居全国城市第二位，拥有以钢铁、机械制造、金属加工为主的重工业和以纺织、印刷、食品、造纸和化工为主的轻工业。

4～7 世纪，日本天皇曾在这里建都，称为浪速、浪华或难波。19 世纪起改称为大阪。大阪拥有数量众多的名胜古迹，其中著名的有四天王寺古刹、大阪古城、天满宫、难波宫遗址等。

6. 名古屋

位于本州岛中西部，濒临伊势湾，面积 376 平方千米，人口 210 万。由于该市介于首都东京和古都京都之间，故有“中京”之称，是次于东京、大阪和横滨的第四大城市。名古屋是综合性的大工业城市，纺织业和造船业非常发达。

名古屋城。位于名古屋市的中央。1612 年，当时的江户幕府将军德川家康修建名古屋城。1945 年受空袭，大部分被烧毁，1959 年重建的天守阁成为名古屋的象征，装饰在屋脊上的金色兽头瓦最为有名。

7. 横滨

位于本州岛东南部的关东地区，在首都东京以南约 20 千米。人口仅次于东京、大阪，是日本第三大城市，日本著名的工业城市，主要的工业部门有运输机械、电机电器、石油和食品工业。它东濒东京湾，西面是日本著名的富士山和游览胜地箱根。

8. 神户

位于本州岛的西南部，是具有千年历史的古城，人口 150 万。1872 年称“神户”，意为神社所统辖的民户。神户为日本国际贸易港口城市，年吞吐货物量超过 1.4 亿吨的世界大型港口，也是著名的旅游胜地。

9. 长崎

位于九州岛西端，距中国上海仅 800 千米，自古以来就是沟通中国与日本的桥梁。北部西海岸的西海国立公园是著名风景区，以九十九岛最负盛名。长崎还拥有著名温泉约 30 处。

10. 札幌

位于石狩川支流丰平川畔，四周多山，面积 1 118 平方千米，人口 180 多万，为日本的第五大城市，北海道的文化和政治中心。工业以食品、印刷、亚麻纺织、机械制造为主。名胜有茨户公园、植物园等。札幌冰雪节、冬季奥运会、冬季亚运会等国际盛会都曾经在札幌召开。

11. 箱根

位于神奈川县西南部，距东京约 90 千米，总面积 94 平方千米，是日本的温泉之乡、疗养胜地，享有“国立公园”之称。

箱根的芦湖为火山湖，海拔 724 米，面积 7 平方千米，最深处达 45 米。晴天时可从这里看到终年积雪的富士山，倒映在淡青色的湖水中的雄姿，被誉为“玉扇倒悬东海天”，为箱根一景。另一奇景为大涌谷，是火山遗迹，终日白烟缭绕。

箱根的温泉久负盛名，是著名的疗养胜地。此外还有“箱根八里”的雄关古道以及箱根佛群、箱根神社、早云寺、千条瀑、仙石原、湿原、九头龙神社等名胜古迹。

第二节 韩 国

韩国，国名全称“大韩民国”。历史上受中国传统文化影响较大，经济发展水平居亚洲前列。首都首尔。

一　基本国情

1. 地理气候

韩国位于朝鲜半岛南部，为黄海、朝鲜海峡、日本海（朝鲜、韩国称东朝鲜海或东海）所环绕。面积 9.96 万平方千米。地势东北高、西南低，多丘陵和平原，约 70%为山区。丘陵大多位于南部和西部。西部和南部大陆坡平缓，东部大陆坡很陡，西海岸河流沿岸有辽阔的平原。重要的河流有汉江、锦江和洛东江。

韩国属于温带季风气候，夏季高温多雨，冬季寒冷干燥。年平均气温 8℃～12℃，年平均降水量 1 120 毫米。

2. 发展简史

1 世纪后，朝鲜半岛形成高句丽、百济、新罗三国。7 世纪中叶，新罗在半岛占据统治地位。10 世纪初，高丽取代新罗。14 世纪末，李氏王朝取代高丽，定国号为朝鲜。1897 年，朝鲜国王将国号改为“大韩”。1910 年 8 月，沦为日本殖民地。1945 年 8 月 15 日，日本宣布无条件投降，美苏两国以北纬 38°线为界，分别在朝鲜半岛南北两地接受日军投降，美军进驻南半部，苏军进驻北半部，并分别成立了军政府。从此“三八线”便成为分裂朝鲜半岛的界线。

1948 年 8 月 15 日，大韩民国宣告成立。1948 年 9 月 9 日，朝鲜民主主义人民共和国宣告成立。1991 年 9 月 17 日，韩国与朝鲜一起加入联合国。

资料2–8

三八线

三八线是位于朝鲜半岛上北纬 38°附近的一条军事分界线。第二次世界大战末期，盟国协议以朝鲜半岛上北纬 38°线作为苏、美两国对日军事行动和受降范围的暂时分界线，北部为苏军受降区，南部为美军受降区。日本投降后，就成为大韩民国和朝鲜民主主义人民共和国的临时分界线，通称“三八线”。

3. 人口与居民

韩国人口约 6 000 万，为单一的朝鲜族。通用韩语。朝鲜族人的姓名基本都是以韩文发音的 3 个中国字组成。第一个字为姓，后两个字是名字。朝鲜族人最常见的姓是：金、李、朴、安、张、赵、崔、陈、韩、姜、柳和尹。

韩国是一个多宗教的国家，韩国 54％的人信奉某种特定的宗教。在信教的人数中，信奉佛教的占 51.2％，信奉基督教的占 34.4％，信奉天主教的占 10.6％，信奉道教的占 1.8％。

4. 国旗、国徽、国歌、国花、国树、国兽、国鸟

国旗：太极旗。横竖比例为 3∶2，白底，中间为太极两仪，四角为黑色四卦。白底代表土地。太极的圆代表人民，圆内上下弯鱼形两仪，上红下蓝，分别代表阳和阴，象征宇宙。四卦中，左上角是“乾”卦，代表天、春季、东方和“仁”；右下角是“坤”卦，代表地、夏季、西方和“义”；右上角是“坎”卦，代表水、冬季、北方和“智”；左下角是“离”卦，代表火、秋季、南方和“礼”。

国徽：为圆形。圆面为五瓣的木槿花，中间为阴阳图案。饰带上写着“大韩民国”。

国歌：《爱国歌》。

国花：木槿花。

国树：松树。

国兽：虎。

国鸟：喜鹊。

5. 政治与经济

韩国是议会民主制国家，实行立法、行政、司法三权鼎立。总统是国家元首和全国武装力量司令，任期 5 年，不得连任。总统是内外政策的制定者，可向国会提出立法议案等；同时，总统也是国家最高行政长官，负责各项法律法规的实施。总统通过由 15～30 人组成并由其主持的国务会议行使行政职能。立法权属于一院制的国会。国务总理由总统任命，国会批准。国务总理有权参与制定重要的国家政策。司法权属于大法院、高等法院和大检察院。韩国主要政党有大国家党、统合民主党和自由先进党。

韩国经济实力雄厚。从 20 世纪 60 年代开始，韩国政府成功地推行以增长为主的经济政策，创造了举世闻名的“汉江奇迹”。到 20 世纪 80 年代，韩国呈现出繁荣和富裕的景象。韩国矿产资源较少，主要工业原料依赖进口。有钢铁、汽车、造船、电子、纺织等支柱产业。

韩国法定货币为韩元（WON）。1 韩元＝100 钱。

二　文化艺术

韩国是个具有悠久历史和灿烂文化的国家，在文学艺术等方面都有自己的特色。韩国的美术主要包括绘画、书法、版画、工艺、装饰等，既继承了民族传统，又吸收了外国美术的特长。韩国的绘画分东洋画和西洋画，东洋画类似中国的国画，用笔、墨、纸、砚表现各种主题。此外还有各类华丽的风俗画。与中国、日本一样，书法在韩国是一种高雅的艺术形式。

韩国人素以喜爱音乐和舞蹈而著称。韩国现代音乐大致可分为民族音乐和西洋音乐两种。民族音乐又分为雅乐和民俗乐两种。雅乐是韩国历代封建王朝在宫廷举行祭祀、宴会等各种仪式时由专业乐队演奏的音乐，通称正乐或宫廷乐。民俗乐中有杂歌、民谣、农乐等。乐器常用玄琴、杖鼓、笛等。

韩国的舞蹈多姿多彩，有宫廷舞、民俗舞（乡土舞）、假面舞和杖鼓舞等。韩国的舞蹈非常重视舞者肩膀、胳膊的韵律。道具有扇、花冠、鼓。

韩国的戏剧起源于史前时期的宗教仪式，主要包括假面剧、木偶剧、曲艺、歌剧（又称唱剧）、话剧等五类。其中假面剧又称“假面舞”，为韩国文化象征，在韩国传统戏剧中占有极为重要的地位。

韩国人十分喜欢运动，尤其爱好参加民间游戏。主要民间游戏有荡秋千、踩跷跷板、放风筝、踏地神等。韩国的民间体育活动种类颇多，主要有围棋、象棋、掷棋、摔跤、跆拳道、滑雪等。

资料2-9

杖鼓舞和假面舞

杖鼓（俗称长鼓），即为中国唐代盛行的“两杖鼓”，朝鲜民族保存了这种古乐器，并继承其技艺，融入本民族乐舞文化，发展成表演性很强的舞蹈形式，并定名为“杖鼓舞”。杖鼓舞多为女性表演的单人舞蹈，也有男子表演。表演者身挎杖鼓，右手持竹键敲打高音部鼓面，左手用掌拍低音部鼓面。高低音色的鼓声、花样繁多的鼓点相映成辉，很有特色。表演达到高潮时，还常作连续性的行进旋转，具有很强的艺术观赏性。

假面舞是朝鲜民族戴假面具表演的男性舞蹈，为韩国文化象征，在韩国传统戏剧中占有极为重要的地位。其表演综合了唱诵、对话、舞蹈等艺术形式，并具有戏剧性。假面舞多用于表现讽刺性内容，情节活泼、幽默。舞蹈节奏为“打令”和“古哥里”。伴奏乐器有箫、笛、鼓、长鼓、三弦琴等。

三　习俗礼仪

1. 节日庆典

受中国文化的影响，中国的四大传统节日，即春节、元宵节、端午节、中秋节很早就传到了朝鲜半岛。此外，韩国重要的节日还有：光复节（8月15日），纪念韩国独立（1945年）和大韩民国建国（1948年），开天节（10

月3日，传说中的古朝鲜建国日）。

春节是韩国最隆重的节日。韩国人称春节回家探亲为“归省”。过年时有“吃打糕过年”的习俗，家家户户都要准备很多糯米打糕，分赠邻居和亲友，象征新的一年团圆美好。

韩国人将正月十五日称为元夕节或上元节，也有人称元宵节，但并没有吃元宵的习惯。

端午节又俗称端阳节、端五节、天中节。韩国端午节没有吃粽子的习俗，而是男人摔跤，女人用菖蒲叶洗头和荡秋千，还有吃车轮饼——艾子糕的习俗。因此，韩国又将端午节称为车轮节。最有名的是“江陵端午祭”，2005年被联合国教科文组织列为世界“人类口头和非物质遗产”。

资料2-10

江陵端午祭

端午祭是韩国江陵地区的传统节日习俗，久负盛名。每年的端午祭期间，来自韩国和世界各地的观光者达百万人之众。

韩国江陵端午祭与中国的端午节只有一字之差，又是同时间举行，但与中国人吃粽子、划龙舟、纪念屈原的习俗不同，他们主要由舞蹈、萨满祭祀、民间艺术展示等习俗构成。端午祭按照传统风俗，在端午这一天要吃艾子糕，喝益仁汁，妇女们用菖蒲汤洗头发或饮用菖蒲水，或用菖蒲露化妆，称为“菖蒲妆”。门柱上贴朱砂符借以避邪，要互赠端午扇表示祝贺。完整的祭祀形式和内容，是韩国江陵端午祭的核心。它不是一家一户的小型祭奠礼仪，而是一项大规模的巫术祭礼，是这一地域的全民庆典活动。

2. 饮食习俗

韩国饮食风格介于中国和日本之间，主食主要是米饭、冷面。特色饮食是泡菜、韩国烧烤、人参鸡等。韩国传统名菜烧肉、泡菜、冷面已经成了世界名菜。在日常生活中，大酱汤和泡菜是不可缺少的两道菜。有些朝鲜族人还爱吃冷菜、生菜。韩国人口味喜爱辣、香、蒜味。一般都不吃过腻、过油、过甜的食物。喜欢吃中国的川菜。

韩国男子通常酒量较大，爱喝烧酒、清酒、啤酒，习惯互相斟酒，喝交杯酒。拒喝别人的酒是不礼貌的表现，如不胜酒力，可在杯中剩点酒。

韩国人在自己家中设宴招待来宾时，宾主一般都是围在一张矮腿方桌周围，盘腿席地而坐，不允许双腿直伸开来，或是叉腿坐。受人敬菜时要礼貌地推让两次，第三次才能欣然接受。

资料2-11

韩国泡菜

韩国泡菜是朝鲜咸菜或者高丽咸菜的别称，也可称之为韩国咸菜。它是一种以蔬菜为主原料，各种水果、海鲜及肉类为配料的发酵食品，不但味美、爽口，而且具有丰富的营养，是韩国餐桌上不可缺少的主要开胃菜。

韩国泡菜种类很多，按季节可分为春季的萝卜泡菜、白菜泡菜，夏季的黄瓜泡菜、小萝卜泡菜，秋季的辣白菜、泡萝卜块儿，冬季的各种泡菜。因为发酵程度、所使用的原料、容器及天气、手艺等不同，制作出的泡菜味道和香味及其营养也各不相同。

3. 社交礼仪

韩国人注重礼节。在正规交际场合，一般都采用握手礼，在不少场合有时也采用先鞠躬、后握手的方式。在一般情况下，韩国女子不与男子握手，而代之以鞠躬或者点头致意。韩国人同他人相见或告别时，若对方是有地位、身份的人，往往要多次行礼，甚至有的是讲一句话行一次礼。

韩国人在称呼他人时爱用尊称或敬语，习惯用头衔称呼对方。与韩国人交谈，应回避政治、与朝鲜关系、与日本关系、妻室等话题，喜欢询问个人情况。

韩国人出门、上车时男士先行；聚会致辞以“先生们、女士们”开头；在社交场所，男女必须分开活动。韩国特别尊重长者，在长者面前抽烟要获得允许，与长者谈话要摘去墨镜甚至一般眼镜。

上门拜访习惯带小礼品，但不能送外国烟。接物时必须用双手，不能把礼品当场打开。在任何场合的坐姿都不能叉腿。

韩国人与外人初次打交道时，非常讲究预先约定，遵守时间，并且十分重视名片的使用。

4. 禁忌

韩国政府规定，公民对国旗、国歌、国花必须敬重，不能妄加非议，更不能当着韩国人的面不恭不敬。

韩国人不喜欢数字“4”，其发音与“死”相同。与韩国人交谈时，发音与“死”相似的“私”、“师”、“事”等几个词最好不要使用。对其国家和民族进行称呼时，宜对其分别称为“朝鲜族”或“朝鲜族人”。馈赠礼品时，宜选择鲜花、酒类或工艺品，但不要送外国货。

四　主要城市和旅游景点

韩国风景优美，有许多文化和历史遗产，旅游业较发达，也是亚洲主要客源输出国之一。旅游业的官方管理机构是文化观光部。其下辖的韩国观光公社主要职能是对外加强国际交流、招徕游客，对内协调接待体制，保证旅游者的安全。

1. 首尔

韩国首都，位于朝鲜半岛中部，面积605.5平方千米，人口1 027.7万。首尔为韩国政治、经济、文化和教育中心，也是全国陆海空交通枢纽。因位于汉江之北，得名“汉阳”。14世纪末朝鲜王朝定都汉阳后，改名为“汉城”。2005年1月改称为“首尔”。

韩国第一大江汉江自东向西穿城而过，把首尔分为南、北两部分，江中有冲积而形成的两个岛屿，建有韩国最大的汝矣岛广场和国会议事堂及使馆区。市内有许多名胜古迹，主要有景福宫、昌德宫、昌庆宫、德寿宫和秘苑（御花园）等。

景福宫。位于首尔钟路区，是一座著名的古代宫殿。建于1394年。因中国古代《诗经》中“君子万年，介尔景福”的诗句而得名。景福宫的中心建筑为勤政殿，是李朝的各代国王处理国事的地方。宫苑内的敬天夺石塔，造型典雅，是韩国的国宝。

昌德宫。又名乐宫，位于首尔市院西洞，是李朝王宫里保存最完整的宫殿。始建于1405年，重建于1613年。宫殿为中国式建筑，入正门后是处理朝政的仁政殿，殿后的东南部分以乐善斋等建筑为主，是王妃居住的地方。

崇礼门。也称南大门，为韩国国宝。建于1395年，是首尔历史最悠久的木制建筑，也是标志性古建筑。城门下端为石质门洞，上端为双层木制城楼。2008年2月11日，崇礼门的整座木制城楼被大火烧毁。

青瓦台。位于首尔市钟路区世宗路1号，原为高丽王朝的离宫，现为韩国总统官邸。1426年朝鲜王朝建都后，把这里作为景福宫的后园，有隆武堂、庆农斋和练武场等建筑和国王的亲耕地。1927年日本入侵后毁掉五云阁以外的所有建筑，建立了朝鲜总督官邸。1945年日本投降后为军政长官官邸。1948年8月大韩民国成立时，成为总统官邸并改名为景武台。1960年4月，因这群建筑是白墙蓝瓦，改名为青瓦台，也称为“蓝宫”。

2. 济州岛

又名耽罗岛、蜜月之岛、浪漫之岛。位于朝鲜半岛的南端。济州岛是韩国第一大岛。隔济州海峡与半岛相望，北距朝鲜半岛90多千米，面积1 826

平方千米，包括牛岛、卧岛、兄弟岛、遮归岛、蚊岛、虎岛等 34 个属岛。济州岛是韩国主要的渔业基地，附近海域内既有温带海洋鱼类，也有热带及亚热带鱼类。岛中央的汉拿山海拔 1 950 米，为韩国最高峰，山顶有巨大的火山口湖白鹿潭。岛上还有 45 个火山熔岩洞窟和著名的正房瀑布。

济州岛是韩国著名的避暑旅游胜地，素有“韩国夏威夷”之称。因为没有乞丐和小偷，民宅看不到大门。济州岛是理想的旅游和垂钓胜地，可以观赏名胜古迹，欣赏自然景观，还可以登山、骑马、兜风、狩猎、冲浪和打高尔夫球等。

3. 釜山

位于韩国东南沿海的海滨城市，人口 400 万。韩国第二大城市，也是韩国最大的天然港口，拥有世界第四大集装箱码头。釜山历史悠久，名胜古迹众多，如千年古刹梵鱼寺、金井山城、太宗台等名胜。

4. 庆州

韩国的历史古城，人口 16 万。公元前 57 年，朝鲜新罗王国在此建都，为新罗 900 年的王都，成为朝鲜半岛历史文化及艺术文物最丰富的地方，被誉为“没有围墙的文化博物馆”。城市建筑多为古色古香、具有民族风格的平房或 2～3 层的楼房，与整个庆州的文化古迹相得益彰。

石窟庵。位于庆州吐含山，建于 774 年。花岗岩石窟内有佛、菩萨、天王、罗汉等石像数十尊，为新罗文化的代表。

佛国寺。位于庆州吐含山，从 751 年始建直至 774 年完成，为新罗文化的代表，被誉为韩国最精美的佛寺。

5. 仁川

位于朝鲜半岛中西部，面积 958 平方千米，人口 256 万，是韩国的第二大贸易港口城市。仁川距离首尔 28 千米，是首尔的门户。仁川汽车、钢铁、家具、玻璃等工业非常发达。临海有众多的岛屿，具有丰富的海上旅游资源。

6. 海印寺

位于庆尚南道伽倻山，初建于 802 年。它与光州的松广寺、釜山的通度寺并称为韩国三大寺院。寺内藏经板库建成于 1488 年，内收藏有高丽藏经板 8 万余块，是世界佛教的宝贵文献。

7. 雪岳山

为太白山脉的最高峰。山上有神兴寺、洛山寺等名胜古迹，有众多溪谷瀑布等自然景观，是韩国著名旅游胜地。

8. 珍岛分海奇观

珍岛位于朝鲜半岛西南端海中。每年 4 月 26 日下午 4 点，那里海水会自然分开，露出一条 3 000 米的平坦大道，游客可以步行登岛。6 时 10 分左右海水又合拢。每年这天，当地居民都举行“灵登祭”，游客达数十万人。

第三节　蒙　古

蒙古，国名全称为“蒙古国”，国名以本民族的名称而得名。“蒙古”一词是由“勇敢”和“朴素”结合而成。首都乌兰巴托。

一　基本国情

1. 地理气候

蒙古位于亚洲中部内陆，地处蒙古高原北部，面积 156.56 万平方千米，为世界第二大内陆国。东、南、西三面与中国接壤，北面同俄罗斯的西伯利亚为邻。蒙古大部分属于蒙古高原北部，平均海拔 1 580 米。全境可分为西部山地、中东部高原和南部戈壁三个地形区，主要山脉有阿尔泰山、杭爱山、肯特山等。中蒙边境的友谊峰（奈拉姆达勒山）为最高峰，海拔 4 374 米。戈壁占全国面积的 1/3，地势缓平。主要河流有色楞格河及其支流鄂尔浑河、克鲁伦河等。山间还有内流河注入而成的湖泊，如乌布苏湖等。

蒙古属于典型的大陆性高寒气候，夏季短而热，冬季长而寒。年平均降水量 200 多毫米。

2. 发展简史

蒙古原为中国的一部分，称外蒙古。在沙皇俄国策动下，1911 年宣布自治，并于 1921 年 7 月 11 日宣布独立，成为一个君主立宪制国家。1924 年成立蒙古人民共和国。1946 年中国国民党政府予以承认。1992 年改国名为“蒙古国”。

3. 人口与居民

蒙古人口 275 万。以喀尔喀蒙古族为主，约占全国人口的 80%，还有哈萨克、杜尔伯特、巴雅特、布里亚特等 15 个少数民族。官方语言为喀尔喀蒙古语，有 70%的人讲突厥语。

喇嘛教为国教，为居民主要信奉对象。

4. 国旗、国徽、国歌

国旗：呈横长方形，长与宽之比为 2∶1，旗面由三个垂直相等的竖长方形组成，两边为红色，中间为蓝色。左边的红色长方形中有黄色的火、太阳、月亮、长方形、三角形和阴阳图案。红色象征快乐和胜利，蓝色象征忠于祖国，黄色是民族自由和独立的象征；火、太阳、月亮表示祝人民世代兴隆永生；三角形、长方形代表人民的智慧、正直和忠于职责；阴阳图案象征和谐与协作；两个垂直的长方形象征国家坚固的屏障。

国徽：呈圆形。圆面为蓝色，中间是一匹飞奔的骏马，马中间的图案与国旗上的相同，马之下为法轮。圆周由褐色和金黄色的花纹装饰，下方饰以白色的荷花花瓣，顶端是三颗宝石。

国歌：《蒙古国国歌》。

5. 政治与经济

蒙古是总统议会制国家。总统是国家元首兼武装力量总司令。国家大呼拉尔行使立法权，是国家最高权力机关，为一院制议会。政府为最高国家权力执行机关，政府成员由国家大呼拉尔任命。主要政党有蒙古人民革命党、民主党等。

畜牧业是蒙古的传统经济部门，为国民经济的基础。工业以轻工、食品、采矿和燃料动力工业为主。矿产资源丰富，额尔登特铜钼矿为世界十大铜钼矿之一，储量居亚洲之首。

蒙古法定货币为图格里克（Tug)。1 图格里克＝100 蒙戈。

二　习俗礼仪

1. 节日庆典

蒙古重要的国家节日有：独立日（3 月 13 日），国庆节“那达慕”（7 月 11 日），建国节（11 月 26 日），宪法纪念日（1 月 13 日）。

还有其他的传统节日，如春节（藏历新年相同），燃灯节（农历 10 月 25 日），鲁班节（农历 4 月 2 日），祭祖节（农历 6 月 20 日）。

资料2–12

国庆节——那达慕

“那达慕”是蒙古人喜爱的一种传统体育活动形式。每年的 7 月 11 日至 13 日举行。“那达慕”是蒙语的译音，意为“娱乐”、“游戏”，以表示丰收的喜悦之情。在蒙古“那达慕”又被定为国庆节，是蒙古最盛大的节日。在节日期间组织有蒙古传统的体育盛会、歌舞表演等，国家的领导人都要亲临现场并邀请许多的外宾观看。那达慕的传统竞技项目有赛马、摔跤、射箭，它们被称为蒙古族男儿三技。

射箭。蒙古民族非常看重的传统体育项目。射箭比赛分立射、骑射、远射三种，比赛不分男女老少，弓的拉力以及箭的长度和重量均不限。比赛的规则是三轮九箭，即每人每轮只许射三支箭，以中靶箭数的多少定前三名。

赛马。参加者有时全是少年，有时不分年龄，具有广泛的群众性。赛马项目包括：快马赛，主要比马的速度，一般为直线赛跑；走马赛，主要是比赛马步伐的稳健与轻快；颠马赛，是蒙古族特有的马上竞技表演项目。

摔跤。蒙古族特别喜爱的一种体育活动。蒙古族的摔跤有其独特的服装、规则和方法，因此也叫蒙古式摔跤。

2. 饮食习俗

蒙古人以牛羊肉及奶食品为主，口味一般都偏咸。手扒肉、烤全羊、石烤肉等都是蒙古民族传统佳肴。饮食讲究实惠。蒙古人忌食虾、蟹、海味及“三鸟”（即鸡、鸭、鹅）的内脏。不爱吃糖醋类菜肴和带汁的、油炸的菜肴。爱喝烈性酒，且酒量很大。蒙古人喜爱中国的苏菜及清真菜。

3. 社交礼仪

蒙古人性格豪放，热情好客，讲究礼貌。在社交场合，一般施握手礼和献哈达。献哈达是蒙古民族最正统的礼节方式。在献哈达的同时，还要向客人献上一碗鲜奶，以表达敬意。

宾客临门，男女主人总会恭敬地站在门口热情迎候，向客人问候“您好”、“向您请安了”等。客人告辞时，往往要举家相送，并一再说“再见”、“欢迎再来”、“一路平安”等送行话。

蒙古人亲属间相见时，一般要施亲吻礼。晚辈出远门或归来，长辈要吻晚辈的前额，以示祝福。敬鼻烟壶是蒙古族最常见的见面礼。有客人来拜访，主人先让客人嗅鼻烟，客人如拒绝会被视为严重失礼；朋友相见，互换鼻烟壶，吸用后再互相递还，表示亲近有礼。

与蒙古人交谈要回避其国内政治、与周边国家关系、民族问题等话题。

资料2–13

蒙古的鼻烟文化

鼻烟是一种烟草制品，用富有高级油分和香味的干烟叶加入名贵药材，磨成粉末装入密封容器陈化而成，以手指送少量到鼻孔。在蒙古，吸闻鼻烟一直是当地人不可或缺的习惯，并形成特有的鼻烟文化。在蒙古参加各种会议，总可以见到一些人拿出鼻烟壶放在桌上，不时取出少量鼻烟吸闻，甚是享受。

蒙古人的鼻烟壶种类繁多，并成为一种装饰品。他们尊崇凤凰石、玛瑙、珊瑚、玉石、水晶、琥珀等材料制成的鼻烟壶，其中凤凰石、珊瑚、玉石制成的鼻烟壶极为贵重。有的蒙古人则相信鼻烟壶可以为主人防病或者祛除顽疾，如白玉鼻烟壶可以保佑主人身体不受外伤，珊瑚鼻烟壶将为主人带来好运，会给孕妇带来健康和平安。

在蒙古，鼻烟壶一般被装进荷包里，揣在怀里或挂在腰间。荷包做工十分讲究。蒙古喀尔喀地区的鼻烟壶荷包一般用绸缎做成，上面绣上福、寿、花等吉祥图案。荷包有很多种颜色，青色代表长生，黄色代表爱情和感激，红色代表喜庆，白色代表纯洁。

4. 禁忌

蒙古人忌讳在蒙古包前下马、下车，忌讳将马鞭、刀枪带进蒙古包内。忌讳客人坐在蒙古包的西北角或西侧；脚不能伸向西北方向；不能踩门槛。出蒙古包要循进来时的路线，离开主人家要步行一段路，待主人留步再上马上车。

赠送礼品时，每类物品都要成双成对，忌讳用单数。忌讳别人称赞自己的孩子和牲畜。有产妇或病人，忌讳客人来访：一般会在门口左侧系一条绳子作为标志，绳子一头埋在地里，表示客人不能进门。

蒙古族对守门狗和猎犬都很爱护，禁止外人打骂；忌讳别人用烟袋或手指点头部。视黑色为不祥的色彩，偏爱红色，崇尚蓝色，珍视黄色。

三　主要城市和旅游景点

蒙古旅游业主要是边贸旅游和边境旅游。主要旅游景点有库苏古尔湖、特列尔吉旅游度假胜地、南戈壁、东戈壁和阿尔泰狩猎区等。蒙古旅游行政管理机构是交通运输和旅游部。

1. 乌兰巴托

蒙古首都，蒙古第一大城市，人口 94.2 万。位于肯特山南端、鄂尔浑河支流图拉河畔，是全国政治、经济和文化中心。“乌兰巴托”，意思是“红色英雄城”。乌兰巴托市内高楼大厦鳞次栉比，在现代化楼群之中，传统的蒙古包仍然可见。

乌兰巴托集中了全国大部分的工业，以轻工业和食品工业为主，工业总产值占全国一半以上。乌兰巴托铁路干线连接中、蒙、俄三国，为“亚欧大陆桥”的重要组成部分。

2. 库苏古尔湖

位于蒙古的最北部，靠近蒙古和俄罗斯边界，属贝加尔湖水系。水域总面积为 2 760 平方千米，一共有大小 96 条河流汇入湖中，湖水储量为 3 800 亿立方米。是蒙古最大的湖泊，也是世界第二深淡水湖。

库苏古尔湖水碧蓝，周围密布茂密的原始森林，有马鹿、梅花鹿、黑熊等野生动物，漫山遍野的野花香草等。库苏古尔湖区空气新鲜，景色优美，被蒙古人称作“东方的蓝色珍珠”和“东方的瑞士”。

思考与习题

1. 日本人非常讲究礼节礼貌，请列举他们的主要见面礼节。
2. 简述日本传统表演艺术和传统体育项目。
3. 简述韩国音乐和舞蹈艺术成就。
4. 简述韩国饮食文化的特色。
5. 列出日本主要旅游景点。
6. 列出韩国主要旅游景点。
7. 日本与中国在文化方面有着深厚的渊源，请简要说明。
8. 简述蒙古人的社交礼仪。

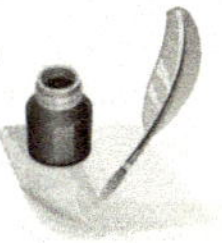

第三章 东南亚地区国家

➤**教学目标** 知识目标：了解东南亚地区主要客源国的基本概况；掌握人文习俗和著名旅游景点

能力目标：分析本区客源国一直是中国稳定的客源市场的原因

➤**教学难点** 本区客源国的禁忌和民俗

➤**教学重点** 本区客源国的人文习俗和著名旅游景点

➤**主要内容** **泰国**

基本国情 文化艺术 习俗礼仪 主要城市和旅游景点

越南

基本国情 习俗礼仪 主要城市和旅游景点

新加坡

基本国情 习俗礼仪 主要城市和旅游景点

马来西亚

基本国情 习俗礼仪 主要城市和旅游景点

印度尼西亚

基本国情 文化艺术 习俗礼仪 主要城市和旅游景点

菲律宾

基本国情 习俗礼仪 主要城市和旅游景点

东南亚地区共有 11 个国家：越南、老挝、柬埔寨、泰国、缅甸、马来西亚、新加坡、印度尼西亚、文莱、菲律宾、东帝汶，面积约 450 万平方千米，人口约 5.6 亿。

资料3-1

东南亚国家联盟

东南亚国家联盟，简称东盟，其前身是由马来西亚、菲律宾和泰国三国于 1961 年 7 月 31 日在曼谷成立的东南亚联盟。1967 年 8 月，印度尼西亚、泰国、新加坡、菲律宾四国外长和马来西亚副总理在曼谷举行会议，发表了《东南亚国家联盟成立宣言》，即《曼谷宣言》，正式宣告东南亚国家联盟成立。20 世纪 80 年代和 90 年代，文莱、越南、老挝、缅甸和柬埔寨先后加入该组织，使东盟由最初成立时的 5 个成员国扩大到目前的 10 个成员国。

东盟的宗旨是：以平等和协作精神，共同努力促进本地区的经济增长、社会进步和文化发展；遵循正义、国家关系准则和《联合国宪章》，促进本地区的和平与稳定；同国际和地区组织进行紧密和互利的合作。

东盟主要机构有首脑会议、外长会议、常务委员会、经济部长会议、其他部长会议、秘书处、专门委员会以及民间和半官方机构。东盟首脑会议是东盟最高决策机构，会议每年举行一次，主席由成员国轮流担任。外长会议是制定东盟基本政策的机构，每年轮流在成员国举行。常务委员会主要讨论东盟外交政策，并落实具体合作项目。

20 世纪 90 年代初，东盟率先发起东亚区域合作进程，逐步形成了以东盟为中心的一系列区域合作机制。其中，东盟与中日韩（10＋3）、东盟分别与中日韩（10＋1）合作机制已经发展成为东亚合作的主要渠道。此外，东盟还与美国、日本、澳大利亚、新西兰、加拿大、欧盟、韩国、中国、俄罗斯和印度 10 个国家和地区形成了对话伙伴关系。

资料3-2

中国—东盟自由贸易区

按照中国与东盟协议，到 2010 年 1 月 1 日双方超过 90％的产品贸易关税将降为零。这将是世界上拥有消费者最多（19 亿消费者）的自由贸易区，也是被称为“未来世界第三大经济体”的自由贸易区。中国—东盟自由贸易区在 2007 年的贸易额占全球贸易总额的 13.7％，占亚洲贸易总额的近一半。

2002 年，中国与东盟启动了自由贸易区的谈判，经过多年共同努力，双方先后于 2004 年、2007 年和 2009 年签署了《货物贸易协议》、《服务贸易协议》和《投资协议》，基本完成了中国—东盟自由贸易区建设的主要法律程序，从而确保了中国—东盟自由贸易区于 2010 年如期建成。

第一节　泰　国

泰国，国名全称为“泰王国”，别称“黄袍佛国”、“大象之邦”。“泰国”一名是由泰族语“孟泰”得名。泰国人称自己国家为“孟泰”，“孟”表示

“国家”，“泰”为“自由”之意。首都曼谷。

一　基本国情

1. 地理气候

泰国位于中南半岛中部，面积 51.4 万平方千米。西北与缅甸为邻，东北接老挝，东连柬埔寨，南部与马来西亚接壤。境内大部分为低缓的山地和高原，地势北高南低，最高峰为因他暖山，海拔 2 595 米。昭披耶河（湄南河）发源于北部山地，纵贯南北，流经中部，全长 1 200 千米，流域面积为 15 万平方千米，注入泰国湾，流域是中部农业区的重要灌溉水源和航运干线。湄公河是泰老两国的天然界河，在泰国境内的主要支流是蒙河。主要山脉为他念他翁山脉，主要岛屿有普吉岛、萨木伊岛、潘甘岛和强岛。

泰国大部分地区属于热带季风气候，一年三季，分别是热季（2 月中旬至 5 月中旬）、雨季（5 月下旬至 10 月中旬）和凉季（11 月至次年 2 月中旬）。年平均气温 22℃～28℃，年平均降水量 1 550 毫米。

2. 发展简史

1238 年建立素可泰王朝，开始形成较为统一的国家。先后经历了素可泰王朝、大城王朝、吞武里王朝和曼谷王朝。从 16 世纪起，先后遭到葡萄牙、荷兰、英国和法国等殖民主义者的入侵。1856 年 4 月 5 日，泰王被迫与英国签约时，首次采用“暹罗”这个名称。19 世纪末，曼谷王朝五世朱拉隆公在位期间，致力于推进泰国近代化，废除奴隶制度，吸取西方经验进行社会改革，泰国人尊其为国父。1932 年 6 月，人民党发动政变，建立君主立宪制政体。1939 年 6 月更名为“泰王国”，意为“自由之地”。1941 年被日本占领，泰国宣布加入轴心国。1945 年 2 月再次改为“暹罗”。1949 年 5 月，恢复国名“泰王国”。

3. 人口与居民

泰国人口 6 740 万，是一个由 30 多个民族组成的多民族国家，其中泰族占人口总数的 40%，老族占 35%，马来族占 3.5%，高棉族占 2%。此外，还有苗、瑶、桂、汶、克伦、掸等山地民族。

泰语为国语。

佛教是泰国的国教，90%以上的居民信仰佛教，马来族信奉伊斯兰教，还有少数人信奉基督教新教、天主教、印度教和锡克教。

资料3-3

黄袍佛国

佛教是泰国的国教，90%的人信奉佛教。全国有32 000多座佛寺30万僧侣，处处可见千姿百态的佛寺，佛塔林立其间，身披轻装、手托僧钵的僧侣随处可见，浓郁的宗教氛围无所不在。

泰国的风俗习惯、文学、艺术和建筑等各方面，几乎都与佛教有着密切的关系。泰国人对佛十分虔诚，每家都供奉有小佛龛，每人胸前都挂有小佛像。泰国男子到了一定年龄要削发为僧一段时间，就连王室和贵族也不例外，有“不当僧侣不算男子汉”的说法。因此，泰国有“黄袍佛国”的美名。佛教也为泰国人塑造了道德标准，使之形成了崇尚忍让、安宁和爱好和平的精神风范。

4. 国旗、国徽、国歌、国花、国树

国旗：呈长方形，长与宽之比为3∶2。由红、白、蓝三色的五个横长方形平行排列构成。上下方为红色，蓝色居中，蓝色上下方为白色。蓝色宽度与两个红色或两个白色长方形的宽度相等。红色代表民族，象征各族人民的力量与献身精神。泰国以佛教为国教，白色代表宗教，象征宗教的纯洁。泰国是君主立宪政体国家，国王是至高无上的，蓝色代表王室。蓝色居中象征王室在各族人民和纯洁的宗教之中。

国徽：图案是一只大鹏鸟，鸟背上蹲坐着那莱王。传说中大鹏鸟是一种带有双翼的神灵，那莱王是传说中的守护神。

国歌：《泰王国国歌》。

国花：睡莲。

国树：桂树。

大象被视为国兽。

5. 政治与经济

泰国为君主立宪制国家。宪法规定世袭国王为国家元首和武装部队最高统帅。国王通过国会、内阁和法院分别行使立法、行政和司法权。国会为两院制，分上院、下院。总理为政府首脑，来自下议员。上议员不得隶属任何政党，不得担任阁员。主要政党有民主党、为国党、同心发展泰国党、自豪泰党、发展泰国党、皇家人民党、为泰党等。

泰国为传统农业国，主要生产稻米、玉米、木薯、橡胶等。木薯产量居世界第一位，泰国香米在世界上享有盛誉，橡胶产量居世界第二位。锡产量居世界第二位。工业在东盟国家中起步较晚，门类单一，基础薄弱，主要工业部门有采矿、纺织、电子、塑料、食品加工等。

泰国法定货币为泰铢（B）。1泰铢=100萨当。

二　文化艺术

泰国以优美典雅的古典舞蹈和丰富多彩的民间舞蹈著称于世。古典舞蹈分宫内舞和宫外舞。宫内舞的演出对象是国王和宫廷，有严格的规范与程式。宫外舞以平民为观众，自由风趣。民间舞蹈有丰收舞、长甲舞、蜡烛舞等。泰国还流行群众性集体舞。

三　习俗礼仪

1. 节日庆典

泰国重要的国家节日有：国庆日（12月5日）。

其他传统的节日主要有：元旦（1月1日），万佛节（泰历3月15日），宋干节（4月12至15日），佛诞节（5月23日），农耕节（5月举行，具体日期由国王选定），水灯节（泰历12月15日）。

资料3-4

农耕节大典

农耕节大典始于13世纪的素可泰王朝。每年农耕节时在曼谷大王宫旁边的王家田广场举行。节日庆典由占卜师选择在每年5月（泰农历6月）的一个吉日良辰，按照婆罗门教的习俗举行。

主犁官在号角乐声中扶着由两头白公牛拉着的金色木犁耕田六圈，两名挑金担和两名挑银担的少女跟在木犁后面，主犁官不时从金担和银担中抓出一把把谷种，撒在田里。耕田播种仪式后，围在广场四周成千上万的人涌进田中，从土壤中挖出种子，连泥带土装进塑料袋中，带回家去。他们相信，这些种子和王家田的“圣土”会带来丰收和好运。

犁田之后，司礼官员为两头耕牛送上丰盛的饲料，包括稻谷、玉米、绿豆、芝麻、青草、水和米酒。两头耕牛选择的是青草和玉米，于是占卜师就宣布说，牛选吃了这两种饲料预示着来年五谷丰登。

2. 饮食习俗

泰国人以稻米为主食，鱼和蔬菜是主要副食。“咖喱饭”最具有泰国民族风味。泰国人不喜欢吃过咸或过甜的食物，不喜欢吃红烧食物。喜欢吃辛辣的菜肴，鱼露和辣椒是最好的调味品。泰国人喝茶时要加冰块，称其为

“冻茶”。喝果汁时有加入少许盐末的偏好。泰国人喜欢中国的广东菜和四川菜。

3. 社交礼仪

泰国人以礼仪、互助、宽容和谦让为荣，对人总是面带微笑，交谈时细声低语，人称“微笑的国度”。与人见面和分手时，习惯行合十礼，通常合十的双手举得越高，表示对对方越尊重。商人和知识分子也流行握手礼，但男女间不握手。

4. 禁忌

与泰国人交谈时，要回避政治、王室等话题，不允许任意评说泰王和王室成员，不能议论泰国军人。不得非议佛教，忌讳对佛教、佛像、寺庙和僧人有失敬言行。购买佛饰不能说“买”，必须说“求祖”。应主动给僧人让路、让座，不得向僧人赠现金。不要赞美别人的婴儿。

除僧人外，任何人不得触摸别人头部，尤其是孩子的头部。忌拿着东西从别人头上经过。不得拍打对方肩膀。与人交谈时双手不能插在口袋中。忌用手指人（可用下巴指人）。在交往中忌讳用红颜色笔签字或刻字。忌讳褐色。忌讳狗的图案。

四　主要城市和旅游景点

泰国旅游资源丰富，有 500 多个景点，主要旅游点有曼谷、普吉岛、芭堤雅、清迈和帕塔亚、苏梅岛等。国家旅游业的最高管理机构是总理府下设的旅游委员会，旅游委员会下设旅游局，具体负责全国旅游管理工作。

1. 曼谷

泰国首都，东南亚第二大城市。泰国的主要港口和政治、经济、文化中心。位于湄南河三角洲，距曼谷湾 40 千米，面积 290 平方千米，人口约 800 万。城市地跨湄南河两岸，地势低洼，平均海拔不足 2 米，后来挖了很多运河，成为河道纵横的水上都城，因此有“东方威尼斯”之称。随着陆上交通及现代化工商业的发展，大多数的河道被填平，目前还有十多条河道蜿蜒流经市区。曼谷工商业发达，是世界著名米市。

曼谷是世界上佛寺最多的城市，有大小 400 多个寺院，被誉为“佛教之都”。曼谷众多的寺院中，玉佛寺、卧佛寺、金佛寺最为著名，被称为泰国三大国宝。

大王宫。又称故宫，是泰国曼谷王朝一世王至八世王的王宫。位于曼谷市中心，依偎在湄南河畔，面积 21.84 万平方米，是曼谷市内最为壮观的古建筑群。大王宫四周筑有白色宫墙，高约 5 米，总长 1 900 米。建筑以白色为主色调，风格主要为暹罗式，主要由几个宫殿和一座寺院组成。

玉佛寺。泰国最著名的佛寺。位于曼谷大王宫的东北角，建于1784年。玉佛寺是泰国王族供奉玉佛像和举行宗教仪式的场所，因寺内供奉着玉佛而得名。玉佛高66厘米，宽48厘米，是由一整块碧玉雕刻而成。每当换季时节，泰国国王都会亲自为玉佛更衣，以保国泰民安。每年5月农耕节时，国王还要在这里举行宗教仪式，祈祷丰收。

卧佛寺。位于大王宫南面，是曼谷最古老的寺庙之一。建于1793年大城王朝时代，寺内卧佛为世界最大卧佛，长46米，高15米。每只脚的脚底便长达5米，上刻有108个佛像图案。

金佛寺。又称黄金佛寺，位于曼谷火车总站附近。据说这座寺院由三位华人集资建成，故又称三华寺或三友寺。寺因供奉着一尊世界最大的金佛而闻名：金佛高近4米，重5.5吨。

2. 芭堤雅

位于曼谷东南147千米处的春武里府，市区面积20多平方千米，风光旖旎，气候宜人，为世界知名的旅游度假胜地。芭堤雅旅游区素以阳光、沙滩、海鲜名扬天下，被誉为“东方夏威夷”。每年接待游客100多万人次，是泰国重要的海滨旅游度假地之一。

资料3-5

泰国人妖

人妖是指专事表演、从小服用雌性激素而发育的男性。其中部分是变性人，而大部人仍然是“男人”，只是胸部隆起，腰肢纤细，完全丧失生育能力。大多数人妖都很漂亮，外表上和女性的区别是手脚较大，并可通过声音鉴别。人妖的起源，据传在泰国早年间，由于战乱所有成年男子都必须去打仗。这时有人发现一种叫“女儿草”的野草，经常食用可使男性特征退化，女性特征明显，如胸部丰满、声音变细、喉结消失等。于是有人服用“女儿草”以逃避兵役。后来就演变成了“人妖”。

泰国的人妖，主要集中在曼谷和芭堤雅，尤以芭堤雅为多。人妖表演的节目，以泰、中、日、韩以及西方歌舞为主，既有高雅的西方古典歌剧、古典的中国戏剧，也有迷人的泰国舞蹈、奔放的“牛仔”歌舞，还有滑稽戏、哑剧、美国民谣、港台歌曲等。

3. 普吉岛

普吉岛位于泰国南部安达曼海中，是泰国最大的海岛，面积543平方千米。“普吉岛”一词源于马来西亚语，意思为“山丘”。岛上山丘绵延，其间点缀着盆地，还有 39 个离岛。

温暖的海水、美丽的海滩、怪状的小岛、天然的洞窟，加上清澈湛蓝的海水和美不胜收的海底世界，使普吉岛有“热带天堂”的美誉。主要景点有攀牙湾、考帕泰奥国家公园、神仙半岛、普吉水族馆、珍珠养殖场、泰国村、兰花园和邻近安达曼海的十多个美丽海滩等。

4. 皮皮岛

位于普吉岛东南约 20 千米处，是由两个主要岛屿组成的姐妹岛，为普吉岛的离岛。1983 年被定为泰国国家公园。柔软洁白的沙滩，宁静碧蓝的海水，鬼斧神工的天然洞穴，未受污染的自然风貌，使皮皮岛成为泰国著名的度假胜地之一。

大皮皮岛面积约为 28 平方千米，形状如同不规则的哑铃，两头是绿荫覆盖的小山丘，中间由两个半月形海湾交汇而成。岛中部极窄，最窄处只有约 80 米。

小皮皮岛距大皮皮岛约 2 千米，面积 6.6 平方千米，四周悬崖峭壁，地势险要，因此罕有人烟。岛上的几个巨大的石灰岩洞穴，垂吊着很多钟乳石，有些洞壁还刻有史前人类、大象、船只的壁画。

5. 清迈

清迈府的首府，泰国第二大城市。濒临湄南河支流湄滨河，坐落在泰北群山环抱的小平原上，平均海拔 300 米，是泰国的高原城市，气候凉爽，为著名的避暑胜地。市内风景秀丽，遍植花草，尤以玫瑰花最为著名，有“北国玫瑰”的雅称。

清迈曾长期作为泰王国的首都，至今仍保留着很多珍贵的历史和文化遗迹。古色古香的历史遗迹与新建的白色建筑物错落相间，使清迈的整个城区富有浓郁的泰北色彩。清迈为世界著名的手工艺品制造中心，主要产品有木雕、漆器、银器、青瓷、藤器和竹器等。

6. 苏梅岛

位于泰国湾，是泰国第三大岛，面积 247 平方千米，距大陆约 80 千米，周围有 80 个大小岛屿。苏梅岛最早的居民是 150 年前从海南来此定居的中国人，世代以种椰子为生，因此有“椰林海岛”的美称，为世界著名的海滨度假胜地。

苏梅岛上海滩众多，水清沙白，景致迷人。最长的查武恩海滩绵延 6 千米，月牙形的海滩被绿色的小山和礁石环绕，环境十分优美。

第二节 越 南

越南，国名全称“越南社会主义共和国”。首都河内。

一 基本国情

1. 地理气候

越南位于中南半岛的东部。面积约 32.9 万平方千米。东临南海，南濒退罗湾，北与中国广西、云南接壤，西与老挝、柬埔寨为邻。越南地形狭长，呈“S”形，南北全长 1 650 千米，东西最窄处仅 50 千米。地势由西北向东南倾斜，山地和高原占国土面积的 2/3，主要山脉有黄连山脉、长山山脉。平原占 1/3，有红河三角洲平原、九龙江平原。主要河流有红河、湄公河（越南也称“九龙江”）。

越南属热带季风气候，气温高、湿度大、风雨多。每年 7～11 月沿海地区常遭台风袭击。年平均降水量达 1 800～2 000 毫米，南方的一些地区甚至高达 3 000～4 000 毫米。气候分为雨季和旱季，每年 5～10 月为雨季；11 月至次年 4 月为旱季，雨季的降水量约占全年降水量的 80%。

资料3-6

湄公河

湄公河是东南亚最长的河流，总长约 4 880 千米，流域总面积 81.1 万平方千米，是世界第六大河，亚洲第三长河，东南亚第一大河。湄公河发源于中国青海，在中国境内名为澜沧江。经云南出境后流经缅甸、老挝、泰国和柬埔寨后在越南南部流入南海。老挝首都万象与柬埔寨首都金边均在岸边。湄公河三角洲位于越南的最南端，又称九龙江平原，是越南最富饶的地方，也是越南人口最密集的地方。

2. 发展简史

越南最早自称“文郎”，“文郎”很可能是生活在红河三角洲的部族名称。从中国秦朝开始直至宋朝以前，越南北方都处在中国封建王朝的管辖之下。1802 年建立的阮朝完成了全国统一，国号为“越南”，成为独立的国家。1883 年越南沦为法国的保护国，才结束了与中国封建王朝的藩属关系。第二次世界大战中，日本占领了越南。1945 年 9 月 2 日，越南民主共和国成立。1946 年开始，越南先后经过抗法战争、抗美战争，1976 年 7 月 2 日南北统一，定国名为“越南社会主义共和国”。

3. 人口与居民

越南人口 8 784 万。全国有 54 个民族，其中越族（京族）占 89%以上，岱依、芒、侬、傣、赫蒙（苗）、瑶、占、高棉及其他少数民族占近 11%。

官方语言为越南语。

主要宗教有佛教、天主教、和好教与高台教。

4. 国旗、国徽、国歌、国花

国旗：金星红旗。长宽比例为 3∶2，中心是一颗黄色的五角星（金星），标志越南共产党的领导地位，红色表示革命和胜利。五角星的五个角分别表示工人、农民、士兵、知识分子和青年。

国徽：中间是一个大五角星，代表越南共产党，国徽四周是稻穗和金色齿轮，代表工人阶层及农民阶层。金色齿轮下方为写着“越南社会主义共和国”的红底金字绶带。

国歌：《进军歌》。

国花：莲花。

5. 政治与经济

越南是民主共和制国家。国会是国家最高权力机关。国家主席为国家元首和武装力量统帅，由国会代表以无记名投票方式选出。政府是国家最高行政机关，总理和国家副主席由国家主席提名，经国会选举产生。越南共产党是唯一政党。

越南是传统农业国，经济以农业为主。农业人口约占总人口的 80%，农业产值占国内生产总值的 30%以上。盛产稻米、热带经济作物和热带水果。矿产资源丰富，种类多样，煤、铁、铝储量较大。主要工业部门有煤炭、电力、冶金、纺织等。

越南法定货币为越南盾（D）。1 盾＝10 角＝100 分。

二　习俗礼仪

1. 节日庆典

越南重要的国家节日有：国庆日（独立日，9 月 2 日），西贡解放日（4 月 30 日），越南共产党成立日（2 月 3 日），胡志明诞辰日（5 月 19 日）。

越南民族传统节日与中国相同，主要有春节、清明、端午、中秋、重阳等，其中春节为最盛大的节日。

2. 饮食习俗

越南人以稻米为主食，喜吃糯米。饮食以生、酸、辣和清淡为特色。生吃青菜，蘸以作料。爱饮酒，尤其是米酒，也喜欢饮茶。越南茶叶品种多，人们最喜爱的是荷花茶。

3. 社交礼仪

越南人讲究礼节。见面时通行握手礼，一些少数民族如苗、瑶族行抱拳作揖礼，信仰小乘佛教的民族（如高棉族）多行合十礼。见面说话要先称呼对方，对长辈称大伯、大娘或叔叔、阿姨，对平辈称兄、姐，对儿童称小弟、小妹。

4. 禁忌

越南人禁忌很多。年初、月初不能说可能带来坏运气的词，如猴、死等。钓鱼忌讳说猫。喝酒时忌讳把酒杯倒扣或把酒瓶倒过来。忌讳进入坟山。家里有人生病、生小孩或在祭祖时，外人不能进入。不能摸别人的头。忌讳三个人合影。

资料3–7

越南特色民俗文化

越南旗袍。越南旗袍也称为“长衫”，为越南妇女的传统服装，据说是按中式旗袍改进而来。质地通常为丝绸。上装胸和袖较紧，前后两襟，两侧开衩，下装为较宽松的裤子。越南旗袍除了手工精细考究外，还相当讲究穿着的身段，因此每个人穿起来都非常合身好看，身材和衣服都格外凸显婀娜多姿。头戴竹笠、身穿开衩长衫及一袭长裤，是世人对越南人的印象。

染齿。染齿是越南流传下来的遗俗。古时认为牙齿洁白象征作风不正派，有“白齿如犬齿”的说法，谁要保留白齿将被人耻笑，人不论多么美丽漂亮，齿不乌黑发亮，姿色就会大为减低。过去，越南人无论男女，到了十六七岁都要染齿。染齿工艺很复杂，所以产生了一批“专业户”。虽然现在染齿者已大为减少，但在农村中年以上的妇女中，仍可见到有一口黑亮的牙齿者。

嚼槟榔。越南的京族、岱依族和泰族人嗜好嚼槟榔。因其味先苦后甜，回味悠长，故易成瘾。越南人嚼槟榔果时，把一种叫“蒌”的藤类植物叶子和蚌灰一起放在嘴里，嚼到三种东西起化学反应，变成血红色汁后，再把渣子吐出来。长期嚼食槟榔者的牙齿和双唇都会变成黑红色，被视为传统美的标志。

三　主要城市和旅游景点

越南旅游业起步较晚，中越边境旅游发展很快，中国为越南最大的客源国。主要旅游城市和景点有河内、胡志明市和下龙湾等。越南旅游业管理机构是文化、体育和旅游部下设的国家旅游总局。

1. 河内

越南首都，人口 290 万，面积 920 平方千米。地处越南北部红河三角洲西北，红河与墩河汇流处。河内是一座拥有上千年历史的古城，始建于 621 年，当时名叫“紫城”，后又改称“罗城”、“大罗”。从 11 世纪起为越南政治、经济和文化中心，历史文物丰富，名胜古迹遍布，享有“千年文物之地”的美称。

巴亭广场。位于河内市中心，长 320 米，宽近 100 米，是举行集会和节日活动的重要场所。巴亭原为清化省鹅山县的一个乡。19 世纪 80 年代，巴亭最早爆发抗法运动，为纪念越南人民的抗法斗争，越南“八月革命”胜利后遂以“巴亭”命名此广场。1945 年 9 月 2 日，胡志明主席在此宣读越南《独立宣言》，宣布越南民主共和国成立。

2. 胡志明市

位于越南南部湄公河三角洲东北部，西贡河西岸。面积 140 平方千米，人口 430 万，为越南最大的城市和经济中心。胡志明市没有独特的名胜古迹，但法式建筑较多，如饭店、教堂等。这些法式建筑具有浓厚的法兰西文化风格和很高的观赏价值，所以胡志明市又被称为“东方巴黎”。

3. 下龙湾

位于海防以东 100 千米的海岸一带，距河内 150 千米。东临北部湾，隔海与我国海南岛相望，面积 1 500 平方千米，共有约 3 000 个小岛，星罗棋布、姿态万千。为喀斯特地貌，青翠的树木覆盖在小岛上，秀美异常，被誉为“海上桂林”。

4. 顺化

位于越南狭长形国土的中间位置。西靠长山山脉，东距南海 8 千米，面积 150 平方千米，城区沿香江两岸分布。古称富春，是越南的古都，完整地保存有皇城、皇陵等古迹。

5. 岘港

位于越南中部偏南的南海边，是越南南方第二大海港城市，面积 80 平方千米，也是越南三大天然良港之一，自古以来就是著名的贸易口岸。历史上的占婆国就是位于这一带，至今还有不少占族遗址。由于其地理位置优越，一直是战略要地。法国对越南的入侵和美国直接介入越战都是从岘港开始的。

第三节 新加坡

新加坡，国名全称“新加坡共和国”。新加坡国名源于本岛的形状，因其岛的形状像个狮子，而马来语中，“新加”是“狮子”之意，“坡”是“岛”的意思，故以其命名。也有人认为，是因为狮子象征着强大有力，而当时岛上的土著居民中有一个狮子族，现在的国名就是由其转化而来的。

一 基本国情

1. 地理气候

新加坡位于马来半岛最南端，由本岛和 63 个小岛组成，面积 699.4 平方千米，是一个热带城市岛国，为东南亚面积最小的国家。新加坡地处太平洋与印度洋航运要道马六甲海峡的出入口，北隔柔佛海峡与马来西亚为邻，有长堤与马来西亚的新山相通，南隔新加坡海峡与印度尼西亚相望。地势低平，平均海拔 15 米，最高海拔 163 米。

新加坡属于热带海洋性气候，常年高温多雨。年平均气温 24℃～27℃，年平均降水量 2 345 毫米，年平均湿度 84.3%。

2. 发展简史

古称淡马锡。8 世纪建国，属印度尼西亚室利佛逝王朝。18 世纪至 19 世纪初为马来亚柔佛王国的一部分。1819 年，英国东印度公司在新加坡建立贸易站。1824 年沦为英国殖民地，成为英国在远东的转口贸易商埠和在东南亚的主要军事基地。1942 年被日军占领。1945 年英国恢复其殖民统治。1959 年新加坡实行内部自治，成为一个自治邦。1963 年 9 月 16 日同马来亚、沙捞越和沙巴组成新的马来亚联邦。1965 年 8 月 9 日，新加坡脱离该联邦，成立共和国。

3. 人口与居民

新加坡人口 518 万，其中 378.9 万为永久居民。居民中，华人占 76.7%，马来人占 13.9%，印度人占 7.9%，其他种族占 1.5%。其他种族包括巴基斯坦人、斯里兰卡的泰米尔族人和西方人。

马来语、英语、华语和泰米尔语为官方语言。马来语为国语。英语为行政用语。大多数新加坡人都会使用英语和华语。

主要宗教为佛教、道教、伊斯兰教、基督教和印度教。马来人和巴基斯坦人多信奉伊斯兰教，印度人信奉印度教，华人及斯里兰卡人多信奉佛教。居民中信奉佛教的占 31.9%，道教占 21.9%，伊斯兰教占 14.9%，基督教占 12.9%，印度教占 3.3%，其他宗教占 0.6%。

资料3-8

小国家多民族

新加坡是世界上国土面积最小的国家之一，有“城市国家”之称。同时又是世界上民族成分最复杂的国家之一，多民族文化共生共荣是其最大的特色。早期离乡背井到新加坡再创家园的移民，将各自的传统文化带入了新加坡。各种族之间的交流与融合，不仅创造了新加坡多民族的和谐社会，也留下了丰富的多元文化特色。不同民族的人、不同国家的文化交融，形成了新加坡与众不同、包罗万象而又独具特色的文化。

主流文化方面：新加坡人口中华人约占77%，中华文化的精髓深深影响着新加坡独特的生活形态；马来文化以自身丰富的文化遗产，使新加坡更为多彩多姿；印度族裔在饮食、艺术、宗教方面保留其特色，突显新加坡文化的多元性特质。

宗教信仰方面：华人一般信仰佛教，马来人信仰伊斯兰教，印度人信仰印度教，还有人信仰基督教等。在新加坡，几乎可以找到世界上所有宗教的信仰者。这些人信奉着自己的神灵，尊重着别人的信仰，在同一个国度里相处融洽，一派祥和。

饮食方面：新加坡的饮食习惯里有着东南亚各国饮食文化的影子。大街上随处可见中餐厅、马来餐厅和印度餐厅等，也很容易找到正宗的东南亚各国的风味食品。

4. 国旗、国徽、国歌、国花

国旗：由上红下白两个相等的横长方形组成，长与宽之比为3∶2。左上角有一弯白色新月和五颗白色五角星。红色代表人类的平等，白色象征纯洁和美德；新月象征国家，五颗星代表民主、和平、进步、正义和平等的思想。新月和五颗星的组合紧密而有序，象征着新加坡人民的团结和互助精神。

国徽：呈盾徽，由狮子、老虎等图案组成。红色的盾面上镶有白色的新月和五角星，其寓意与国旗相同。红盾左侧是一头狮子，为新加坡的象征，新加坡在马来语中是“狮子城”的意思；右侧是一只老虎，象征新加坡与马来西亚之间历史上的联系。红盾下方为金色的棕榈枝叶，底部的蓝色饰带上用马来文写着“前进吧，新加坡”。

国歌：《前进吧，新加坡》。

国花：胡姬花，也称卓锦·万代兰。

5. 政治与经济

新加坡实行议会共和制。总统为国家元首，由全民选举产生。总统和议会共同行使立法权。议会称国会，实行一院制。总统顾问理事会受委托向总统提供咨询与建议。议会中多数党领袖任总理。内阁是行政权力的主要执行机构。主要政党有人民行动党、工人党、新加坡民主联盟等。

新加坡的传统经济以商业为主，包括转口贸易、加工出口、航运等。工业主要包括制造业和建筑业，是世界第三大炼油中心。农业在国民经济中所占比例不到1%，主要有家禽饲养和水产业。粮食全部靠进口，蔬菜自产仅占5%，绝大部分从马来西亚、中国、印度尼西亚和澳大利亚进口。

新加坡法定货币为新加坡元（S$）。1元=100分。

二 习俗礼仪

1. 节日庆典

新加坡重要的国家节日有：独立日（8月9日），食品节（4月17日），百鸟争鸣节（7月）。

新加坡日历都印有公历、中国农历、印历和马来历等四种历法，依各种历法有许多传统节日。主要有：春节（华人最重要的传统节日，农历1月1日），开斋节（伊斯兰教历10月），泰米尔新年（4、5月间），圣诞节（12月25日）等。

2. 饮食习俗

新加坡绝大多数华人的祖籍为广东、福建、海南和上海等地，他们的饮食习惯与当地大同小异。主食多为米饭，喜欢清淡，偏爱甜味，讲究营养。通常以茶待客，每逢春节来临之际，经常还会在清茶中加入橄榄，称之为“元宝茶”。嗜好饮用中药泡制成的补酒，如鹿茸酒、人参酒等。新加坡人喜爱中国的粤菜、闽菜和上海菜。

马来西亚人忌食猪肉、狗肉和动物的血，不吃自死之物，不吃贝壳类动物，不饮酒。印度人不吃牛肉。在用餐时，不论马来西亚人还是印度人均惯用右手直接抓取食物，忌用左手取用食物。

资料3-9

新加坡的饮茶文化

由于新加坡是一个多元文化社会，喝茶也反映出其多元文化的特色。每到黄昏降临，新加坡的街头和茶室就会慢慢热闹起来，成为街头一景。除了中国茶和英国茶之外，新加坡还有其特有的“长茶”。

所谓“长茶”，是把泡好的红茶加牛奶，由操作者把奶茶倒进罐子里，一只手拿罐子倒进另一只手拿着的空杯里，两手的距离约在1米之间。如此来回7次。在来回倒茶的过程中，奶茶是不允许外溢的。喝茶者边品茶，边欣赏精彩的倒茶，心情也会变得轻松。

3. 社交礼仪

新加坡政府注重“礼治”，不但强调“不学礼，无以立”，而且专门编定了《礼貌手册》，对于人们在各种不同场合的所作所为是否符合礼仪，都作出了明确的规定和指导。“人人讲礼貌，生活更美好”、“真诚微笑，处世之道”是新加坡人的生活信条。新加坡人待人接物总是笑脸迎客，彬彬有礼。

新加坡人见面多行握手礼。新加坡政府注重保护各民族的传统，因此其礼仪与习俗呈现多元化的特点。中国血统的人基本上保留中国的传统习俗，相见时往往习惯于拱手作揖，或者行鞠躬礼；马来西亚人大多采用其本民族传统的“摸手礼”。跟新加坡人打交道时，不光是要“入国而问禁”，还需“遇人而问俗”。

4. 禁忌

新加坡人忌说“恭喜发财”，认为有教唆别人发不义之财、损人利己的意思。“4”、“6”、“7”、“13”、“37”和“69”被认为是消极数字，尤其忌讳“7”。忌涉及政治、民族、宗教及新加坡与邻国的关系等话题。

忌用食指指人。忌双手随便叉腰，那是生气的表示。如有海员、渔夫或其他爱好划船者同席，不能把盘子里的鱼翻转过来，因为那将预示翻船。忌男子蓄长发，在许多公共场所通常竖有“长发男子不受欢迎”的告示。公共场所严禁吸烟。

宗教词句和如来佛的图像在商业活动中被禁用。视黑色为倒霉、厄运之色，紫色也不受欢迎。偏爱红色，视红色为庄严、热烈、刺激、兴奋、勇敢和宽宏之象征。也欢迎蓝色和绿色。喜欢红双喜、大象、蝙蝠图案。忌讳乌龟。

三　主要旅游景点

旅游业是新加坡主要外汇收入来源之一。新加坡旅游业管理机构是新加坡旅游促进局。

1. 牛车水（唐人街）

牛车水是新加坡的唐人街。因当地居民过去都以牛车拉水来清扫而得名。牛车水是现代购物中心，各色小贩和百年老店毗邻而居。牛车水最著名的活动是农历新年期间的民间庆典。届时，整个地区张灯结彩，各种小店、杂铺都装修一新，有不少节日商品和风味小吃。

2. 唐城

位于新加坡西郊裕廊区，占地 12 万平方米，是亚洲最大的历史文化主题公园。1992 年 1 月建成开放。它仿照 1 300 多年前的唐都长安的建筑风貌修建，是唐代建筑风貌的再现和缩影。集休闲、娱乐、历史、人文、餐饮于一体，是个超级娱乐公园。城内有长城、赵州桥等中国著名景观。

3. 圣淘沙岛

新加坡南部岛屿。位于新加坡本岛以南 500 米处，东西长 4 千米，南北宽 1.6 千米，面积为 3.47 平方千米，是新加坡本岛以外的第三大岛。圣淘沙岛原为英国海军基地，原名绝后岛，1972 年改现名。已开发成设备齐全的海上乐园，是集主题乐园、热带度假村、自然公园和文化中心于一体的休闲度假地。

4. 虎豹别墅

虎豹别墅是一座世界闻名的公园式别墅，也是中国风格的大型游乐园。位于新加坡风景优美的巴西班让，是新加坡著名的旅游胜地之一。虎豹别墅是由著名的华侨巨商胡文虎、胡文豹兄弟斥资兴建，始建于 1929 年，取兄弟二人名字而得名。由于胡氏弟兄以发明“万金油”起家，所以这座别墅又有“万金油花园”的别称。虎豹别墅的设计独出心裁、别具一格，它的特色是把中国历史故事、神话故事和建筑、雕塑艺术熔于一炉，有着浓厚的中国色彩和情调。

5. 鱼尾狮像

坐落于新加坡河口的海滨大道，是新加坡的标志和象征。该塑像高 8 米，重 40 吨。1972 年 5 月由雕刻家林南雕塑完成。在鱼尾狮像后面有四块石碑，碑文讲述了鱼尾狮象征新加坡的故事，近旁还建有一座小鱼尾狮像与之相伴。

6. 裕廊飞禽公园

位于裕廊山腰，是世界上最大的鸟类公园之一。拥有来自热带和寒带、沼泽和沙漠、海洋和深山的 360 多种 8 500 多只鸟禽，尤以东南亚稀有珍禽著称。

7. 新加坡植物园

位于新加坡市中心，园内有 2 000 多种植物，尤以名贵兰花为特色，是世界上最大的兰花园之一。

第四节　马来西亚

马来西亚，简称马来亚或大马。“马来”一词在马来语中意为“黄金”，马来半岛被称为“黄金之乡”。首都吉隆坡。

一　基本国情

1. 地理气候

马来西亚位于东南亚中心地带，地处太平洋和印度洋之间。面积 33 万平方千米。全境分成东马来西亚和西马来西亚两部分。西马来西亚为马来亚地区，位于马来半岛南部，北与泰国接壤，西濒马六甲海峡，东临南海；东马来西亚为沙捞越地区和沙巴地区的合称，位于加里曼丹岛北部，南部接印度尼西亚，而文莱国则位于沙巴州和沙捞越州之间。

马来西亚紧邻赤道北沿，属于热带雨林气候。常年炎热多雨，空气湿度大。内地山区年均气温 22℃～28℃，沿海平原为 25℃～30℃。

2. 发展简史

公元初，马来半岛建立了羯荼、狼牙修等古国。15 世纪初以马六甲为中心的满剌加王国统一了马来半岛的大部分，并发展成为当时东南亚主要国际贸易中心。从 16 世纪初起，先后遭到葡萄牙、荷兰和英国侵略。1911 年沦为英国殖民地。沙捞越、沙巴历史上属文莱，1888 年两地沦为英国保护国。第二次世界大战期间，马来亚、沙捞越、沙巴被日本占领。1945 年英国恢复对马来亚的殖民统治。1948 年成立马来亚联合邦。1957 年马来亚联合邦在英联邦内独立。1963 年马来亚联合邦、新加坡、沙捞越和沙巴合并，组成马来西亚（1965 年新加坡宣布退出）。

3. 人口与居民

马来西亚人口 2 883 万。马来人及其他原住民占 67.4%，华人占 24.6%，印度人占 7.3%。沙捞越州原住居民中以伊班族为主，沙巴州以卡达山族为主。

马来语为国语，通用英语，汉语使用也较广泛。

伊斯兰教为国教，53%的马来西亚人信奉伊斯兰教，大多数华人信奉佛教，印度人信奉印度教，此外还有居民信奉基督教和锡克教等。

资料3-10

马来西亚的多元文化

马来西亚是个传统的农业国，维持着许多的原始信仰，特别是各民族信仰还保留着浓厚的原始宗教色彩。其宗教也融合了伊斯兰教、印度教、佛教的文化，其中以印度教影响尤为深远。由于多民族的长期共同生活，形成了一种独特的多元文化特色。

马来人信仰伊斯兰教，奉伊斯兰教为马来西亚的国教。各地清真寺都十分雄伟壮丽。除伊斯兰教以外，马来人还保留着原始宗教，其代表性的仪式是称作昆德利的共食仪式。这种共食仪式起着维持社会连带关系的重要作用。可以说马来人的社会组织是由伊斯兰教规范和传统习惯二者合一共同维系的。

马来西亚华人的宗教是佛教和道教。佛教寺院宏伟壮观，大多成为风景名胜，充分反映了马来西亚华人的经济实力和社会力量。佛道混合是这些寺院的特征，一个寺院里往往同时供奉着福德正神、玉皇大帝和释迦牟尼、观音菩萨。

马来西亚印度人多为泰米尔族，其代表性的宗教是印度教，这是印度人特有的宗教。崇拜村镇神、家族神和个人神三种神祇，供奉维鸠奴神、湿婆神。

4. 国旗、国徽、国歌、国花

国旗：呈横长方形，长与宽之比为 2∶1。主体部分由 14 道红白相间、宽度相等的横条组成。左上方有一深蓝色的长方形，上有一弯黄色新月和一颗 14 个尖角的黄色星。14 道红白横条和 14 角星象征马来西亚的 13 个州和政府。蓝色象征人民的团结及马来西亚与英联邦的关系（英国国旗以蓝色为旗底），黄色象征国家元首，红色象征勇敢，白色象征纯净，新月象征马来西亚的国教伊斯兰教。

国徽：中间为盾形徽。盾徽上部绘有一弯黄色新月和一颗 14 个尖角的黄色星，新月代表国教，14 角星代表各州和政府。盾面上的图案和颜色象征马来西亚的组成及其行政区划。盾面下部中间的图案为马来西亚的国花朱槿。盾徽两侧各站着一头红舌马来虎，两虎后肢踩着金色饰带，饰带上书写着格言“团结就是力量”。

国歌：《月光》。

国花：扶桑，也叫朱槿。

5. 政治与经济

马来西亚实行君主立宪联邦制。最高元首为国家首脑、伊斯兰教领袖兼武装部队统帅，由统治者会议从世袭苏丹中选举产生，拥有立法、司法和行政的最高权力，以及任命总理、拒绝或同意解散国会等权力。国会是最高立法机构，由上议院和下议院组成。总理由最高元首任命下议院多数党领袖担任。主要政党有马来民族统一机构、马来西亚华人公会、马来西亚印度人国大党、伊斯兰教党、民主行动党、人民公正党等。

马来西亚自然资源丰富。橡胶、棕油、胡椒的产量和出口量居世界前列。锡矿丰富，盛产热带硬木。农业以经济作物为主，主要有橡胶、油棕、胡椒、可可和热带水果等。

马来西亚法定货币为林吉特（M＄），也称马元。1 林吉特＝100 分。

二 习俗礼仪

1. 节日庆典

除宗教节日外，马来西亚主要节日有：国庆节（又称独立日，8 月 31 日），元旦（1 月 1 日），春节（农历 1 月 1 日），五一节（5 月 1 日），现任最高元首诞辰等。

2. 饮食习俗

马来西亚人以米饭为主食，喜欢带有辣味的菜肴，尤其是咖喱牛肉。风味“沙爹”（烤鸡肉或羊肉串）是宴席必备的佳肴。禁用左手取食食物或饮料。信仰伊斯兰教的马来人禁酒，忌食猪肉、自死之物和血液。印度教徒不吃牛肉。

3. 社交礼仪

马来人传统的见面礼是一方将双手首先伸向对方，另一方则伸出自己的双手，轻轻摸一下对方伸过来的双手，随后将自己的双手收回胸前，稍举一下，同时身体前弯呈鞠躬状。马来人待客人热情，通常用糕点、茶、咖啡和冰水款待。客人必须吃一点，以示领受主人的热情和善意。

资料3–11

马来西亚的服饰文化

马来西亚最具代表性的服装是“巴迪服”，被称为“国服”。是一种由蜡染花布做成的长袖上衣，没有衣领，袖子十分肥大，质地薄而凉爽，多在正式交际场合穿着。

在一般情况下，马来人习惯穿民族传统服装。男子的传统服装是上穿“巴汝”，即一种无领、袖子宽大的外衣；下身则围以一大块布，叫做“沙笼”；头戴无沿小帽。女子的传统服装是穿无领、长袖的连衣长裙，头上围以头巾。在正规的场合，绝对不允许露出胳膊和腿，忌穿背心、短裤、短裙。在社交场合，马来西亚人可以穿西装或套裙。马来西亚人的服饰偏好红色、橙色和其他一些鲜艳的颜色。他们认为黑色属于消极之色，黄色也不适于作为服装之色。受伊斯兰教影响，马来人对绿色十分喜爱。

马来人有佩带短剑的习惯，认为短剑象征着力量、勇敢与智慧。去马来西亚人家里做客或参观清真寺，进门前必须首先脱下鞋子，并且摘下墨镜。

4. 禁忌

在马来西亚公开表示亲热是不受欢迎的，要避免接触异性。与马来人交谈时，应回避政治、种族纷争等话题，忌问年龄和家务事。与人打手势应伸出自己的手，掌心向下，然后频频摆动手指，不要用一个手指做这种动作；也不能用拳头打另一只半握着的手。忌讳摸头，认为摸头是对人的一种侵犯和侮辱。除了教师和宗教人士之外，任何人不可随意触摸马来人的背部。如果背部被人触摸过，那将意味着厄运来临。

与马来人握手、打招呼或馈赠礼品，忌用左手。在不得不用左手时，一定要说声“对不起”。忌用食指指人。

马来西亚严禁偶像崇拜。马来西亚人喜欢绿色、红色、橙色等鲜艳的颜色，一般不穿黄色服装，黑色为消极之色。不喜欢“0”、“4”、“13”等数字。

三　主要城市和旅游景点

马来西亚旅游资源丰富，自然风光宜人。白色的沙滩、蓝色的大海、魅力独特的珊瑚岛、种类多样的海洋生物、千姿百态的洞穴、多元化的人文景观、古老的民俗民风、众多历史文化遗迹以及现代化的都市，无不吸引着来自世界各地的游客。旅游业是马来西亚的经济支柱和重要外汇收入来源。马来西亚负责旅游的政府机构是马来西亚文化与艺术及旅游部，下设旅游促进局。

1. 吉隆坡

马来西亚首都，位于马来半岛西海岸中段，巴生河与鹅麦河交汇处。吉隆坡是马来西亚最大的城市，面积 243 平方千米，人口 147 万。是全国政治、经济、文化、工业、交通中心。

吉隆坡市的建筑独具风采，有方形、圆形、三角形、阶梯形、宝剑形、腰鼓形等风格各异的现代化建筑，其中最壮观的是 88 层的双塔大厦。城内马来族、印巴族及欧洲人不同宗教的寺庙、教堂兼具，古老的、现代的并存，构成了一幅幅东西方艺术风格交融的图画，表现出多元民族、多元文化的异彩。1965 年建成的国家清真寺是东南亚地区最大的清真寺。

黑风洞。印度教的朝拜圣地，位于吉隆坡北郊 11 千米处，是一个石灰岩溶洞群，处在丛林掩映的半山腰。黑风洞是在 100 多年前被发现的，面积 255 万平方米，洞穴不下 20 处，以黑洞和光洞最有名。

2. 槟城

马来西亚重要港口，槟城州首府，又称乔治市，马来西亚第二大城市。位于槟榔屿岛东北部，马六甲海峡北口，槟榔屿海峡西岸。面积 23 平方千米，人口约 24.8 万。槟城以槟榔树而得名，并有“印度洋绿宝石”之称，既有美丽的海滩与原野风光，又有众多的名胜古迹，为旅游胜地。

蛇庙。位于槟城机场以北，建于 1850 年，是一座中国式寺庙，又名“青龙庙”原名清水庙。是世界上罕见的蛇庙，庙内群蛇盘绕。

3. 马六甲

马来西亚历史最悠久的古城，马六甲州的首府。位于马六甲海峡北岸，马六甲河穿城而过。始建于 1403 年，曾是马六甲王国的都城。因其扼守马六甲海峡咽喉位置，为东西方贸易交通要冲，历来商贸十分繁盛。众多东西方移民也聚居于此，使马六甲呈现出独具一格的文化，而且景点十分集中。著名的有三保庙、三保山、荷兰红屋、葡萄牙城山等。

三保庙。位于马六甲市三保街。系 1795 年为纪念中国明朝三保太监郑和而建。

三保山。又名“中国山”。为纪念中国明朝三保太监郑和而命名。山上有三保庙，三保山是中国境外最大的华人墓地。

荷兰红屋。位于马六甲河东岸广场，广场四周都是荷兰式的红色建筑物。1641 年至 1660 年建成，是在东方保留下来的最古老的荷兰建筑物。

葡萄牙城山。位于马六甲市西南，靠近马六甲河口。明成祖曾封此山为“镇国山”，后又称“圣保罗山”。山上有一个古堡，是由当时的葡萄牙殖民者修筑，现在是一片残墙断垣，只有古堡城门楼依然屹立。

4. 云顶高原

位于吉隆坡以北 50 千米的彭亨州西南，海拔 1 700 多米，年平均气温只有 15℃，气候凉爽，是马来西亚最大、最著名的娱乐中心和避暑胜地。设于云顶大酒店内的赌场是马来西亚唯一的合法赌场，素有“南洋群岛的蒙地卡罗”之称。

第五节 印度尼西亚

印度尼西亚，国名全称“印度尼西亚共和国”，别称“赤道上的翡翠”和“万岛之国”。“印度尼西亚”一名，意为“水中岛国”。首都雅加达。

一 基本国情

1. 地理气候

印度尼西亚位于亚洲东南部，地跨赤道，是世界上最大的群岛国家，由太平洋和印度洋之间的 17 000 多个大小岛屿组成，其中约 6 000 个岛屿有人居住。陆地面积为 190 万平方千米。北部的加里曼丹岛与马来西亚接壤，新几内亚岛与巴布亚新几内亚相连。东北部面临菲律宾，东南部是印度洋，西南与澳大利亚相望。印度尼西亚是一个火山之国，全国共有火山 400 多座，其中活火山 100 多座。火山喷出的火山灰以及充沛雨量，使印度尼西亚成为世界上土地最肥沃的地带之一。

印度尼西亚属于热带雨林气候，年平均温度 25℃～27℃。处处青山绿水，四季皆夏，人称“赤道上的翡翠”。多雷雨，多地震。

资料3-12

万岛之国

印度尼西亚是东南亚的群岛国，岛屿多达 17 000 余个，素有“万岛之国”的称号。从国名来看，“印度”在梵文中意为“海”，“尼西亚”在希腊语中意为“岛屿”，“印度尼西亚”就是“海”和“岛”的合称。此外，印度尼西亚还有一个土著名称叫“奴山打拉”，也是“群岛之国”的意思。由于岛多而分散，全国重要的海和海峡就有十多个，因此印度尼西亚又被称为世界最大的“海国”。

在印度尼西亚所辖的这些繁若星辰的海岛中，面积超过万平方千米的岛屿有 9 个，超过 1 000 平方千米的岛屿有 15 个。其中世界大岛有：伊里安岛为太平洋上最大岛，世界第二大岛，西部地区属于印度尼西亚领土；加里曼丹岛为世界第三大岛，2/3 的面积属于印度尼西亚领土；苏门答腊岛为世界第六大岛。这些气势磅礴的大岛，构成了印度尼西亚无与伦比的海岛世界。

2. 发展简史

3～7 世纪，印度尼西亚建立了一些分散的封建王国。13 世纪末至 14 世纪初，在爪哇建立了其发展历史上最强大的麻喏巴歇封建帝国。15 世纪后，葡萄牙、西班牙和英国先后侵入。1596 年荷兰侵入，1602 年成立具有政府职权的“东印度公司”，1799 年底改设殖民政府。1811—1816 年英国取代荷兰建立殖民地政府。1816 年后荷兰逐渐恢复对印度尼西亚的殖民统治。1942 年被日本占领，1945 年爆发八月革命，8 月 17 日宣布独立，成立印度尼西亚共和国。1949 年 11 月荷兰与印度尼西亚签订《圆桌会议协定》，根据此协定，印度尼西亚于同年 12 月 27 日成立联邦共和国，参加荷印联邦。1950 年 8 月印度尼西亚联邦议院通过临时宪法，正式宣布成立印度尼西亚共和国。1954 年 8 月脱离荷印联邦。

3. 人口与居民

印度尼西亚人口 2.376 亿，为世界人口大国。全国共有 100 多个民族，其中爪哇族占 45%，巽他族占 14%，马都拉族占 7.5%，马来族占 7.5%，其他占 26%。

通用语言和官方语言为印度尼西亚语。

印度尼西亚居民中，约 87.2%信奉伊斯兰教，是世界上穆斯林人口最多的国家。还有的人信奉基督教、天主教、印度教、佛教和原始拜物教等。

4. 国旗、国徽、国歌、国花

国旗：呈长方形，国旗长宽比例为 3∶2。为红白两色，上红下白。红色象征勇敢，白色象征纯洁。

国徽：由一头鹰、一面盾牌和一条绶带组成，矫健的神鹰胸前佩戴着一块盾牌。鹰呈金黄色，其颈部、两翼翅膀和尾部羽毛分别为 45 根、17 根和 8 根，表示印度尼西亚独立于 1945 年 8 月 17 日。盾代表建国“五基”（印度尼西亚立国的五项基本原则），由五部分图案组成：五星象征信仰神道，链条代表人道主义，榕树象征民族主义，牛头象征民主，谷穗象征社会公正。鹰爪下的绶带上写着“殊途同归”。

国歌：《伟大的印度尼西亚》。

国花：茉莉花。

5. 政治与经济

印度尼西亚宪法规定“五基”（又称潘查希拉，即信仰神道、人道主义、民族主义、民主和社会公正）为立国基础，实行总统内阁制。总统是国家元首、政府行政首脑和武装部队最高统帅，直接领导内阁。人民协商会议是国家最高权力机构。主要政党有民主党、专业集团党、印尼民主斗争党、繁荣公正党、国家使命党、建设团结党等。

印度尼西亚是东盟最大的经济体，经济以农林矿的原产品生产和出口为主，农业和油气产业是其传统支柱产业。全国 59%的人口从事包括林业和渔业在内的农业生产。胡椒、金鸡纳霜、木棉和藤的产量居世界之首，天然橡胶、椰子产量居世界第二位，可可、棕榈油、咖啡、香料等产量居世界前列。印度尼西亚是石油输出国组织（欧佩克）成员国，国家收入主要来自石油出口。镍、金刚石储量居世界前列，是世界产锡大国，世界煤炭出口大国。爪哇岛是印度尼西亚经济、政治和文化最发达的地区，一些重要的城市和名胜古迹都坐落在这个岛上。

印度尼西亚法定货币为印度尼西亚盾或卢比（Rp）。1 盾＝100 仙。

二　文化艺术

印度尼西亚巴厘岛居民以善舞著称于世，巴厘岛被称为“舞之岛”。巴厘岛舞蹈扎根于印度教的信仰，讲究手和指尖的动作，多在寺庙前表演。

三　习俗礼仪

1. 节日庆典

印度尼西亚除宗教节日外，重要的国家节日有：国庆日（8 月 17 日），元旦（1 月 1 日），国际劳动节（5 月 1 日），民族节（5 月 20 日），建国五基诞生日（6 月 1 日），体育节（9 月 9 日），建军节（10 月 5 日），青年宣誓节（10 月 28 日），全国野生动植物保护日（11 月 5 日），英雄节（11 月 10 日），母亲节（11 月 22 日）等。

资料3-13

马都拉赛牛盛会

马都拉岛在爪哇岛东北部，是马都拉族人的聚居地。岛上流行一种传统的赛牛娱乐活动。比赛通常在八月举行，岛上的赛牛场比比皆是。它对国内外游客有着很强的吸引力。

马都拉岛的赛牛起源于古代。农夫为多打粮食，常鞭打耕牛，让其快跑多干活，久而久之便形成了赛牛传统。其赛牛方式在世界上是独一无二的。标准的赛场长 130 米，宽 40 米，没有跑道或隔开的界线，只有起点和终点。参赛的两头雄牛背上装上轭梁，梁中间设有骑师鞍座。一次比赛分若干组，每组由两三对雄牛参加。赛程最少为 100 米，速度最快者为冠军。

2. 饮食习俗

印度尼西亚人以米饭为主食。口味偏辛辣，一般不喜欢吃带骨刺的菜肴，穆斯林的饮食严守教规。餐桌上必备花生酱作调味品。爱喝红茶、葡萄酒、香槟酒、汽水等，很少饮烈性酒。嗜好槟榔。受当地华人的影响，绝大多数的印度尼西亚人喜爱中国餐饮。

3. 社交礼仪

印度尼西亚人见面时一般行握手礼，尤其是第一次见面时，宜点头握手。与熟人和朋友见面的传统礼节，是用右手按住胸口互相问好。初次见面还十分重视互换名片。男子有互称“兄弟”的习惯，妇女往往也会互称“姐妹”。有时还会将他人称为“爸爸”、“妈妈”，表示尊重对方。称呼有身份的人时，最好以其正式头衔相称。

印度尼西亚人有请人吃饭的习惯。受到邀请通常不能谢绝，事后要找机会回请对方。用餐后，应当在盘子里余下少许食物，以表示自己已吃饱。

印度尼西亚人有敬蛇的风俗，认为蛇是善良、智慧、德行的象征。

资料3-14

蛇崇拜

在印度尼西亚人的心目中，蛇有着崇高的地位，人们敬蛇如敬神。在很多民间传说和传统戏剧中，都涉及蛇的故事。蛇往往是善良、智慧、德行和本领的象征。

在巴厘岛，专门建造了一个像庙宇一样的蛇舍，养着一条大蛇。蛇舍前设有香案，作为供奉香花、祭品及磕头、礼拜、祈祷之用。蛇舍后面的蛇洞里，还养着大量的蝙蝠，专供这条蛇吞食。

4. 禁忌

印度尼西亚人在交谈时，忌讳议论本国的政治、宗教、民族、外国援助等问题，有分歧时不宜公开辩论。忌讳批评孩子。忌讳用左手传递物品或食物。忌讳摸孩子的头部，认为这是缺乏教养和侮辱人的举止。忌讳就座时双腿交叉，不要鞋底或脚尖朝向他人。在印度尼西亚外出用餐时，忌讳用勾动手指、捻响手指或是吹口哨的方式召唤侍者。接受礼品时忌讳当场打开。

忌讳带有猪图案的物品，忌讳猪制品和酒。忌讳乌龟，认为乌龟是一种令人厌恶的低级动物，给人以“丑陋”、“春药”、“性”、“污辱”等印象。忌讳老鼠，认为老鼠是一种害人的动物，给人以“肮脏”、“瘟疫”和“灾难”的印象。喜爱带蛇和茉莉花图案的商品。参观庙宇或清真寺，不能穿短裤、无袖服、背心等裸露的衣服。进入任何神圣的地方，一定要脱鞋。印度尼西亚巴杜伊人衣着色彩除了白色、蓝色和黑色外，禁忌其他色彩的衣服，甚至连谈论都不允许。爪哇岛上的人忌讳吹口哨，认为是下流的举止，并会招来幽灵。

四 主要城市和旅游景点

印度尼西亚拥有众多的岛屿，气候宜人，秀丽的热带风光和珍贵的名胜古迹为旅游业的发展提供了良好的条件，旅游业比较发达。印度尼西亚政府的旅游管理机构是文化与旅游部，下设印度尼西亚旅游促进局。

1. 雅加达

位于爪哇岛西部北岸，濒临雅加达湾，印度尼西亚首都，又称“椰城”。雅加达是东南亚第一大城市，世界著名的海港，是全国政治、经济、文化中心。人口 850 万。雅加达历史悠久，早在 14 世纪就已成为具有一定规模的港口城市，当时叫巽他加拉巴，意思是“椰子”，华侨称其为“椰城”。约在 16 世纪改名为雅加达，意思是“胜利和光荣之堡”。

雅加达是印度尼西亚三大旅游城市之一，分老城区和新城区两部分。北部的老区临近海湾，风光独特，古迹众多，多数建筑物都是典型的欧洲古典风格，如总统府（原荷兰总督府）。此外，还有早年华人聚居地——草埔等。南部的新区则充满现代感，是雅加达的政治金融中心。

波格尔植物园。位于雅加达附近，面积 111 万平方米，种植有 3 000 多种兰花。

2. 巴厘岛

位于印度尼西亚群岛的中南部，西隔巴厘海峡与爪哇岛相邻。面积 5 620 平方千米，人口 300 万，是印度尼西亚三大旅游景区之一，省会登巴萨是岛上最大城市。

巴厘岛以典型的海滨自然风光和独特的风土人情而闻名，有“花之岛”、“诗之岛”、“天堂岛”、“舞之岛”等美称，其自然风光引人入胜，是天然的度假胜地。巴厘岛沙滩细洁、绿树成荫，岛上一年四季鲜花盛开，空气清新，有如人间仙境。全岛遍布庙宇，有“千寺之岛”之称。每个寺庙都有自己的节日，所以巴厘岛每天都会欢庆节日。

3. 万隆

位于印度尼西亚爪哇岛西部，人口 120 万，西爪哇首府，印度尼西亚第三大城市。古称“勃良安”，意为“仙之国”，现名意为“山连山”。地处海拔 715 米的万隆盆地中，四面群峰环绕，植物繁茂，环境优美。虽地近赤道，但因地势较高，气候凉爽，空气清新。

万隆景色秀丽，清静幽雅，四季如春，被誉为印度尼西亚最美丽的城市，素有“爪哇的巴黎”之称。早在 17 世纪，万隆就已成为著名的旅游和避暑胜地。

4. 婆罗浮屠佛塔

位于爪哇岛日惹市西北，是世界最大的佛塔，与中国万里长城、埃及金字塔、柬埔寨吴哥窟合称为东方四大奇迹。建于8～9世纪，形似山冈，共分九层，有大小佛像505尊，佛本生故事浮雕2 500幅。

第六节　菲律宾

菲律宾，国名全称“菲律宾共和国”，别称“椰子之国”。菲律宾是以西班牙国王菲利普二世的名字命名的。首都马尼拉。

一　基本国情

1. 地理气候

菲律宾位于亚洲东南部，面积29.97万平方千米。北隔巴士海峡与我国台湾省遥遥相对，南和西南隔苏拉威西海、巴拉巴克海峡与印度尼西亚、马来西亚相望，西濒南海，东临太平洋。共有大小岛屿7 107个，其中吕宋岛、棉兰老岛、萨马岛等11个主要岛屿占全国总面积的96%。菲律宾群岛多山地和活火山，地震频繁。吕宋岛上的马荣火山为最大的活火山，山体呈圆锥形，有“世界最完美的火山锥”之称。

菲律宾属于热带海洋性季风型气候，高温多雨，虽分为凉季、干季及雨季三个季节，但季节与季节间差异不大。年均气温27℃，年降水量2 000～3 500毫米。由于受到季风及复杂地形的影响，即使是同一岛上的气候也存在差异。

2. 发展简史

14世纪前后，菲律宾出现了由土著部落和马来族移民构成的一些割据王国，其中最著名的是苏禄王国。1521年，葡萄牙航海家麦哲伦率领西班牙远征队到达菲律宾群岛。1565年，西班牙侵占菲律宾并移民此岛定居后，将莱特岛及附近岛屿以西班牙王储，即后来的国王菲利普二世的名字命名为“菲律宾”。1898年6月，菲律宾人民推翻西班牙殖民者的统治，宣布独立，将国名改为菲律宾共和国。同年，美国通过美西战争签订的《巴黎条约》占领菲律宾。1942年菲律宾被日本占领，第二次世界大战结束后，美国恢复其统治。1946年7月，菲律宾摆脱美国的殖民统治，宣布独立，国名仍为“菲律宾共和国”。

3. 人口与居民

菲律宾人口9 680万，是一个多民族国家。马来族占全国人口的85%以上，包括他加禄人、伊洛戈人、邦班牙人、比萨亚人和比科尔人等。少数民族和外国后裔有华人、印度尼西亚人、阿拉伯人、印度人、西班牙人和美国人，还有为数不多的原住民。

菲律宾语为国语，英语为官方语言。

菲律宾居民中，约84%的人信奉天主教，4.9%的人信奉伊斯兰教，少数人信奉独立教和基督教新教，华人多信奉佛教，原住民多信奉原始宗教。

4. 国旗、国徽、国歌、国花、国树、国石、国鸟、国果

国旗：呈横长方形，长与宽之比为2∶1。靠旗杆一侧为白色等边三角形，中间是放射着八束光芒的黄色太阳，三颗黄色的五角星分别在三角形的三个角上。旗面右边是红蓝两色的直角梯形，两色的上下位置可以调换。平时蓝色在上，战时红色在上。太阳和光芒图案象征自由；八道较长的光束代表最初起义争取民族解放和独立的八个省，其余光芒表示其他省。三颗五角星代表菲律宾的三大地区：吕宋、萨马和棉兰老。蓝色象征忠诚、正直，红色象征勇气，白色象征和平和纯洁。

国徽：为盾形。中央是太阳放射光芒的图案，三颗五角星在盾面上部，其寓意同国旗。左下方为蓝地黄色的鹰，右下方为红地黄色狮子。狮子和鹰图案分别为在西班牙和美国殖民统治时期菲律宾的标志，象征菲律宾摆脱殖民统治、获得独立的历史进程。盾徽下面的白色绶带上用英文写着“菲律宾共和国”。

国歌：《菲律宾民族进行曲》。

国花：茉莉花。

国树：纳拉树。

国石：珍珠。

国鸟：菲律宾鹰。

国果：芒果。

资料3-15

菲律宾的国服

菲律宾男子的国服叫“巴隆他加禄”衬衣。这是一种丝质紧身衬衣，长可及臀，领口如同一般可以扎领带的衬衫，长袖，袖口如同西服上装。前领口直到下襟两侧，都有抽丝镂空图案，花纹各异，颇为大方。据说，在西班牙人统治时期，为了便于从远处区别西班牙人和菲律宾人，殖民者下令所有菲律宾人必须把衬衣穿在外面，不许把衬衣下摆扎在裤内。后来，菲律宾人开始在衬衣上刺绣各种图案，以表示作为菲律宾人的自豪。20世纪50年代初，这种服装被正式推为菲律宾男子的国服，成为外交场合、庆祝活动和宴会的正式礼服。

菲律宾女子的国服叫“特尔诺”。这是一种圆领短袖连衣裙。由于它两袖挺直，两边高出肩稍许，宛如蝴蝶展翅，也叫“蝴蝶服”。这种服装结合了许多西欧国家，特别是西班牙妇女服装的特点，并经过三四百年的演变，成为菲律宾妇女的国服。

5. 政治与经济

菲律宾实行总统共和制，行政、立法、司法三权分立。总统是国家元首、政府首脑兼武装部队总司令。国会是最高的立法机构，由参、众两院组成。司法权属最高法院和各级法院。中央政府各部部长由总统任命。主要政党有基督教穆斯林民主力量党、民族主义人民联盟、摩洛民族解放阵线、摩洛伊斯兰解放阵线、菲律宾共产党等。

菲律宾是个农业国，农业人口占总人口的2/3以上。主要粮食作物是稻谷和玉米。椰子、甘蔗、马尼拉麻和烟草是菲律宾的四大经济作物。工业以农林产品加工为主。矿产资源主要有铜、金、银、铁、铬、镍等20余种。服务业约占总产值的44%。

菲律宾法定货币为比索（P）。1比索=100分。

二 习俗礼仪

1. 节日庆典

菲律宾是世界上节日最多的国家之一，全国各民族大大小小节日有几百个。重要的国家节日有：国庆日（独立日，6月12日），自由日（2月25日），巴丹日（4月9日，纪念二战阵亡战士），五月花节（5月最后一个星期日），民族英雄日（8月27日），革命英雄日（11月30日，纪念民族英雄黎刹就义）等。

资料3-16

圣周节

每年3月15日后的第一个星期日，是菲律宾天主教徒为纪念耶稣上十字架而举行7天的宗教庆祝活动的开始。圣周节的7天中每天都有活动，周日教徒们在教堂集会祷告，然后游行，纪念耶稣在受难前进入耶路撒冷。圣周一，读经开始。圣周二，做弥撒。圣周三，“圣欢会”，是为耶稣受难而举行。圣周四，忏悔日。圣周五，是耶稣受难日，这晚举行“圣葬”。圣周六，是耶稣复活日，圣周节达到高潮。为了纪念耶稣和圣母重新会面，还举行“会面游行”。

2. 饮食习俗

菲律宾人以大米和玉米为主食，口味清淡，喜香、甜、微辣食物。喜吃鲜嫩一些的菜肴，如咖喱鸡、虾子汤、肉炖蒜等。用餐时，习惯于在菜肴里多放些调味品，尤其是香辣的调味品。男女老幼都爱喝啤酒，爱嚼甘蔗，嗜好槟榔。除此以外，菲律宾的伊洛戈人平时还喜欢咀嚼烟叶。

3. 社交礼仪

菲律宾人热情好客，并且非常善于交际。日常见面行握手礼。熟人或至交相见时，往往非常随便。有些相熟的男子相见，会相互拍一下对方的肩膀，以示亲切和打招呼。菲律宾的穆斯林在见面时，往往会行“摸手礼”。由于天气炎热，菲律宾的穆斯林有时在室外不戴帽子。但不戴帽子的穆斯林在室外与人相见致意时，必须先用左手捂住自己的头部，以示对对方的敬重。在欢迎嘉宾时，通常用茉莉花编成的花环敬献给对方，并且将其挂在对方的脖子上，表示纯真的友谊。

直接以职衔相称有学衔或专业职称的人。“女士优先”十分流行。邀请菲律宾人赴宴，务必要多次邀请，不然就会被理解为纯属客气，而遭到婉言谢绝。不强调守时，社交活动守时会被认为过分热衷，一般要迟到 15～30 分钟。宴会后常常请客人唱歌。

4. 禁忌

与菲律宾人交谈时，要回避该国国内政治纷争、菲近代史、宗教等话题。对人提出异议是失礼行为，有不同意见不宜正面反驳。站立时双臂交叉于身前，或长时间与他人对视均被视为失礼之举。在接受礼品时，通常不当场打开礼品。拜访菲律宾人时，进门前最好脱鞋；不得窥视主人的卧室和厨房；上卫生间，要得到主人首肯。非常珍爱白色，红色与茶色被视为不祥之色。忌讳数字“13”。忌讳用左手递物品、吃东西。菲律宾的马来人忌讳别人用手摸其头部和背部，认为触摸头部是对其不尊敬，触摸背部会给人带来厄运。

三　主要城市和旅游景点

菲律宾旅游资源丰富，有奇异的热带风光、优良的港湾、独具特色的唐人街，以及众多的古迹。旅游业是外汇收入重要来源之一。菲律宾政府的旅游管理机构是菲律宾旅游部。

1. 马尼拉

菲律宾首都。全国最大的城市和经济、文化、交通中心。位于吕宋岛西岸、马尼拉湾畔，面积 920 平方千米，人口 795 万。它是一座新旧交错、东西文化交融的城市，颇具西欧情调，是亚洲最欧化的城市，被称为“亚洲的纽约”。马尼拉是一座富有浓厚热带情调的城市，也是东南亚地区著名的旅游胜地。

百胜滩。地处马尼拉东南约 105 千米处。百胜滩瀑布落差约 100 米，水量极其充沛，以刺激紧张的泛舟活动而闻名。

2. 碧瑶

位于马尼拉以北 246 千米处，是菲律宾的著名城市。地处海拔 1 500 米的高山之顶，四季如春，气温常年在 20°左右，有“菲律宾夏都”之誉，是热带地区难得的避暑胜地。

碧瑶因整座城市掩映在松树林海之中，随处都可见树龄百年以上的参天松树，又称为“松树之城”。一年四季鲜花盛开，街头巷尾处处点缀着各色鲜花，整座城市就是一个大花园，享有“花都”之称。

3. 宿务

位于菲律宾中部，宿务岛呈狭长形，四周的蔚蓝汪洋，海水干净，珊瑚美丽，加上终年是夏的好气候，成为潜水者不可多得的天堂。

4. 马荣火山

位于吕宋岛东南端，是菲律宾最大的活火山，山体呈圆锥形，有“世界最完美的火山锥”之称。

5. 塔尔湖

位于吕宋岛西南部，是菲律宾的避暑和旅游胜地。湖为巨大的火山口湖，长 20 多千米，宽约 15 千米。湖中央有“塔尔火山岛”，最高海拔 300 米，是世界上地势最低的火山。

思考与习题

1. 简述泰国人礼节礼貌的特点。
2. 简述马来西亚人的禁忌习俗。
3. 列出新加坡的主要旅游景点。
4. 列出泰国的主要旅游景点。
5. 列出印度尼西亚的主要旅游景点。
6. 泰国在宗教信仰方面有什么特点？
7. 简述菲律宾人社交方面的礼仪习俗。

第四章
南亚地区国家

➤**教学目标** 知识目标：了解南亚地区主要客源国的基本概况；掌握人文习俗和著名旅游景点

能力目标：分析宗教对本区客源国文化的影响

➤**教学难点** 本区客源国的禁忌和民俗

➤**教学重点** 本区客源国的人文习俗和著名旅游景点

➤**主要内容** **印度**

基本国情　习俗礼仪　主要城市和旅游景点

巴基斯坦

基本国情　习俗礼仪　主要城市和旅游景点

南亚是指亚洲南部地区，介于东南亚与西亚之间。大体在喜马拉雅山脉和印度洋之间。南亚共有 7 个国家，其中尼泊尔、不丹为内陆国，印度、巴基斯坦、孟加拉国为临海国，斯里兰卡、马尔代夫为岛国。巴基斯坦、印度、尼泊尔、不丹和克什米尔地区同我国相邻。南北和东西距离各约 3 100 千米，面积约 437 万平方千米。人口约 15 亿，使用 200 余种语言。

南亚既是世界四大文明发源地之一，又是佛教、印度教等宗教的发源地。早在 5 000 年前，恒河—印度河流域便出现过一些繁华的城市，公元前 3 世纪以后，又相继出现了包括全区大部分版图的 4 个统一的国家，即孔雀王朝、笈多王朝、德里苏丹国和莫卧儿王朝。在这一过程中，南亚一直是世界上最富饶的地区之一，农业、手工业、交通运输业以及各种形式的文化艺术均达到了较高的水平。

资料4-1

南亚区域合作联盟

1985 年 12 月，孟加拉国、不丹、印度、马尔代夫、尼泊尔、巴基斯坦、斯里兰卡等七国首脑齐聚达卡，通过《南亚区域合作宣言》和《南亚区域合作联盟宪章》，宣告南亚区域合作联盟正式成立，简称“南盟”。南盟秘书处设在尼泊尔加德满都。

南盟峰会每年举行一次，必要时可随时召开，轮流在各成员国举行。近年来，南盟区域合作和对外开放步伐加快。2004 年第 12 届南盟峰会通过《南亚自由贸易区框架协定》，决定各国从 2006 年 1 月 1 日起开始逐步降低关税，7～10 年内从 30%左右降至 0～5%。

第一节　印　度

印度，国名全称“印度共和国”，别称“婆罗多”。国名源于印度河，河名出自梵文“信度”，意为“月亮”。首都新德里。

一　基本国情

1. 地理气候

印度位于南亚次大陆的印度半岛上。面积约 298 万平方千米（不包括中印边境印占区和克什米尔印度实际控制区等）。南濒印度洋，西部和东部分别濒临阿拉伯海和孟加拉湾，为亚、非、欧和大洋洲海上交通枢纽。北邻中国、尼泊尔和不丹，西北部是巴基斯坦，东北部和东部与缅甸和孟加拉国接壤。全境分为德干高原和中央高原、恒河平原及喜马拉雅山区等三个自然地理区。

印度大部分地区属于热带季风气候，可分为冷季、热季和雨季。还有山地、亚热带草原、沙漠、热带雨林等气候。气温变化较大，喜马拉雅山区年均气温 12 ℃～14 ℃，东部地区 26 ℃～29 ℃。年均降水量地区差异大，东南沿海常受风暴袭击，多暴雨。每年 6～9 月为印度的夏季西南季风期，是印度大部分地区的农业耕种季节。

2. 发展简史

印度是世界四大文明古国之一。公元前 2000 年前后创造了灿烂的印度河文明。约在公元前 14 世纪，原居住在中亚的雅利安人中的一支进入南亚次大陆，并征服了当地土著。公元前 4 世纪崛起的孔雀王朝统一印度次大陆，成为印度历史上第一个统一的奴隶制国家。公元前 3 世纪阿育王统治时期疆域广阔，政权强大，佛教兴盛并开始向外传播。中世纪时，小国林立，印度教兴起。自 11 世纪起，来自西北方向的穆斯林民族不断入侵并长期统治印度。1526 年建立莫卧儿帝国，成为当时的世界强国之一。1600 年英国侵入印度，建立东印度公司。1757 年，印度和英国之间爆发了普拉西大战，印度因战败而逐步沦为英国的殖民地。1849 年，英国侵占印度全境。1857 年爆发反英大起义，次年英国政府直接统治印度。英国统治下的印度，一部分是直接统治地区，称“英属印度”，另一部分是受英国保护的土邦，称“土邦印度”。1947 年，印度被分为印度和巴基斯坦两个自治领并独立。1950 年 1 月 26 日，印度宣布成立印度共和国，但仍为英联邦成员国。

3. 人口与居民

印度人口 12.1 亿，是仅次于中国的世界第二人口大国。印度是多民族国家，其中印度斯坦族占 46.3%，泰鲁固族占 8.6%，孟加拉族占 7.7%，泰米尔族占 7.4%，其余民族称为“部落民”。

印度的语言异常繁杂，宪法承认的语言有 10 多种，登记注册的达 1 600 多种。印地语和英语为印度的官方语言。北方以印地语为主，南方以泰米尔语为主。

印度是多宗教的国家。居民中，信奉印度教的约占 82%，信奉伊斯兰教的占 12%，信奉基督教的占 2.3%，信奉锡克教的占 1.9%，信奉佛教的占 0.8%，信奉耆那教的占 0.4%。

资料4-2

菩提树

在印度，无论是印度教、佛教，还是耆那教，都将菩提树视为“神圣之树”。政府更是对菩提树实施“国宝级”的保护。

“菩提”在梵语中为“大彻大悟”之意。菩提树又叫毕钵罗树，为桑科榕属植物，树干笔直，树皮为灰色。佛经记载，佛祖释迦牟尼曾在位于菩提迦耶的一棵毕钵罗树下潜心打坐，终于顿悟成佛。从此，毕钵罗树改名“菩提树”。在印度，每个佛教寺庙都种有菩提树。成千上万的善男信女每天在菩提树下摆满了香烛和油灯，以表达敬仰及缅怀之情。百姓也选择菩提树叶作为送给子女的礼物，以表达对他们勤学好进并能“先知先觉”的期望。

在菩提树中，以当年佛祖顿悟时的圣菩提树直系后代为尊。由于圣菩提树在佛教徒中的神圣地位，印度政府对其进行了最严密的安全保护措施，包括设置围栏隔离，任何人不得采摘树叶，禁止砍折树枝到别处种植等。

4. 国旗、国徽、国歌、国花、国鸟、国树

国旗：呈长方形，长与宽之比为 3∶2。自上而下由橙、白、绿三个相等的横长方形组成，白色长方形中心绘有具 24 根轴条的蓝色法轮。橙色象征勇敢和自我牺牲精神，也是教士法衣的颜色；白色象征纯洁的真理；绿色表示信心。法轮是印度孔雀王朝阿育王时代佛教圣地石柱柱头的狮首图案之一。

国徽：图案来源于孔雀王朝阿育王时代石柱顶端的石刻。圆形台基上站立着三只背向而立的金色雄狮，象征信心、勇气和力量。台基四周有四个守卫四方的守兽：东方是象，南方是马，西方是牛，北方是狮。守兽之间雕有法轮。图案下面有句用梵文书写的、出自古代印度圣书的格言："唯有真理得胜"。

国歌：《人民的意志》。

国花：荷花。

国鸟：蓝孔雀。

国树：菩提树。

5. 政治与经济

印度是联邦制共和国，采取英国式的议会民主制。总统为国家元首和武装部队的统帅，法定的联邦行政首长由联邦议会及邦议会组成"选举团"选出，依照以总理为首的部长会议的建议行使职权。印度政府的实际行政权力归属以总理为首的部长会议，总理由人民院多数党领袖担任。议会由联邦院（上院）和人民院（下院）组成。主要政党有国大党、印度人民党、印度共产党、印度民族主义议会等。

印度是一个农业大国，种植业占农业总产值的4/5，农业劳动力约占全部劳动力的70%。主要农产品有稻米、小麦、油料、甘蔗、茶叶、棉花和黄麻等。印度拥有云母、煤、铁、铝、铬、锰、锌、铜、铅、磷酸盐、黄金、石油等丰富的矿产资源，工业已形成较为完整的体系，主要工业部门包括制造业、电力、矿业、纺织、食品、精密仪器、汽车制造、软件制造和航空等行业。

印度法定货币为印度卢比（INR）。1卢比＝100派士。

资料4-3

金砖四国

"金砖四国"来源于英文BRICs一词，是指巴西（Brazil）、俄罗斯（Russia）、印度（India）和中国（China）四国，因这四个国家的英文名称首字母组合而成的"BRICs"一词，其发音与英文中的"砖块"（bricks）一词非常相似，故被称为"金砖四国"。这四个国家中，巴西被称为"世界原料基地"，俄罗斯被称为"世界加油站"，印度被称为"世界办公室"，中国被称为"世界工厂"。

"金砖四国"国土面积占世界领土总面积的26%，人口占全球总人口的

42%。根据国际货币基金组织的统计，2006年至2008年，四国经济平均增长率为10.7%。随着四国经济的快速增长，其国际影响力与日俱增。

二 习俗礼仪

1. 节日庆典

印度节日多，有上千个，且充满宗教色彩。除宗教节日外，印度主要的国家节日有：独立日（8月15日），国庆日（共和国日，1月26日），元旦（1月1日），甘地纪念日（1月30日）。最有民族特色的是驯牛节（1月16日）。

资料4-4

恒河圣水沐浴节

恒河圣水沐浴节，又称为大壶节，每12年举行一次，距今已有两千多年的历史。每逢圣水沐浴节，成千上万的印度教徒就聚集在恒河河畔，在圣洁的恒河水中沐浴，以洗去身体的污秽，并净化精神和灵魂。

传说中，圣水沐浴节首次举办是在雅利安人时期（公元前1500年定居于印度）。当时众神和群魔达成临时协议，双方合力取得银河系中的长生不老仙露后平分。然而当盛有仙露的大壶出现时，群魔却抢走大壶并逃之夭夭。众神穷追不舍。他们为争夺仙露壶在空中混战了整整12天12夜（相当于人间12年）。据说在战斗中仙露撒落到了四个地方：阿拉哈巴德、哈里瓦、乌疆和纳锡。因此，圣水沐浴节也就在这四地举行。

后来，古印度的一个名叫巴格拉莎的国王希望恒河净化人间，于是他祈祷恒河下降人间。掌管恒河的女神甘格德芙出现在巴格拉莎国王面前，同意满足他的愿望。从那以后，湿婆（印度教毁灭之神）支撑着巴格拉莎国王头上的恒河，甘格德芙的圣水也就流到了人间，净化所有与它接触的东西。

圣水沐浴节中最主要的活动就是在预定的时间和地点进行宗教式的沐浴。其他活动还包括宗教讨论，圣人分派圣餐，以及讨论教义、规范教义的一些宗教集会等。

2. 饮食习俗

印度人的主食是烙饼和咖喱米饭。喜欢用调料。南部味重，嗜好辛辣性食物；北部口味相对较轻。最驰名的菜是“炖杜里鸡”。每餐都有豆子汤。喜欢中国的餐食。

印度人实行分餐制，进餐时一般是一只盘子、一杯凉水，把米饭或饼放在盘内，菜和汤浇在上面。有喝下午茶的习俗。

资料4–5

印度咖喱

咖喱起源于印度。“咖喱”一词来源于泰米尔语，是“许多的香料加在一起煮”的意思。它是一种多样变化及经过特殊调味的菜肴。印度咖喱大多是指以肉汁或酱汁搭配米饭或面包的一种主食。搭配咖喱的主食，随着地方所盛产的农作物不同而改变。

印度咖喱一般以丁香、小茴香子、胡荽子、芥末子、黄姜粉和辣椒等香料调配而成，由于用料重，多会加上少许椰浆来减轻辣味，所以，正宗的印度咖喱辣度强烈并兼有浓郁的香味。印度咖喱的秘诀在于香料的组合与烹煮次序，强调的是个人的风格与创造性，没有固定食谱，同一区域内的味道、外观都有着显著的不同。

资料4–6

印度的服饰

印度妇女的传统服饰为纱丽，据传有5 000多年的历史。妇女的上衣宽松，长至膝部，叫“古儿蒂”；下身是紧身裤子，叫“瑟儿瓦”；脖子上围一条纱巾。印度男子的传统服装为“托蒂”，是一块3～4米长的白色布料，围在腰间，下长至膝部甚至脚部，上身加一件肥大的衬衣，称“古尔达”。

印度妇女喜欢佩戴各种各样的饰品，如发饰、耳饰、额饰、鼻饰等，大多为银或宝石制品。鼻饰多为金银制品，是已婚女子的服饰标志。项链被作为避邪之物在婚礼上由新郎给新娘戴上。妇女喜欢在额头正中点一颗指头大小的表示“吉祥”的红痣，称为“特丽佳”，它已成为印度民族风格的标志。

3. 社交礼仪

印度人一般行握手礼，但妇女除在重大外交场合，一般不与男人握手。男女相见必须行“合十礼”。印度人见面的传统礼节有合十、举手示意、拥抱、摸脚、吻脚等。

双手合十是伴随“那摩斯戴”的身体语言而施行的礼节。“那摩斯戴”是印度人最常用的问候语，意为“您好”。印度伊斯兰教徒的见面礼节是按其传统宗教方式，用右手按胸，同时点头，口念“真主保佑”。

拥抱是常见的见面礼。摸足是行大礼，在很重要的场合，对于特别尊敬的长者用额头触其脚，吻其足，或摸其足。

献花环在印度是欢迎客人的常见礼节，客人越高贵，所献的花环也越粗。点吉祥痣也是印度人欢迎宾客的礼节。

4. 禁忌

忌讳数字“3”、“13”；而“5”、“11”、“21”、“51”或“101”是吉祥数字。忌谈个人私事、印度贫困状况、军事开支及外援等话题。做客离去不说“再见”，要说“我去了，并将回来”。

印度人表示赞成同意时摇头，头往右轻轻斜一下，不同意时则点头。忌讳左手传递东西或食物。睡觉时不能头朝北，脚朝南。禁止用鼻子嗅或用手摸陈列的花环。忌讳众人在同一盘中取食，也不吃别人接触过的食物。

印度人饭菜一般放在一只叫“塔利”的扁圆形金属盘中送上餐桌，主人会替客人夹菜，客人不能自取，不能拒绝主人敬的食物和饮料。同桌进餐时不能同异性谈话。厨房被认为是隐私之地，未经邀请不能进入。喜爱红色、蓝色、紫色、金黄色、绿色，不喜欢黑色、灰色和白色。大象被看做吉祥动物，是智慧、力量和忠诚的象征。忌讳弯月的图案。

印度教徒不吃牛肉，印度教寺庙不许牛皮制品入内；伊斯兰教徒禁食猪肉，也忌讳使用猪制品；耆那教徒有忌杀生、忌食肉类、忌穿皮革和丝绸的民间习俗；锡克教人禁止喝酒和吸烟。

资料4-7

“圣兽”——牛

牛被印度教教徒视为“圣兽”。印度教教徒认为，牛既是繁殖后代的象征，又是人类维持生存的基本保证。印度人对牛敬之如神。印度教不准吃牛肉，虽有养牛业，但只能提供牛奶、黄油及燃料牛粪。

在印度，牛神圣不可侵犯，可以自由游荡。一些城市和乡村，老牛、病牛和残牛比比皆是。印度拥有的牛达到 3 亿多头，人均拥有量居世界第一位。印度僧侣每年还要举行一次仪式，叫“波高”，表示对牛的尊敬。印度建立了许多“圣牛养老院”，将年迈体弱、不能自己觅食的老牛收养起来，一直到老死。

三　主要城市和旅游景点

印度的人文和自然旅游资源十分丰富，政府重视和扶植旅游业的发展。印度政府旅游管理机构是文化旅游部，下设旅游局。

1. 新德里

印度首都，全国政治、经济和文化中心。位于印度北部，东依恒河支流亚穆纳河，包括饱经沧桑的老德里和中央政府所在地的新德里，统称德里。总面积为 1 485 平方千米，人口约 900 万。“德里”一词来自波斯文，意为“门槛”，或者“山冈”、“流沙”。1931 年起，新德里开始成为首府，1947 年印度独立后宣布为首都。

德里是印度的工商业中心，主要工业有棉纺织、毛纺织、化工、炼铁、木材加工、印刷和食品工业等。德里的手工艺品闻名于世，以宝石、金银细加工和象牙雕刻等手工艺品著称。

德里红堡。印度最大的古代王宫。位于德里东部老城区，紧邻亚穆纳河，因整个建筑主体呈红褐色而得名红堡。建于 1639—1648 年的莫卧儿王朝。红堡有属于典型的莫卧儿风格的伊斯兰建筑。红堡护城河环绕，四面环以厚重的石质围墙，总长度约 2 500 米。最豪华的宫殿是白色大理石建的枢密宫。1947 年尼赫鲁总理在此宣布印度独立，并升起第一面三色国旗。

贾米清真寺。是印度最大的清真寺，位于老德里城区，建于 1644—1658 年，面积 1 170 平方米，可容纳 25 000 名信众。清真寺以红色砂石为材料，白色大理石装饰，风格独特，雕工精细。寺顶有三个穹形圆盖，中央各竖有一个铜尖塔，高达 60 米。

库塔布塔。印度第一高塔。位于新德里东南。始建时为印度教风格，1199 年改建为伊斯兰风格。雕刻着精美的装饰花纹和《古兰经》，造型美观，被称为“伊斯兰建筑的珍宝”。塔基直径 14 米，塔身 5 层。前三层为红砂石建造，外表有凸起竖立的装饰性折纹。第一层是角形和半圆形相间，第二层是半圆形，第三层是角形，最高两层的塔身用白色大理石建造。盘旋 379 级石阶登上塔顶，可眺望新、旧德里的全城景色。

胡马雍陵。位于新德里的东南郊。建于 1556 年，是莫卧儿王朝第二代皇帝胡马雍的陵墓，也是伊斯兰教与印度教建筑风格的典型结合。整个建筑庄严宏伟，为印度乃至世界建筑史上的精品。

2. 孟买

位于印度西部、阿拉伯海岸，是印度的第一大城市。面积 603 平方千米，人口 1 400 万。濒临阿拉伯海，是天然良港，被称为印度的“西部门户”。孟买是印度全国工商、金融中心，素有印度“商业首都”和“金融首都”之称。

孟买原为一个小渔村，由七个岛屿组成。英国人通过填海把七个岛屿连接成了一个半岛，并修建城堡和商港。孟买国际色彩浓厚，有 60 多个国家的侨民，堪称民族的大熔炉。孟买有印度教庙、基督教大教堂、伊斯兰教清真寺、佛教寺庙等众多宗教建筑。

印度门。位于孟买阿波罗码头，面对孟买湾，是一座融合印度和波斯文化建筑特色的拱门，高 26 米。建于 1911 年，为纪念来访的英王乔治五世和玛丽皇后而兴建，让陛下从门下通过，以示孟买是印度的门户。此拱门现已成为孟买的象征，其形式与法国的凯旋门极为相似。

3. 斋浦尔

拉贾斯坦邦首府，印度北部的一座古城，距新德里西南 250 千米，人口 62 万，为印度北方重镇，也是珠宝贸易中心。斋浦尔和德里及阿格拉被称为印度旅游的“金三角”。

斋浦尔分为新旧两城。旧城多古旧建筑，城内建筑物全部漆成粉红色，外加白色边框，所以又被称为“粉红之城”。城墙环绕着旧城并有七道城门，每条街道都可通往城市宫殿。还有著名的琥珀堡、老虎堡、风之宫殿等典型印度建筑。

琥珀堡。位于斋浦尔旧城的一座山丘上，是印度古代藩王于 1592 年建立的都城。不同于“粉红之城”的其他建筑颜色，城堡由奶白、浅黄、玫瑰红及纯白石料建成，远看犹如琥珀，故称之为“琥珀堡”。

城市皇宫。位于斋浦尔旧城中心，是印度保存最为完好的古迹之一。王宫是拉贾斯坦城邦臣服于莫卧儿帝国后，于 1728 年兴建的宫殿。城市宫殿建筑混合着拉贾斯坦和莫卧儿时代的风格，宫殿部分地方现改建成了博物馆。

4. 泰姬陵

全称为“泰吉·玛哈尔陵”，又译泰姬玛哈，印度知名度最高的古迹之一。位于距新德里约 200 千米的阿格拉城内亚穆纳河右侧。它是莫卧儿王朝第五代皇帝沙贾汗为了纪念他已故皇后阿姬曼·芭奴而建立的陵墓，建于 1631 年，动用劳工 2 万人，历时 22 年，耗资 4 000 万卢比。泰姬陵被誉为“完美建筑”，由殿堂、钟楼、尖塔、水池等构成，是纯白色大理石建筑，用玻璃、玛瑙镶嵌，绚丽夺目，精美绝伦，有极高的艺术价值。它是伊斯兰教建筑的代表作，被誉为世界奇迹之一。

5. 阿格拉堡

位于亚穆纳河畔的小山丘上，距泰姬陵约 15 千米，全部采用红砂岩建造，故又称红堡，与首都德里的红堡齐名。建成于 1573 年，面积 1.5 平方千米，外形非常雄伟壮观，内有建筑物曾多达 500 多座，但保留至今者已经很少。

6. 克久拉霍

曾是“月亮王朝”昌德拉王朝的首都，建于 10～11 世纪。克久拉霍以庙宇林立而著称，是印度最主要的观光胜地之一。昌德拉王朝的后人在这里建造了 85 座神庙，后来由于伊斯兰教入侵时被毁，现仅存 22 座，分布在约 6 平方千米的丛林里。由于位置偏僻，直到 1838 年才被发现。

7. 瓦拉纳西

位于印度北方邦东南部、恒河中游左岸，印度教圣地和著名历史古城。人口约 80 万。市内小巷迂回，曲径通幽，庙宇宫殿众多，每年接待朝拜者或到恒河洗圣水澡的人有二三百万。相传该城是在 6 000 年前，由婆罗门教和印度教主神之一的湿婆神所建。公元前 5 世纪，佛祖释迦牟尼曾经来到这里。7 世纪，中国唐代高僧玄奘曾到这里朝圣，并在《大唐西域记》中对其作了详细描绘。12 世纪，印度的古王朝曾在这里建都。现在的瓦拉纳西以印度教圣地而声名远扬。

第二节　巴基斯坦

巴基斯坦，国名全称“巴基斯坦伊斯兰共和国”。巴基斯坦之名源于波斯语，“巴基”是“清真”、“圣洁”的意思，“斯坦”即“国家”或“地区”，合起来意为“纯洁人所住的地方”，即“清真之国”。首都伊斯兰堡。

一　基本国情

1. 地理气候

巴基斯坦位于南亚次大陆西北部，是南亚通向中亚、西亚的陆上交通要冲，也是中亚国家出海的捷径。面积 79.6 万平方千米。南濒阿拉伯海，东、北、西三面分别与印度、中国、阿富汗和伊朗为邻。全境 3/5 为山区和丘陵地，南部沿海一带为荒漠，向北伸展则是连绵的高原牧场和肥田沃土。喜马拉雅山、喀喇昆仑山和兴都库什山等三座世界有名的大山脉在其西北部会聚，形成了奇特的景观。源自中国的印度河进入巴基斯坦境内后，自北向南，最后注入阿拉伯海。

巴基斯坦除南部属热带气候外，其余属亚热带气候，气候炎热干燥。最炎热的是 6～7 月，大部分地区气温超过 40 ℃。海拔超过 2 000 米的北部山区比较凉爽，昼夜平均温差 14 ℃左右。年均降水量不足 250 毫米。

2. 发展简史

巴基斯坦历史悠久，早在 5 000 年前，就孕育了灿烂的印度河文明。闻名遐迩的青铜时代的莫亨珠达罗古城遗址，可与古尼罗河文明相媲美。历史上，巴基斯坦和印度原是一个国家，后沦为英国殖民地。1947年6月，印巴根据《蒙巴顿方案》实行分治。同年8月14日，巴基斯坦宣布独立，成为英联邦的一个自治领。1956年3月23日，巴基斯坦伊斯兰共和国正式成立。1971年3月，东巴基斯坦独立，建立孟加拉国。1972年巴基斯坦退出英联邦，1989年重又加入英联邦。

3. 人口与居民

巴基斯坦人口1.97亿。主要民族有旁遮普（占63%）、信德（占18%）、帕坦（占11%）和俾路支（占4%）等。

乌尔都语为巴基斯坦国语，英语为官方语言。

伊斯兰教为巴基斯坦国教，居民中信奉伊斯兰教的占95%以上。少数信奉基督教、印度教和锡克教等。

4. 国旗、国徽、国歌、国花

国旗：呈长方形，长与宽之比为3∶2。左侧是白色竖长方形，宽度占整个旗面的1/4；右侧为深绿色长方形。中央为一颗白色五角星和一弯白色新月。白色象征和平，绿色象征繁荣，新月象征进步，五角星象征光明，新月和五角星还象征对伊斯兰教的信仰。

国徽：巴基斯坦国徽颜色与国旗相同，为深绿色和白色。顶端是五角星和新月图案；中间是盾徽，盾面分为四部分，分别绘有棉花、小麦、茶、黄麻四种农作物；盾徽两侧饰以鲜花、绿叶；下端的绿色饰带上用乌尔都语写着“忠诚、统一、纪律”六个字。

国歌：《保佑神圣的土地》。

国花：茉莉花。

5. 政治与经济

巴基斯坦是联邦制国家，最高行政机构是内阁。宪法规定只有穆斯林才能担任国家最高职务。总统是国家元首，由国民议会和参议院两院联席会议选举产生。总统经最高法院批准后有权解散议会，与总理协商后有权任免三军领导人。总理是国家行政首脑，由议会选举、总统任命。主要政党有巴基斯坦人民党、巴基斯坦穆斯林联盟（谢里夫派）、巴基斯坦穆斯林联盟（领袖派）、统一民族运动党等。

巴基斯坦是发展中国家，经济以农业为主，粮食基本自给。由于地处亚热带，水果资源非常丰富，素有东方“水果篮”之称。主要矿藏储备有天然气、石油、煤、铁、铜、铝土等，还有大量的铬矿、大理石和宝石。工业基础薄弱，主要工业是棉纺织业。手工艺以技术精湛、历史悠久而著称于世。

巴基斯坦法定货币为巴基斯坦卢比（PRK）。1 卢比＝100 派沙。

二　习俗礼仪

1. 节日庆典

巴基斯坦除宗教节日外，重要的国家节日有：独立日（8 月 14 日），国庆日（3 月 23 日），劳动节（5 月 1 日），保卫巴基斯坦日（9 月 6 日），巴基斯坦创建人真纳逝世日（9 月 11 日），真纳诞辰纪念日或圣诞（12 月 25 日），节礼日（12 月 26 日）等。

2. 饮食习俗

巴基斯坦人主食以大米为主，爱吃粗面烙饼和甜点心，喜欢吃辣椒。喜欢喝牛奶、酸奶、酪乳和奶茶，尤其是“克什米尔茶”（一种奶茶，加有研碎的阿月浑子和巴旦杏）颇受欢迎，奶茶是巴基斯坦最流行的饮品。有喝下午茶的习惯。习惯吃西餐，以欧式西餐为主，也喜欢中国的川菜、清真菜。

3. 社交礼仪

在社交场合一般行握手礼。同亲朋好友相见时，多施拥抱礼。男人间一般要互相拥抱两次，再加上一次热烈而长时间的握手。男人一般不与女人握手。巴基斯坦北部的帕坦人当见到熟人或有客人光临时，通常是用右手轻轻按住左胸，微微躬身点头，口诵“愿真主保佑你”，以表示衷心祝福，然后与对方热情拥抱。有时也会一边握手一边用另一只手抚摸对方的前胸，同时口中表示热情的问候。邀请男人赴宴时通常不请夫人。交谈最好别议论政治。

4. 禁忌

巴基斯坦人最忌讳拍打后背，因为警察逮捕人时才在背部拍打。忌讳穿戴黄颜色的服饰接待客人，认为黄色是僧侣的专用服装色。视“13”、“420”为不吉祥数字。忌讳用左手传递东西或食物。男女当众接吻被认为犯大忌。忌讳用手帕作礼物，因为手帕是擦眼泪的，是悲伤时用的东西。凡带有酒精的饮料一概禁绝。禁食猪肉和使用猪制品；忌食田鸡、水鱼、海狗、螃蟹、禾花雀等野生动物。

三　主要城市和旅游景点

巴基斯坦旅游业发展缓慢。巴基斯坦政府旅游管理机构是文化旅游部，下设国家旅游组织，主要职能是对外旅游宣传促销。

1. 伊斯兰堡

巴基斯坦首都，全国政治中心。位于国境东北部海拔 540 米的山麓平原上。面积 907 平方千米，人口 36 万，现代化建筑多，并具有传统的伊斯兰特色。始建于 1961 年 10 月，1965 年巴基斯坦首都从拉瓦尔品第迁至此，是世界上较年轻的都城之一，也是一座美丽且富有特色的现代化城市。

费萨尔清真寺。坐落于伊斯兰堡市区北部，伊斯兰世界著名清真寺之一。由已故沙特阿拉伯国王费萨尔出资捐建。寺高 80 米，占地约 19 万平方米，可容纳万人同时祷告。

小山公园。位于伊斯兰堡南部，在山顶可鸟瞰伊斯兰堡全景。外国国家元首、政府首脑访巴时一般都会安排他们在山上栽种“友谊树”。

2. 卡拉奇

位于印度河三角洲西北侧，南濒阿拉伯海，面积 591 平方千米，人口 930 万，为巴基斯坦第一大城市和最大的海港和军港，全国工商业、贸易和金融中心，也是往来东南亚和中东、非洲、欧洲的国际航空站。1947—1959 年曾为巴基斯坦首都。市内多高层建筑，市场繁华，交通拥挤。

国父墓。又称“真纳墓”，是巴基斯坦国父穆罕默德·阿里·真纳的陵墓。位于卡拉奇市中心，建于 1970 年。伊斯兰风格的方形白大理石陵墓主体屹立于棕榈树和各色鲜花之间。

巴图大清真寺。卡拉奇最大的清真寺，位于卡拉奇国防区，中国人称之为“海军教堂”，占地面积 3 万平方米，建筑面积 4 600 平方米，最多可容纳 30 000 人。1969 年 11 月建成。

3. 拉合尔

位于伊斯兰堡东南约 300 千米处，旁遮普省省会，巴基斯坦第二大城市，人口 550 万，是巴基斯坦历史文化名城，素有“巴基斯坦灵魂”之称。1021—1186 年迦兹纳维王朝建都于此。1525—1707 年为莫卧儿王朝都城。主要古迹有大清真寺、古堡、夏利玛公园和博物馆等。巴基斯坦独立纪念塔和伊斯兰国家首脑会议纪念碑也是著名的标志性建筑。

4. 拉瓦尔品第

位于伊斯兰堡西南 12 千米，人口 141 万。1959—1965 年为巴基斯坦临时首都。城市分新城和老城，新城多为老式庭院住宅，市场繁华，交通便利。老城拥挤杂乱。市内有国家公园和陆军博物馆。

思考与习题

1. 简述印度人见面的主要礼节礼貌。
2. 列出印度的主要旅游景点。
3. 列出巴基斯坦的主要旅游景点。
4. 简述巴基斯坦人的禁忌习俗。

第五章
西亚和北非洲地区国家

➤**教学目标** 知识目标：了解西亚和北非洲地区主要客源国的基本概况；掌握人文习俗和著名旅游景点

能力目标：分析本区客源国经济发展的特色

➤**教学难点** 本区客源国的禁忌和民俗

➤**教学重点** 本区客源国的人文习俗和著名旅游景点

➤**主要内容** **沙特阿拉伯**

基本国情　习俗礼仪　主要城市和旅游景点

以色列

基本国情　习俗礼仪　主要城市和旅游景点

土耳其

基本国情　习俗礼仪　主要城市和旅游景点

埃及

基本国情　习俗礼仪　主要城市和旅游景点

西亚，也称西南亚，指亚洲西部地区，位于亚、非、欧三洲交界地带，在阿拉伯海、红海、地中海、黑海和里海（内陆湖泊）之间，联系欧洲、亚洲、非洲，故有“五海三洲之地”之称。包括阿富汗、伊朗、土耳其、塞浦路斯、叙利亚、黎巴嫩、巴勒斯坦、以色列、约旦、伊拉克、科威特、沙特阿拉伯、也门、阿曼、阿拉伯联合酋长国、卡塔尔和巴林，面积 700 多万平方千米，人口 2.2 亿。

北非即非洲大陆北部地区，习惯上指撒哈拉沙漠以北广大区域。面积 837 万平方千米。非洲北部通常包括埃及、利比亚、突尼斯、阿尔及利亚、摩洛哥等，人口 1.5 亿。

西亚和北非洲地区，习惯上称为中东地区。历史上，东西方文化在这里频繁交流，多种民族在这里会聚。该地区的各民族仍然保留着自己的宗教信仰和风俗习惯，大多数居民信仰伊斯兰教，少数居民信仰基督教、犹太教和其他宗教。伊斯兰教、基督教和犹太教都把耶路撒冷看做是他们的圣城。

资料5-1

中东地区

“中东地区”或“中东”是指地中海东部与南部区域，从地中海东部到波斯湾的大片地区。“中东”在地理上也是非洲东北部与亚洲大陆西南部的地区。

“中东”不属于正式的地理术语。16～17世纪欧洲殖民者向东殖民时，把距离欧洲的地理位置按远近划分为近东、中东和远东。近东通常指地中海东部沿岸地区，包括非洲东北部和亚洲西南部，第二次世界大战后，此称呼为“中东”所取代，两者常通用。远东是对亚洲最东部地区的通称，通常包括中国东部、朝鲜、韩国、日本、菲律宾和俄罗斯太平洋沿岸地区。

中东地区扼欧、亚、非三大洲的要道，是世界文明的两大发源地之一，是基督教、伊斯兰教和犹太教的发源地和圣地。它包括西亚的伊朗、巴勒斯坦、以色列、叙利亚、伊拉克、约旦、黎巴嫩、也门、沙特阿拉伯、阿拉伯联合酋长国、阿曼、科威特、卡塔尔、巴林、土耳其、塞浦路斯和北非的埃及等国家。

第一节 沙特阿拉伯

沙特阿拉伯，国名全称“沙特阿拉伯王国”。“沙特”取自于阿拉伯王国的创始人伊本·沙特之名，在阿拉伯语中，为“幸福”之意。“阿拉伯”一词，为“沙漠”之意。“沙特阿拉伯”即为“幸福的沙漠”。首都利雅得。

一 基本国情

1. 地理气候

沙特阿拉伯位于亚洲西南部的阿拉伯半岛，面积225万平方千米。东濒海湾，西临红海，与约旦、伊拉克、科威特、阿拉伯联合酋长国、阿曼、也门等国接壤。地势西高东低。西部是希贾兹阿西尔高原，其南段的希贾兹山脉，海拔3 000米以上；中部为纳季德高原；东部为平原；红海沿岸地区是宽约70千米的红海低地。沙漠约占全国面积的一半。

沙特阿拉伯西部高原属于地中海式气候，其他地区属亚热带沙漠气候。夏季炎热干燥，最高气温可达50 ℃以上；冬季气候温和。年平均降水量不超过200毫米。

2. 发展简史

沙特阿拉伯是伊斯兰教的发源地。7世纪，伊斯兰教创始人穆罕默德的继承者建立了阿拉伯帝国，8世纪阿拉伯帝国达到鼎盛时期，疆域横跨欧、亚、非三大洲。中国史书称为“大食”。11世纪阿拉伯帝国开始衰落，16世纪为奥斯曼帝国所统治。19世纪英国侵入，当时分汉志和内志两部分。1924年，内志酋长阿卜杜勒阿齐兹·沙特兼并汉志，随后逐渐统一阿拉伯半岛，并于1932年9月宣告建立沙特阿拉伯王国。

3. 人口与居民

沙特阿拉伯人口2 370万，绝大部分为阿拉伯人，其中外籍人口约占30%。

官方语言为阿拉伯语，通用英语。

伊斯兰教为国教，伊斯兰教逊尼派教徒约占85%，什叶派教徒约占15%。

4. 国旗、国徽、国歌、国花

国旗：呈长方形，长与宽之比为3∶2。绿色的旗地上用白色的阿拉伯文写着伊斯兰教的一句名言：“万物非主，唯有真主，穆罕默德是安拉的使者。”下方绘有宝刀，象征圣战和自卫，象征捍卫宗教信仰和保卫祖国的决心和意志。绿色象征和平，是伊斯兰国家所喜爱的一种吉祥颜色。国旗的颜色和图案突出地表明了该国的宗教信仰。

国徽：由两把交叉的宝刀和一棵枣椰树组成，呈绿色。绿色和宝刀的含义与国旗相同。枣椰树代表农业，象征沙漠中的绿洲。

国歌：《敬爱的国王万岁》。

国花：乌丹玫瑰。

5. 政治与经济

沙特阿拉伯是政教合一的君主制王国，无宪法，禁止政党活动。国王是国家元首，又是教长，兼任武装部队总司令和大臣会议主席（即内阁首相）等职务。沙特王室掌握着国家的政治、经济、军事大权。内阁决议、与外国签订条约和协议均需国王最后批准。《古兰经》和穆罕默德的《圣训》是国家执法的依据。

石油和石化工业是沙特阿拉伯的经济命脉。石油储量和产量均居世界首位，占世界储量的26%；天然气居世界第四位。拥有金、铜、铁、锡、铝、锌、磷酸盐等矿藏。水资源以地下水为主，是世界上最大的淡化海水生产国。约一半人口从事游牧，1/4的人口从事农业。

沙特法定货币为沙特里亚尔（RYL）。1里亚尔＝20库尔什＝100哈拉拉。

二　习俗礼仪

1. 节日庆典

沙特阿拉伯重要的国家节日有：独立日（国庆日，9 月 23 日）。

其他的传统节日主要有：开斋节，宰牲节，穆罕默德诞辰，穆罕默德升天日等。

2. 饮食习俗

沙特阿拉伯人习惯一日两餐。早餐主要是“弗瓦勒”（一种高粱糊糊）蘸奶油；晚餐为正餐，通常吃烙饼，食用时抹上奶油、蜂蜜等，这是沙特人最爱吃的主食。“泡馍”也是常吃的主食，即是将高粱面饼用手掰碎，浇上鲜牛奶或再加上奶油和糖一起进食。在沙特阿拉伯“羊眼”被视为极其珍贵的食品。沙特阿拉伯人喜爱中国的川菜、清真菜和素菜。

3. 社交礼仪

沙特阿拉伯人见面时一般行握手礼。首先互相问候说“你好”，然后握手并说“身体好”。有的沙特阿拉伯人习惯行吻礼，伸出左手放在对方右肩上，并吻其双颊。沙特阿拉伯贝都因人问候方式更加独特，男人见面时要用鼻子碰对方的额头，再互相拥抱，表示友好和亲密。如果沙特人带着妇女做伴，一般不握手，不做介绍。

在沙特阿拉伯人看来事先约会是必要的，准时赴约更受欢迎。如被邀请到阿拉伯人家里吃饭，吃得越多就越表示对主人款待的赞赏。应回避的谈话内容包括中东的政治和国际石油政治等。

4. 禁忌

沙特阿拉伯人大多信奉伊斯兰教，少数人信奉基督教。严禁崇拜偶像，任何人不得携带人物雕塑等偶像进入公共场所。男性不准随便进入女人房间，女人一般也不准在生人面前露面。严禁饮酒。忌讳照相，尤其是未经许可拍摄他们。禁止下象棋，认为按照国际象棋的规则，车、马、象，甚至兵卒，都可以进攻和消灭国王和王后，含有煽动作用。禁止吸烟。禁食猪肉及一切外形丑陋和不洁之物。忌讳左手递送东西或食物。

资料5-2

禁绝偶像

在沙特阿拉伯，凡是偶像一律都被禁止，工艺品中的人物塑像，儿童玩具“洋娃娃”，以及商店橱窗中的模特，都不能在公开场合出现。他们认为，这类偶像都是为了顶礼膜拜而制造的，而崇拜偶像是与伊斯兰教的戒律背道而驰的。商店中的模特都是无头模特，儿童玩具中的洋娃娃也是有身无头，就连道路十字路口特设的交通牌上，也是画着无头行人。

资料5-3

沙特的男女有别

沙特阿拉伯男子通常穿的是长袖、高领、镶里子的外套，戴的是方形白绸帽子。沙特女子一般身裹长袍、头戴面纱，头发和皮肤不能外露，声音也不能让陌生的男子听到，更不能昂首挺胸而行，必须低头无声疾行。沙特的男女隔离严格，有专门由女人掌管的为女人开设的银行、学校和娱乐场所。公园分男区和女区，餐馆里也分“男性单身区”和“家庭区”。到动物园参观时，男女也有别，女人安排在星期一、三、五，男人安排在星期二、四、六。

三　主要城市和旅游景点

沙特阿拉伯是世界重要的旅游客源国，也是中国的主要客源国之一。中国前往沙特阿拉伯旅游的主要是朝觐的穆斯林。

1. 利雅得

沙特阿拉伯首都，王宫所在地。位于阿拉伯半岛中部内志高原的哈尼法、艾桑和拜萨汉宰三条干涸的河谷中，海拔 520 米。附近是一片绿洲，有广阔的枣椰林，利雅得因此而得名（利雅得在阿拉伯文中是“花园”的复数）。面积 1 600 平方千米，人口 400 万。

20 世纪 30 年代以来，由于石油收入和交通日益发展，利雅得迅速成为阿拉伯世界最著名的花园城市之一。

2. 麦加

伊斯兰教第一圣城，坐落在沙特阿拉伯西部赛拉特山区一条狭窄的山谷里，面积 26 平方千米，人口 30 万。“麦加”，原意为“吸吮”，因沙漠民族渴望吸吮渗透的泉水而得名。

麦加是穆罕默德诞生地、伊斯兰教发源地和一年一度举行朝觐仪式的地方。城中有伊斯兰教第一大圣寺——禁寺。寺内“克尔白”（天房）为世界穆斯林礼拜的朝向。寺周围被划为禁地。附近有与朝觐仪礼有关的萨法和麦尔卧山、阿拉法特山、米纳山谷及与穆罕默德事迹有关的希拉山洞、骚尔山洞等遗迹。世界最有影响的伊斯兰教组织——伊斯兰世界联盟（简称“伊盟”）于 1962 年在此成立。麦加为世界伊斯兰教的中心。

资料5-4

麦加朝圣

“麦加朝圣”是每年伊斯兰教最盛大的宗教活动，也是全球规模最大的宗教仪式。伊斯兰教历12月，数以百万计的穆斯林都会聚集在沙特的麦加，参加一年一度的朝觐。凡在麦加参加过朝觐大典的穆斯林，即，被尊称为“哈吉”（朝觐者）。

“朝觐”是伊斯兰教为信徒所规定的必须遵守的基本制度之一，每一位有经济能力和有体力的成年穆斯林都负有朝拜麦加的宗教义务。所有穆斯林，无论是男是女，都会尽最大努力争取一生至少要前往麦加朝觐一次。1932年沙特阿拉伯王国建立后，麦加被称为“宗教之都”，来此朝觐的人更加摩肩接踵。目前已经有70多个国家的穆斯林到此朝觐。

第二节　以色列

以色列，国名全称“以色列国”。以色列国名来源于《圣经》，犹太人祖先雅各布和天使角力并取胜，上帝给雅各布改名为“以色列”。建国时首都在特拉维夫，1950年迁往耶路撒冷。未得到普遍承认。

一　基本国情

1. 地理气候

根据1947年联合国关于巴勒斯坦分治决议的规定，以色列国的面积为1.49万平方千米。位于亚洲西部。北与黎巴嫩交界，东北部与叙利亚接壤，东面是约旦，西濒地中海，南连亚喀巴湾，是亚、非、欧三大洲结合处。沿海为狭长平原，东部为山地和高原。

以色列各地气候差异较大，总体上终年阳光充足，4～10月炎热干燥，11月至次年3月温和湿润。地中海沿岸平原为地中海式气候；山区温差较大；而埃拉特和死海地区气候炎热干燥，日照时间长，很少下雨。大部分地区夏季气温20 ℃～32 ℃，冬季7 ℃～17 ℃。北部年均降水量708毫米，南部荒漠地区年均降水量220毫米，埃拉特附近仅39毫米。

2. 发展简史

以色列是世界主要宗教犹太教、伊斯兰教和基督教的发源地。犹太人远祖是古代闪族的支脉希伯来人。公元前13世纪末开始从埃及迁居到巴勒斯坦地区，曾先后建立希伯来王国及以色列王国。公元前722年和公元前586年，这两个王国先后被亚述人征服和被巴比伦人灭亡。公元前63年罗马人入侵，大部分犹太人流亡世界各地。7世纪巴勒斯坦被阿拉伯帝国占领，从此阿拉伯人成为该地居民的绝大多数。16世纪巴勒斯坦地区被奥斯曼帝国吞并。

19世纪末，欧洲犹太人发起“犹太复国主义运动”，并于1897年成立了“世纪犹太人复国主义组织”。1917年英国占领巴勒斯坦，11月2日发表《贝尔福宣言》，表示主张“在巴勒斯坦为犹太民族建立一个由公共法律保障的犹太人之家”。1922年，国际联盟通过了英国对巴勒斯坦的“委任统治训令”，规定在巴勒斯坦建立“犹太民族之家”。以后，世界各地犹太人大批移居巴勒斯坦。1947年11月29日，联合国大会通过决议，决定在巴勒斯坦分别建立阿拉伯国和犹太国。1948年5月14日以色列国正式成立。

3. 人口与居民

以色列人口786.99万，其中犹太人约占75%，其余为阿拉伯人、德鲁兹人等。

希伯来语为国语，希伯来语和阿拉伯语均为官方语言，通用英语。

犹太教为国教。居民中，约85%的人信奉犹太教，13%的人信奉伊斯兰教。

资料5-5

美祖扎赫

“美祖扎赫”是犹太人挂在门柱上的经文楣铭，是犹太人家的标志，提醒人们履行对上帝的宗教义务之物。它是一个用金属或木头、玻璃做的小牌，里面有《圣经·申命记》的两段经文。第一段经文表达了希望以色列人真诚爱戴上帝的愿望。第二段表达爱上帝的人必得善报，背弃上帝的人必遭惩罚。犹太人进出大门时，都要吻或摸“美祖扎赫”（意为“祝福”），以表示不忘对上帝的信仰和对戒律的遵守。

在以色列，所有国家机关、住宅、房间的门上都挂着“美祖扎赫”。人们还制作出了“美祖扎赫”式样的项链坠儿和耳环装饰品。

4. 国旗、国徽、国歌、国鸟

国旗：呈长方形，长与宽之比约为3∶2。白色为底，上下各有一条蓝色宽带。蓝白两色来自犹太教徒祈祷时用的披肩颜色。白色旗面正中，是一颗蓝色的六角星，那是古以色列国王大卫王之星，象征国家的权力。

国徽：为长方形盾徽。蓝色盾面上有七支烛台，据记载此烛台为耶路撒冷圣殿中点燃祭坛的物件。烛台两旁饰以橄榄枝，象征犹太人对和平的渴望。烛台下方用希伯来文写着“以色列国”。

国歌：《希望之歌》。

国鸟：戴胜。

5. 政治与经济

以色列是一个民主议会制国家，实行立法、行政和司法三权分立。目前，以色列没有宪法，只有议会法、总统法和内阁法等基本法。议会是最高权力机构，拥有立法权，负责制定和修改国家法律、对政治问题表决、批准内阁成员的任命并监督政府工作，以及选举总统和议长。总统是象征性的国家元首，职能基本上是礼仪性的。政府以总理为首加上部长组成，总理必须是议会议员。政府对议会负责，并需得到其信任。主要政党有前进党、利库德集团、“我们的家园以色列”党、以色列工党、沙斯党等。

以色列总体经济实力较强，工业化程度较高，以知识型产业为主。在电子、通信、计算机软件、医疗器械、生物技术工程、农业以及航空等方面拥有先进的技术和优势。以色列在农业方面形成了特有的滴灌节水技术，充分利用现有水资源，将大片沙漠变成了绿洲。私人企业比重较大，但政府对主要部门控制严格，许多大企业都由国家控制或监管。合作经济主要以农村中的“基布兹”（集体社）和“莫沙夫”（合作社）为主。

以色列法定货币为以色列新谢克尔（IS）。1 新谢克尔＝100 阿哥拉。

资料5-6

以色列沙漠农业

以色列使沙漠变成了绿洲，创造了令人惊叹的奇迹。以色列农业用水约占国家需水总量的60%，干旱缺水是以色列农业生产的大敌，因此“节约每一滴水”、“给植物灌水，而不是给土壤灌水”成为他们的准则。以色列人根据作物生长需求，最大限度地实行节水灌溉，采用滴灌、喷灌技术和循环利用。滴灌使水的利用率达到95%。城市废水回收再利用率也达30%以上。通过节水农业技术，昔日的死亡之海——内格夫沙漠已经点缀着块块绿洲，棉花等农作物单产居世界前列。

资料5-7

基布兹

“基布兹”是以色列特有的一种集体农业生产组织形式，内部实行“各尽所能，平均分配”的制度。即实行财产归集体所有制，成员之间完全平等，共同劳动，集体生活。以色列第一个基布兹建于1910年，现在全国发展有275个。每个基布兹人口在200人和3 000人之间。基布兹人口仅占全国人口的2.5%，实现农业产值却占全国的42%，出口农产品占全国的43%，是以色列主要农产品生产基地。

二　习俗礼仪

1. 节日庆典

以色列重要的国家节日有：独立日（约公历5月），大屠杀纪念日（约公历5月）。

其他传统节庆主要有：安息日（每周五日落至周六日落），犹太新年（约公历9月），赎罪日（约公历10月），住棚节（约公历10月），逾越节（约公历4月），七七节（约在公历6月中旬），光明节（约在公历11月上中旬），普珥节（约在公历3月中下旬）。

资料5-8

安息日

安息日是犹太教每周的休息日，来源于《圣经·创世纪》（上帝在六天内完成创造世界，第七天休息）。安息日从每个星期五日落时开始，星期六黄昏时结束。安息日人们吃三顿饭，即周五晚餐，周六午餐（早餐午餐合二为一）和安息日结束餐。周五晚餐应是一周中最为丰盛的。安息日所有商店停业，公共汽车也停止运行。严格来讲，安息日还不准开关电器，如果要用电灯、电视等须在安息日到来前打开并一直开到安息日结束。

2. 饮食习俗

犹太人的主食是用小麦或大麦面制成的面饼。丰盛的早餐是以色列的一大特色。早餐包括沙拉，不同种类的奶酪、橄榄，独具特色的以色列面包、果汁及咖啡。正餐通常是午餐，晚餐通常量比较少，主要是奶制品、沙拉和蛋。

3. 社交礼仪

以色列人待人接物讲究分寸，恪守犹太教教规。见面时，一般行握手礼。问候他人的方式极其讲究。如果对方是一位老人的话，以色列人通常在见面时会恭祝对方：“愿您活到120岁！”在迎接贵宾时，通常要专门为其宰杀羔羊，还会郑重其事地捧出盐和面包或者酒和面包，请来宾品尝。

4. 禁忌

进入犹太教的圣地或教堂，男性必须顶着一种叫做“哥巴”的帽子；进入清真寺，必须脱鞋；进入基督教教堂，必须脱下帽子。忌食猪肉和兔肉，以及贝壳类。忌食血、无鳞的鱼类等。牛必须有犹太教牧师在场宰杀。忌肉和奶制品一起食用，奶制品的餐具必须与肉制品的餐具分开使用、清洗和存放。

三　主要城市和旅游景点

以色列由于有复杂的地形地貌、丰富独特的历史宗教遗迹，加之地中海特殊的气候，每年有数百万的游客去观光、度假和朝圣。旅游业在经济中占重要地位，是外汇的主要来源之一。以色列国家旅游管理机构是旅游部。

1. 耶路撒冷

以色列自1950年以来的首都，著名的历史古城，距今已有5 000多年的历史。四周群山环抱，面积158平方千米，人口72万。由东部旧城和西部新城组成，为以色列最大的城市。

耶路撒冷旧城是一座宗教圣城，为犹太教、伊斯兰教和基督教等世界三大宗教发源地。由于耶路撒冷对于犹太人、穆斯林和基督徒均具有特殊的重要意义，其地位问题仍然悬而未决。以色列已经立法确定耶路撒冷是其永久不可分割的首都。而巴勒斯坦民族权力机构也声称未来巴勒斯坦国的首都将设在东耶路撒冷。

耶路撒冷作为独特的宗教圣地，拥有1 204座犹太教会堂、158座基督教教堂和73座伊斯兰教清真寺。位于耶路撒冷老城的圣殿山，在不到14万平方米的地方，保存着众多的宗教遗迹，是犹太教、伊斯兰教和基督教的圣地。

哭墙。又称西墙，是犹太教的圣迹。公元前961年，以色列国王所罗门决定在耶路撒冷的锡安山上修建神庙，存放犹太人的圣物“诺亚方舟”。四年后，神庙竣工，后世称之为第一圣殿。在历经毁坏与重建之后的公元前1世纪末，希律王重建并扩建了这个神庙，后世称之为第二圣殿。70年和135年第二圣殿被罗马人所毁，犹太人被迫流亡各地，从此，圣殿再也没有恢复，残留下来的就是庭院西边的这段围墙。哭墙成为了犹太人心中最神圣的地方，是古国不灭、民族长存的象征。

萨赫来清真寺。圣殿山区最美丽的建筑。萨赫来清真寺呈八角形，外观以花瓷砖拼贴成阿拉伯图案，上写《古兰经》经文，圆顶由金箔贴成。相传穆罕默德在沉睡中被天使唤醒，同天使乘飞马从麦加、麦地那来到这里。穆罕默德所踏的岩石成为圣石，那是形状不规则的蓝色岩石，处在寺内圆顶下方，以银、铜镶嵌，用铜栏杆围着供信徒朝拜。

圣墓教堂。位于《圣经》所述的耶稣受难之地——各鲁各达的山丘上。335 年，罗马皇帝君士坦丁大帝以耶稣被处死刑附近的石头，建立了雄伟的教堂。现在的建筑是经过多次战乱毁坏之后重建的。

2. 特拉维夫

地中海沿岸新兴的港口城市。位于巴勒斯坦西岸中部，北起维尔贡河下游，南到雅法湾，面积约 50 平方千米，人口 36.5 万。城市区域狭长，沿海岸绵延约 9.6 千米。

特拉维夫原是一个小渔村，19 世纪末由移居雅法市郊的犹太人建成城市。特拉维夫原名阿胡扎特巴伊特，1910 年正式命名为特拉维夫，意思是“春之丘”。1948 年以色列国成立时，被定为首都，以色列的绝大部分政府机关都设在这里。旧城雅法是一座具有悠久历史的古老城市，从公元前 2000 年开始，就已作为一个重要城市载入了古埃及的碑文之中。特拉维夫的旅游业比较发达。

第三节　土耳其

土耳其，国名全称“土耳其共和国”。“土耳其”一词由“突厥”演变而来。在鞑靼语中，“突厥”是“勇敢”的意思，“土耳其”意即“勇敢人的国家”。首都安卡拉。

一　基本国情

1. 地理气候

土耳其位于亚洲大陆西北端的小亚细亚半岛和欧洲大陆东南角的巴尔干半岛东南部，地跨亚、欧两洲，处于地中海和黑海之间。面积 78 万平方千米。东与伊朗为界，东北邻格鲁吉亚、亚美尼亚和阿塞拜疆，东南与叙利亚、伊拉克接壤，西北和保加利亚、希腊毗连，北濒黑海，西与西南隔地中海与塞浦路斯相望。博斯普鲁斯海峡和达达尼尔海峡以及两海峡间的马尔马拉海是沟通黑海和地中海的唯一水道，战略位置十分重要。地形东高西低，大部分为高原和山地，仅沿海有狭长平原。

土耳其沿海地区属于亚热带地中海式气候，内陆高原向热带草原和沙漠型气候过渡。温差较大，夏季年平均气温为 14 ℃～20 ℃，冬季年平均气温为 4 ℃～18 ℃。年平均降水量黑海沿岸为 700～2 500 毫米，地中海沿岸为 500～700 毫米，内陆为 250～400 毫米。

2. 发展简史

土耳其的祖先是居住于亚洲北方草原和沙漠地带的突厥人。8～13世纪，突厥人西迁至小亚细亚。1071年突厥人打败东罗马帝国军队，控制了小亚细亚。1326年奥斯曼突厥人建立奥斯曼帝国，在15～16世纪进入鼎盛期，版图扩及欧、亚、非三洲。从16世纪末开始衰落。20世纪初，先后沦为英、法、德等国的半殖民地。到第一次世界大战前夕，奥斯曼帝国只剩下小亚细亚半岛以及地中海东部沿岸和阿拉伯半岛沿岸的土地。1918年协约国占领土耳其大部分地区。1920年8月，奥斯曼帝国与协约国签订条约，重新划分疆界，奥斯曼帝国丧失3/5的领土。1919—1923年穆斯塔法·凯末尔发动资产阶级革命，战胜外来侵略军，于1923年10月29日成立土耳其共和国。1924年3月，土耳其废除了奥斯曼哈里发的王位。

3. 人口与居民

土耳其人口7 256万。土耳其人占80%以上，库尔德人约占15%，此外还有亚美尼亚、阿拉伯和希腊等族人。

土耳其官方语言为土耳其语，通用阿拉伯语、康德语、亚美尼亚语、希腊语。

土耳其居民中，95%的人信奉伊斯兰教。少量的基督教徒和犹太教徒主要居住在伊斯坦布尔、安卡拉和伊兹密尔。

4. 国旗、国徽、国歌、国花、国鸟

国旗：呈长方形，长与宽之比为3∶2。由白色新月和五角星图案组成。旗面为红色，靠旗杆一侧有一弯白色新月和一颗白色五角星。红色象征鲜血和胜利；新月和星既是伊斯兰教信仰的标志，又象征幸福和吉祥。新月抱星象征进步，表示全体土耳其人民的团结与独立。

国徽：图案为一弯新月和一颗五角星，寓意与国旗相同。新月和星置于一个红色椭圆形中，其上方写着“土耳其共和国”。

国歌：《独立进行曲》。

国花：郁金香。

国鸟：红翼鸫。

5. 政治与经济

土耳其以民族主义、共和主义、世俗主义思想作为国家政治制度的基础和准则，采取共和政体，实行政教分离及议会民主制度。议会实行一院制，大国民议会为最高立法机构。总统为国家元首，由全民直选。主要政党有共和民主党、正义党、救国党、民族行动党等。

土耳其是传统的农牧业国家，农业占重要地位，农业从业人口占总人口的46%。农产品主要有小麦、大麦、玉米、甜菜、棉花、烟草和马铃薯等。安卡拉羊毛闻名于世。矿产资源主要有硼、铬、铜、铁、铝矾土及煤等。轻纺、食品工业较发达，主要的工业部门有钢铁、水泥、机电产品和汽车等。

土耳其法定货币为土耳其里拉（TRL）。1里拉=100库鲁。

二　习俗礼仪

1. 节日庆典

土耳其的重要节日主要有：新年（1月1日），国家主权节（4月22～28日），凯末尔诞辰纪念日（5月19日，这天还是青年节和体育节），特洛伊艺术节（6月11～18日），自由与宪法节（6月26日），胜利日（8月30日），国庆节（10月29日）。

其他传统节庆主要有：骆驼斗兽节（1月中旬），麦加朝圣日（3月中旬），樱桃节（6月中旬），公牛赛（6月第三个礼拜），武装战斗节（8月26日），金苹果银鱼节（9月第一个礼拜），塑胶艺术节（9～10月），鲁米纪念大典（12月10～17日）。

资料5-9

国际文化艺术节

土耳其的主要城市每年都会举办国际性文化艺术节，如伊斯坦布尔、安卡拉、伊兹密尔、安塔利亚。伊斯坦布尔每年四月举办国际电影节，五月举办国际戏剧节，六月和七月举办国际音乐节，七月举办国际爵士乐节；安卡拉每年四五月份主办国际音乐节；伊兹密尔每年举办伊兹密尔国际艺术节；比尔坎特每年举办的国际安那托利亚音乐节，也是重要的节日活动之一。节庆期间，世界各地的众多著名表演艺术家和音乐家欢聚在这些城市。

在土耳其每年举办的节日活动还有：玛尼萨举办的传统梅斯尔糖果节；阿达纳举办的国际音乐和民俗音乐节；切什梅举办的切什梅音乐节；屈塔希亚举办的陶瓷艺术节；乔鲁姆举办的赫梯节；加济安泰普举办的GAP文化艺术节以及凯梅尔举办的凯梅尔狂欢节。

2. 饮食习俗

土耳其人以面食为主食，其烹饪技术在世界上非常有名。肉类以羊肉为主，尤以羊脑髓最为珍贵。“转烤羊肉”极有特色，边转烤羊肉，边从外围削下些肉片，铺在大饼上吃。土耳其的蔬菜品种丰富，如茄子、西红柿、青椒等，烹制茄子的菜肴品种多达几百种。

土耳其人爱喝茶，以小杯盛载，味浓，可以加糖。喜爱中国的清真菜。

3. 社交礼仪

土耳其人见面时，一般先互致问候，然后再行握手礼，同时祝愿客人身体好。在同亲朋好友相见时，也有的施亲吻礼。为亲友宾朋送别时，一般多施鞠躬礼，施礼时要把两手交叉放在胸前，鞠 90°大躬，以表示对客人的敬重和惜别之情。倘若两手不交叉于胸前，则寓意下次不欢迎再访。有事须约会并要求准时赴约。

4. 禁忌

忌讳左手传递东西或食物。极为反感和厌恶已婚的男女或恋人在公共场所的亲昵举止。布置房间忌讳使用花色，认为花色预示着凶兆。信奉基督教的人忌讳数字“13”，认为“13”是预兆厄运和灾难的数字。不喜欢议论有关当地政治，以及塞浦路斯与希腊的冲突等方面的问题。禁食猪肉及一切外形丑陋和不洁之物；忌讳使用猪制品，忌讳议论猪或有关猪的问题。

三 主要城市和旅游景点

旅游业为土耳其经济的重要支柱之一。主要旅游城市有伊斯坦布尔、伊兹密尔、安塔利亚、布尔萨、安卡拉、科尼亚等。亚洛瓦温泉、特洛伊、埃菲斯等古城遗址和卡帕多西亚、库什湖是主要风景名胜地。土耳其国家旅游管理机构是旅游部。

1. 安卡拉

土耳其首都，位于小亚细亚半岛上安纳托利亚高原的西北部，是一座海拔 900 米的高原城市。人口 210 万，土耳其第二大城市。古城至少已有3 000 年历史，从罗马帝国、拜占庭帝国到奥斯曼帝国统治时期，都是重要的政治、军事和商业中心，1923 年成为土耳其共和国首都。为仅次于伊斯坦布尔的全国第二大工业中心。古堡等遗迹是安卡拉的主要旅游点，位于旧城的山上，从城堡上可俯瞰安卡拉市的全景。

2. 伊斯坦布尔

地跨欧亚两洲，是土耳其最大的城市，也是最大的港口、工商业中心和主要的旅游胜地。面积 254 平方千米，人口 1 180 万。公元前 658 年始建于巴尔干半岛东端、博斯普鲁斯海峡南口西岸，位于金角湾与马尔马拉海之间的岬上，称“拜占庭”。330 年改建为拜占庭帝国首都，名君士坦丁堡，别称新罗马。1453 年土耳其人将其作为奥斯曼帝国首都后，始称伊斯坦布尔。1923 年土耳其迁都安卡拉。现市区已包括海峡中、南段两岸以及与之相连的马尔马拉海北岸地段，包括海峡东岸的于斯屈达尔。1973 年筑成跨越海峡的博斯普鲁斯公路桥。有苏丹阿赫梅特清真寺等名胜古迹。

阿亚索菲亚博物馆。又名圣索菲亚大教堂，建于325年，537年重建，作为基督教的宫廷教堂持续了9个世纪。它是一个气势宏伟的长方形石头建筑，为典型的拜占庭建筑。1453年，拜占庭帝国灭亡后，土耳其人将大教堂改为清真寺。既有罗马建筑的特色，又有伊斯兰教的艺术风格，成为伊斯坦布尔最有代表性的历史建筑。土耳其共和国建立后，1935年改为博物馆。

苏丹阿赫梅特清真寺。伊斯坦布尔最大的清真寺，建成于1616年。它有六个宣礼塔。由于它的四周墙壁镶嵌着两万多块蓝色花瓷砖，使得大厅里光线格外柔和、静谧，故又称“蓝色清真寺”。

托普卡珀博物馆。建于1468年。作为奥斯曼的皇宫达400年之久。现辟为博物馆。除了收藏着土耳其历史上许多珍贵文物和文献以外，还收藏着1.7万多件中国古瓷器。

3. 伊兹密尔

土耳其第三大城市、第二大港口。位于爱琴海伊兹密尔湾湾头，为天然良港。人口86.1万。附近为重要农业区，工业以纺织、食品、成衣等轻工业为主。全国重要出口港，也是历史文化名城、旅游胜地和军事要塞。保留着众多的名胜古迹，如古钟楼、希萨尔清真寺、阿耳忒弥神庙遗迹等。

4. 安塔利亚

土耳其南岸港口城市，人口22万。始建于公元前2世纪，在东罗马帝国时期与奥斯曼帝国时期为东地中海重要港口。气候温暖，附近多古迹，为旅游中心。

第四节　埃　及

埃及，国名全称“阿拉伯埃及共和国”。“埃及”之名译自英语，阿拉伯语为“米斯尔”，意为“辽阔的国家”。首都开罗。

一　基本国情

1. 地理气候

埃及位于非洲东北部和亚洲西南部，地跨亚、非两洲，大部分领土在非洲，苏伊士运河以东的西奈半岛位于亚洲。一般称开罗以南为上埃及，以北为下埃及。面积100.2万平方千米。西与利比亚为邻，南与苏丹交界，东临红海并与巴勒斯坦、以色列接壤，北临地中海。

埃及是典型的沙漠之国，全境96%的土地为沙漠。世界最长的河流尼罗河从南到北贯穿埃及1 350千米，被称为埃及的“生命之河”。尼罗河两岸形成的狭长河谷和入海处形成的三角洲，是埃及最富饶的地区。苏伊士运河扼欧、亚、非三洲交通要冲，沟通红海和地中海，连接大西洋和印度洋，具有重要战略意义和经济意义。主要湖泊有大苦湖和提姆萨赫湖，以及阿斯旺高坝形成的非洲最大的人工湖纳赛尔水库。

埃及的尼罗河三角洲和北部沿海地区属于地中海型气候，气候相对温和，冬季平均气温 9 ℃～19 ℃，夏季平均气温 22 ℃～34 ℃；年平均降水量 50～200 毫米。其余大部分地区属于热带沙漠气候，气候炎热干燥少雨，沙漠地区气温可达 40 ℃，年平均降水量不足 30 毫米。每年 4～5 月间常有“五旬风”，夹带沙石，使农作物受害。

2. 发展简史

埃及是世界上最悠久的文明古国之一。公元前 3200 年就出现了第一个奴隶制的统一国家。曾先后被波斯人、希腊人、罗马人、阿拉伯人、土耳其人等所征服。19 世纪末，埃及被英军占领，成为英国的“保护国”。1952 年 7 月 23 日，以纳赛尔为首的“自由军官组织”推翻了法鲁克王朝，掌握了国家政权，结束了外国人统治埃及的历史。1953 年 6 月 18 日，埃及共和国宣布成立。1958 年 2 月与叙利亚合并成立阿拉伯联合共和国，后叙利亚脱离“阿联”。1971 年 9 月 1 日，改名为阿拉伯埃及共和国。

3. 人口与居民

埃及人口 8 450 万，主要为阿拉伯人和科普特人，尼罗河河谷和三角洲地区，聚居着全国 95%以上的人口。

埃及的官方语言为阿拉伯语，通用英语和法语。

伊斯兰教为国教，居民中，90%的人信奉伊斯兰教，8%的人信奉基督教。

4. 国旗、国徽、国歌、国花、国石

国旗：呈长方形，长与宽之比为 3∶2。自上而下由红、白、黑三个平行相等的横长方形组成，白色部分中间有国徽图案。红色象征革命，白色象征纯洁和光明前途，黑色象征埃及过去的黑暗岁月。

国徽：为一只金黄色的鹰，称“萨拉丁”雄鹰。金鹰昂首挺立、舒展双翼，象征胜利、勇敢和忠诚，它是埃及人民不畏烈日风暴、在高空自由飞翔的化身。鹰胸前为盾形的红、白、黑三色国旗图案，底部座基饰带上写着“阿拉伯埃及共和国”。

国歌：《我的祖国》。

国花：荷花。

国石：橄榄石。

5. 政治与经济

埃及实行多党制的共和制。总统是国家元首兼武装部队最高统帅，由人民议会提名，公民投票选出。人民议会是最高立法机关，协商会议是与人民议会并立存在但无立法权和监督权的咨询机构。行政权首先属于总统，其次属于政府。新闻独立，被认为是起监督作用的第四权力机构。主要政党有民族民主党、新华夫脱党、社会主义工党、自由者党、民族进步统一集团党、青年埃及党、阿拉伯民主纳赛尔主义党、绿党、互相支持党等。

埃及是非洲工业较发达国家之一。经济以农业为主，农业在国民经济中占有重要地位，尼罗河谷地和三角洲盛产棉花、小麦、水稻、花生、甘蔗、椰枣、水果和蔬菜等农产品。但70%的粮食需要进口，是世界上最大的食品进口国之一。拥有相对完整的工业、农业和服务业体系。主要资源有石油、天然气、磷酸盐、铁等，但工业基础较为薄弱，以纺织和食品加工等传统工业为主，占工业总产值的一半以上。石油天然气、旅游、侨汇和苏伊士运河是埃及四大外汇收入来源。

埃及法定货币为埃及镑（EGP）。1埃及镑＝100皮阿斯特。

资料5-10

苏伊士运河

全长191千米的苏伊士运河，贯通苏伊士地峡，连接地中海和红海，是沟通欧、亚、非三洲的主要国际水道。它提供了从欧洲至印度洋和西太平洋的最近航线，是世界上使用最频繁的航线之一。这条历时十年才完全凿通的水道对于国际航运具有重要的战略意义和经济价值。它于1869年开通后大大缩短了欧洲到印度洋和西太平洋的水上航程。苏伊士运河1995年为埃及获取了约19.5亿美元的外汇收入。

二　习俗礼仪

1. 节日庆典

埃及重要的国家节日有：独立日（2月28日），国庆日（7月23日）。

其他传统节庆主要有：新年（1月1日），闻风节，复活节，西奈解放节，宰牲节，开斋节，共和国独立日（6月18日），献祭节（7月14日），穆罕默德诞辰日（7月28日），武装部队日（10月6日），人民抵抗纪念日（10月24日），穆罕默德升天日（12月8日），胜利日（12月23日）。

2. 饮食习俗

埃及人以面食为主食。喜欢品尝冷盘风味菜、带馅心的菜，以及奶油烧制的菜肴。尤为偏爱可生吃的蔬菜，认为它象征着春天的葱绿，人吃了会身体强壮。埃及人喜爱中国的鲁菜、京菜、川菜、粤菜。

3. 社交礼仪

埃及人见面礼节十分讲究。与宾朋相见或送别时，一般行握手礼，或行拥抱礼。时兴亲吻礼，并有多种亲吻礼节：有男女间亲昵性的“亲吻礼”，对恩人的“亲手礼”，情人间的“飞吻”，妇女相见时的“亲脸”等。

交谈的恰当话题是埃及的进步与成就、埃及领导人的杰出声誉、埃及的优质棉花和古老的文明。

4. 禁忌

忌讳数字“13”，认为“13”是不吉祥的数字。忌讳黑色和蓝色，把这两种颜色看成是不祥的色彩。喜欢绿色和白色。因此，他们常把蓝天说成是绿色的。忌讳黄色，认为黄色为叛逆、嫉妒、怀疑、不信任、色情、忧郁、缺乏理智的代表色。不喜欢大熊猫的形象。忌讳左手传递东西或食物。忌讳称赞女人窈窕，认为体态丰腴才算美。最忌讳针，最恶毒的诅咒是把人形容为“针”。

埃及人就餐时，一般不与人随意交谈，认为边谈话边吃饭会浪费粮食，是对“安拉”的不敬。禁食自死物、血液和猪肉以及非诵真主之名而宰的动物，禁止食用猪制品。不吃海参、蟹等怪状海味品。也不喜欢吃整鱼和带骨刺的鱼。

三　主要城市和旅游景点

旅游业收入居埃及外汇收入主要来源之首。埃及国家主管旅游的政府机构是国家旅游部，还有全国旅游联合会等组织。

1. 开罗

埃及首都，埃及和阿拉伯世界最大的城市，也是世界上最古老的城市之一。位于尼罗河三角洲，横跨尼罗河，气势雄伟，风貌壮观，是整个中东地区的政治、经济和商业中心。969 年，阿拉伯帝国法蒂玛王朝征服埃及，修建该城，命名为“开罗”，即“胜利”之意。

开罗是一座极富吸引力的文明古都，城内现代文明与古老传统并存。城西有大量建于 20 世纪初的欧洲风格建筑，城东则以古老的阿拉伯建筑为主。

埃及博物馆。坐落在开罗市中心的解放广场，1902 年建成开馆，是世界上最著名、规模最大的古埃及文物博物馆。收藏古埃及从史前时期至希腊、罗马时期的文物共30余万件。

吉萨金字塔。位于开罗西南吉萨区的沙漠之中，是世界古代七大奇迹之一。十座金字塔中有三座很大的金字塔，分别是胡夫金字塔、哈佛拉金字塔和门卡乌拉金字塔，其中以胡夫金字塔最为著名。

资料5-11

埃及金字塔

在尼罗河谷、地中海畔、西部沙漠发现的一大批金字塔、庙宇和古墓都是埃及古代文明的遗迹。埃及已先后发现了90多座金字塔，迄今巍然屹立在尼罗河畔开罗吉萨省的3座宏伟金字塔和一座狮身人面像约有4 700年的历史。规模最大的是胡夫金字塔，10万人花了约20年时间一块一块地垒成。狮身人面像高达20多米，长约50多米，是在一块大岩石上雕成的。吉萨金字塔和狮身人面像是人类建筑史上的奇迹，也是埃及人民辛勤劳动和卓越智慧的丰碑。

2. 亚历山大

埃及最大海港，全国第二大城市。曾为古埃及托勒密王朝都城，因亚历山大大帝时兴建而得名。亚历山大城是避暑胜地和历史名城，迥异于埃及其他地区的地中海风情，有“埃及新娘”的美称。主要建筑集中在20千米长的海湾一带，是一座古老与现代相结合、传统伊斯兰习俗与西方文明交织的城市。

亚历山大灯塔。位于距离海岸1千米的法罗斯岛东端，因此也称作法罗斯灯塔。公元前305年，亚历山大大帝下令建造，希腊著名建筑师索斯特拉特设计。修建历时20年，于公元前270年建成。

蒙塔扎宫。位于埃及的亚历山大城东部，占地155.4万平方米，密林环绕，是一个独具特色的花园。1952年之前一直是皇室家族的消夏避暑地，现在海滨向游人和垂钓者开放。园内有法鲁克国王行宫（现为埃及国宾馆）。

摩西·阿布·阿巴斯清真寺。亚历山大最大、最美的清真寺，始建于1775年。摩西·阿布·阿巴斯是一位伊斯兰学者，生于阿拉伯帝国统治时期的西班牙，后来来到亚历山大城，并且修建了这座清真寺。

3. 卢克索

埃及中南部城市，坐落在上埃及尼罗河畔。它是古埃及帝国中王朝和新王朝（约公元前2040年至1085年）的都城，至今已有四千多年的历史，是世界上最大的露天博物馆，有着“宫殿之城”的美誉。

4. 埃德夫

位于尼罗河西岸，是尼罗河边地势最好的城市。地处卢克索以南约 140 千米。埃德夫是埃及主要制糖和陶器中心，保留着几千年来古埃及的文明。

荷露斯神庙。荷露斯是古埃及的天空之神。荷露斯神庙是埃及保存最完整的神庙。建于公元前 237 年，历时两百多年才竣工。庙长 137 米，前宽 79 米，神庙大门高 36 米，殿外有荷露斯的鹰头雕像（荷露斯通常被描述为戴着埃及皇冠的神鹰）。

5. 阿斯旺

埃及南部重要城市，位于尼罗河东岸，是埃及的南大门。历史上阿斯旺曾是非洲贸易的货物集散地，因为尼罗河的运输到此就为岩石所阻断，所有货物要由水路改为陆路。世界第七大水坝——阿斯旺大坝就建在这附近的尼罗河上。

阿斯旺大坝。建于 1970 年。水库横跨埃及和苏丹。大坝高 111 米，长 3 830米，宽 40 米，将尼罗河拦腰截断，从而使河水向上回流 500 千米，形成蓄水量达 1 640 亿立方米的人工湖——纳赛尔湖。

拉美西斯二世神庙。面向尼罗河，堪称众多埃及神庙中最富想象力的一座。建于 3 300 年前。整座神庙在山岩中雕凿而成。1964—1968 年，为了免遭因建造阿斯旺大坝而上涨的尼罗河水淹没，神庙被切割成 2 000 多块，在距离原址 200 多米的地方拼合还原。

思考与习题

1. 列出土耳其的主要旅游景点。
2. 简述沙特阿拉伯人的禁忌习俗。
3. 简述以色列经济的特点。
4. 列出埃及的主要旅游景点。

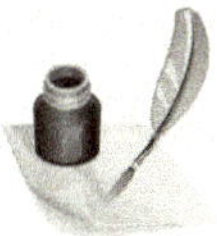

第六章
欧洲地区国家

➤教学目标 知识目标：了解欧洲地区主要客源国的基本概况；掌握人文习俗和著名旅游景点

能力目标：分析本区主要客源国政治和经济上的特点

➤教学难点 本区客源国的禁忌和民俗

➤教学重点 本区主要客源国的人文习俗和著名旅游景点

➤主要内容 **法国**

基本国情　文化艺术　习俗礼仪　主要城市和旅游景点

英国

基本国情　文化艺术　习俗礼仪　主要城市和旅游景点

德国

基本国情　文化艺术　习俗礼仪　主要城市和旅游景点

意大利

基本国情　文化艺术　习俗礼仪　主要城市和旅游景点

俄罗斯

基本国情　文化艺术　习俗礼仪　主要城市和旅游景点

西班牙

基本国情　文化艺术　习俗礼仪　主要城市和旅游景点

其他欧洲国家

奥地利　比利时　丹麦　芬兰　荷兰　瑞士　希腊

欧洲是欧罗巴洲的简称。“欧罗巴”一词最初来自闪语的“伊利布”一词，意思是“日落的地方”或“西方的土地”。欧洲西临大西洋，北靠北冰洋，南隔地中海和直布罗陀海峡与非洲大陆相望，东与亚洲大陆连成一块。面积 1 016 万平方千米，共有 45 个国家和地区。人口 7.28 亿，约占世界总人口的 12.5%，是世界人口密度最大的一个洲。欧洲居民中的 99%属欧罗巴人种（白种人）。居民多数信奉基督教，另有少数信奉伊斯兰教。欧洲经济发展水平居各大洲之首，工业、交通运输、商业贸易、金融保险等在世界

经济中占重要地位。在科学技术的若干领域内处于世界较领先地位。

资料6-1

欧洲联盟

欧洲联盟，简称欧盟，是由欧洲共同体发展而来的，一个集政治实体和经济实体于一身，在世界上具有重要影响的区域一体化组织。1991年12月，欧洲共同体马斯特里赫特首脑会议通过《欧洲联盟条约》，通称《马斯特里赫特条约》（简称《马约》）。1993年11月1日，《马约》正式生效，欧盟诞生。欧盟现有27个成员国，总面积432.2万平方千米，人口5亿。欧元（）是欧洲联盟国家单一货币，为欧盟中15个国家的货币。这15个国家是：爱尔兰、奥地利、比利时、德国、法国、芬兰、荷兰、卢森堡、葡萄牙、西班牙、希腊、意大利、斯洛文尼亚、塞浦路斯、马耳他。这些国家合称为欧元区。

1975年5月6日，中国与欧洲经济共同体建立外交关系。1983年10月，中国与欧洲煤钢共同体和欧洲原子能共同体分别建立外交关系。11月1日，中国与欧洲共同体正式宣布全面建交。2008年中欧贸易额达4 255.78亿美元，其中中国出口2 928.78亿美元，进口1 326.99亿美元，连续第五年成为中国第一大贸易伙伴。欧盟是中国累计第一大技术供应方和累计第四大实际投资方。截至2009年3月，中国累计从欧盟引进技术30 158项，累计合同金额1 219.9亿美元；欧盟累计对华直接投资项目30 611个，实际投入639.1亿美元。

第一节　法　国

法国，国名全称“法兰西共和国”。“法兰西”源于古代当地部落的名称。公元前5世纪，法国境内大部分地区为高卢人（凯尔特人的自称）所居住，故将这一地区称高卢。3世纪末，散居在莱茵河下游一带的法兰克人越过莱茵河入侵高卢，侵占巴黎一带，即称“法兰西”。首都巴黎。

一　基本国情

1. 地理气候

法国位于欧洲西部，既是沟通地中海与大西洋的要道，又是联系南欧与西北欧的桥梁，欧洲大陆与北美洲的往来也常取道法国。法国面积为55.16万平方千米，与比利时、卢森堡、瑞士、德国、意大利、西班牙、安道尔、摩纳哥接壤，西北隔英吉利海峡（拉芒什海峡）与英国相望，濒临北海、英吉利海峡、大西洋和地中海四大海域。地中海上的科西嘉岛是法国最大岛屿。地势东南高西北低，平原占总面积的2/3。主要山脉有阿尔卑斯山脉、比利牛斯山脉、汝拉山脉等。法意边境的勃朗峰海拔4 810米，为欧洲最高峰。河流主要有卢瓦尔河、罗讷河、塞纳河。

法国大部分地区属于温带海洋性气候，南部属于亚热带地中海式气候，中部和东部属于温带大陆性气候。年平均气温10 ℃～14 ℃，平均降水量从西北往东南由600毫米递增至1 000毫米以上。

2. 发展简史

公元前7世纪高卢人在此定居。公元前1世纪，罗马占领全部高卢，受罗马统治达500年之久。5世纪法兰克人征服高卢，于834年建立法兰克王国。10世纪末建立中央集权国家，封建社会迅速发展。1337年英王觊觎法国王位，爆发“百年战争”，1453年以法国胜利而告结束。17世纪中叶，君主专制制度达到顶峰。随着资产阶级力量的发展，1789年法国爆发大革命，废除君主制，并于1792年9月22日建立第一共和国。1799年11月9日，拿破仑·波拿巴夺取政权，1804年称帝，建立第一帝国。1848年2月爆发革命，建立第二共和国。1851年路易·波拿巴发动政变，建立第二帝国。1870年在普法战争中战败后，于1871年9月成立第三共和国。1871年3月18日，巴黎人民举行武装起义，成立巴黎公社。同年5月底，被法国军队残酷镇压。巴黎公社是人类历史上第一个无产阶级政权。第一次、第二次世界大战期间法国遭德国侵略。1940年6月法国贝当政府投降德国，至此第三共和国覆灭。1944年6月宣布成立临时政府，戴高乐担任首脑，1946年通过宪法，成立第四共和国。1958年9月通过新宪法，第五共和国成立，同年12月戴高乐当选总统。

资料6-2

诺曼底登陆

诺曼底是法国西北部著名的历史和文化大区，它北临英吉利海峡，与英国遥遥相望，面积约3万平方千米，海岸线全长600千米，几乎都是悬崖峭壁。

诺曼底登陆是第二次世界大战后期一次历史性的战役。1944年初夏，苏联军队在东线战胜德军已成定局，盟军为履行美、英、苏首脑在1943年11月德黑兰会议上达成的关于在西线开辟欧洲第二战场的协议，决定在法国诺曼底地区登陆，向纳粹德国的军队发起反击。1944年6月6日凌晨，一项代号为“D”日的军事行动在诺曼底海滩开始。以美国为主的盟军在艾森豪威尔将军的指挥下，以2万多空降伞兵为先导，近16万部队在空军的掩护下，从朴茨茅斯启航，横渡英吉利海峡，一举突破了德军防线——“大西洋壁垒”，置德军于腹背受敌的境地。

这次登陆作战，盟军出动1 200艘战舰、1万架飞机、4 126艘登陆艇、804艘运输舰、数以百计的坦克和15.6万名官兵，分五路向诺曼底海滩发起猛烈的攻击并开始登陆。登陆的海滩从奥恩河的河口湾延伸到科唐坦半岛东南部。12日，盟军的登陆点已连成一片。7月5日，盟军在诺曼底的登陆人员已达100万。7月24日战役结束时，盟军共投入288万人、5 300多艘战舰和13 700多架战机。德军投入的兵力达51万人。

战役中，盟军共消灭德军11.4万人，击毁坦克2 117辆、飞机245架。盟军方面有12.2万将士献身疆场。战后，他们按国籍被分葬在诺曼底地区28座军墓中。此后，盟军继续向欧洲腹地推进，在三个月的时间里相继解放了法国和比利时等国，并攻入德国本土。盟军的胜利开辟了欧洲的第二战场，加速了法西斯德国的灭亡。

这场战役也被称为“霸王”战役。诺曼底登陆规模之大、战斗之残酷都是人类战争史上罕见的。

3. 人口与居民

法国人口6 535万，其中本土人口6 281万。

通用法语。

法国居民中，90%的人信奉天主教，其余信奉伊斯兰教、基督教新教、犹太教和其他宗教。

4. 国旗、国徽、国歌、国花、国鸟、国石

国旗：呈长方形，长与宽之比为3∶2。旗面由三个平行且相等的竖长方形构成，从左至右分别为蓝、白、红三色。三色旗曾是法国大革命的象征，据说三色分别代表自由、平等、博爱。

国徽：法国传统上采用大革命时期的纹章作为国家的标志。纹章为椭圆形，绘有大革命时期流行的标志之一——束棒，这是古罗马高级执法官用的权标，为权威的象征。束棒两侧饰有橄榄枝和橡树枝叶，其间缠绕的饰带上用法文写着“自由、平等、博爱”。整个图案由带有古罗马军团勋章的绶带环饰。

国歌：《马赛曲》。

国花：鸢尾花。

国鸟：公鸡。

国石：珍珠。

5. 政治与经济

法国实行总统共和政体。总统是国家元首和武装部队统帅，由全民普选产生。议会是立法机构，由国民议会和参议院组成。主要政党有人民运动联盟、社会党、新中间党、民主运动、法国共产党、国民阵线等。

法国是最发达的工业国家之一，工业是国民经济的支柱。国内生产总值仅次于美、日、中、德，居世界第五位，是仅次于美国的世界第二大农产品出口国。葡萄酒产量居世界第一。主要工业部门有矿业、冶金、汽车制造、造船、机械制造、纺织、化学、电器、动力、日常消费品、食品加工和建筑业等。航空和宇航工业仅次于美国和俄罗斯，居世界第三位。钢铁、汽车和建筑是法国三大支柱产业。第三产业在法国经济中所占比重逐年上升，其中电信、信息、旅游服务和交通运输部门业务量增幅较大，服务业从业人员约占总劳动力的70%。法国商业较为发达，超级市场和连锁店几乎占全部商业活动的一半。

法国货币通行欧元。

二　文化艺术

法国文学家、艺术家群星灿烂，为世界留下了大量不朽作品。产生于11～12世纪的《罗兰之歌》是中世纪英雄史诗的代表作。文艺复兴时期的文学代表人物有弗朗索瓦·拉伯雷（代表作为小说《巨人传》）、蒙田（欧洲近代散文的创始人，代表作为《散文集》）。

从17世纪开始，法国相继出现了莫里哀、司汤达、巴尔扎克、大仲马、雨果、福楼拜、小仲马、左拉、莫泊桑、罗曼·罗兰等文学巨匠。他们的许多作品成为世界文学的瑰宝。17世纪文学主流是古典主义。杰出代表有剧作家皮埃尔·拉辛（代表作《熙德》，为法国第一部古典主义悲剧）、剧作家让·拉辛（代表作为悲剧《安德洛玛里克》和《费德尔》）、莫里哀（欧洲最杰出的喜剧家之一，代表作为喜剧《伪君子》和《唐·璜》）、寓言作家拉封丹（代表作《寓言诗》）。18世纪是法国资产阶级启蒙文学时期，史称"光明世纪"。启蒙运动的杰出代表有伏尔泰、孟德斯鸠、狄德罗、卢梭。博马舍是法国18世纪后期最重要的剧作家，代表作有戏剧《塞维尔的理发师》和《费加罗的婚礼》。19世纪上半叶文学艺术以浪漫主义和现实主义为主要标志。这一时期的杰出代表有维克多·雨果（代表作有小说《巴黎圣母院》、《悲惨世界》）、亚历山大·大仲马（代表作《基督山伯爵》和《三个火枪手》)、司汤达(代表作《红与黑》)、巴尔扎克(他的 90 多部小说冠以《人间喜剧》的总名称)、福楼拜(代表作《包法利夫人》)、乔治·桑(代表作小说《魔沼》)。19 世纪后半叶的文学有自然主义和象征主义两个主流派。代表作家有爱米尔·左拉(代表作小说《卢贡·玛卡家族》)、阿尔丰斯·都德(代表作《小东西》、《磨房书简》)、莫泊桑(代表作小说《羊脂球》和《米隆老爹》及《漂亮的朋友》)、亚历山大·小仲马(代表作《茶花女》)。20 世纪法国著名作家有马塞尔·普鲁斯特("意识流小说"鼻祖之一,代表作《追忆似水年华》)、安德烈·纪德(被称为"20 世纪法国文化史首屈一指的人物",代表作《背德者》和《伪币制造者》)、罗曼·罗兰(代表作《约翰·克利斯朵夫》)、罗歇·马丁·杜伽尔(因长篇小说《蒂波一家》而荣获诺贝尔文学奖)。

近现代,法国的艺术在继承传统的基础上颇有创新,出现了世界级绘画大师马奈、莫纳、雷诺阿、高更、塞尚。享誉世界的雕塑艺术大师有罗丹、乌东。

从 17 世纪开始,法国在工业设计、艺术设计领域的世界领先地位已是有目共睹。有关实用美术、建筑、时装设计、工业设计专业的学校也凭借其"法国制造"的商业硕果而闻名世界。

德彪西和柏辽兹是闻名世界的音乐大师。

法国人喜爱体育运动,比较流行的体育运动项目有足球、网球、橄榄球、地滚球、帆船、游泳、滑雪和自行车环形赛等。比较有名的大学有巴黎大学、里昂大学等。

戛纳国际电影节是世界五大电影节之一,每年 5 月在法国东南部海滨小城戛纳举行。它是世界上最早、最大的国际电影节之一,为期两周左右。1956 年最高奖为"金鸭奖",1957 年起改为"金棕榈奖"。

三　习俗礼仪

1. 节日庆典

法国重要的国家节日有:国庆日(7 月 14 日),遗产日(9 月第三个周六和周日)。

其他的传统节庆主要有:元旦(1 月 1 日),圣蜡节(2 月 2 日),愚人节(4 月 1 日),五一国际劳动节(5 月 1 日),停战节(11 月 11 日),诸圣节(11 月 1 日),圣诞节(12 月 25 日),复活节,耶稣升天节,圣灵降临节,圣母领报节(3 月 25 日),圣母升天节。

2. 饮食习俗

法国人的主食为米饭或面食。干鲜奶酪世界闻名，是法国人餐桌上的主要食品之一。口味偏爱酸甜。不爱吃无鳞鱼，也不爱吃辣味重的菜肴。不习惯喝开水。法国人喜欢中国的鲁菜、粤菜、苏菜。

法国是世界三大烹饪王国之一，对烹调技术极为重视。讲究菜肴的色、香、味、形，操作上很重视掌握火候。偏重于菜品的鲜嫩程度。对菜肴和酒的搭配很有讲究：饭前一般要喝度数不高的甜酒，称之为“开胃酒”；吃饭时要喝不带甜味的葡萄酒或玫瑰酒，吃肉时一般喝红葡萄酒，吃海味时喝白葡萄酒或玫瑰酒；饭后要喝带甜味的“消化酒”。每逢宴请还要喝香槟酒，以增加席间欢乐的气氛。

资料6-3

美食国度

法国菜以其口感的细腻、酱料的美味、餐桌布置的华美，而成为一种饮食艺术。法国佳肴多不胜数，包括鹅肝酱、海鲜、蜗牛、松露等。并且因为各地所产原料和当地人口味的不同，发展出多种多样的独特烹调方法，从而产生了变换无穷的美味。

奶酪是法国人餐桌上最重要的角色之一，可以拿来配菜、涂面包，甚至切成片直接吃。各地独具特色的奶酪构成法国餐饮的地方风味。

法国餐饮非常讲究配餐的酒水，一定要根据主菜配不同的葡萄酒，如吃红肉时喝红葡萄酒，吃海鲜时喝白葡萄酒。

资料6-4

法国葡萄酒文化

法国的葡萄酒文化是伴随着法国的历史与文明成长发展起来的。葡萄酒文化已渗透进法国人的宗教、政治、文化、艺术及生活的各个层面，与人民的生活息息相关。

对于法国人，无论是个人小酌，还是宾主联欢，葡萄酒都是永恒不变的主题。法国平均每人每年消费一百多公升葡萄酒。在法国，基本上吃一餐要喝三次酒，即餐前喝开胃酒，餐中喝佐餐酒，餐后喝消化酒。当然，这些酒都是以葡萄酒为主。

品酒方法是法国葡萄酒文化中不可忽视的细节。法国人普遍认为，如果在没有欣赏到葡萄酒的色泽和芳香之前把酒喝下去，就是放弃对喝酒最基本的享受。“在拿起酒杯前，必须停止说话。品尝前，向上举起酒杯，用眼观赏美酒饱满、清澈、亮丽的色泽，轻轻晃动酒杯，让酒香散溢开；再用鼻子嗅一嗅，然后开始品尝。”这些优雅而近乎烦琐的葡萄酒品酒礼仪，至今仍被尊为高级社交礼仪。

法国人从葡萄的种植，酒的生产及贮藏，到饮酒酒器和配餐等，都有深入的研究，学问之广博，令人为之感叹。法国政府和其他职能部门对葡萄酒的管理也近乎苛刻，甚至葡萄的种植密度、每年受阳光照射的时间、土壤的厚度、温度、贮藏在橡木桶中的时间等，都有严格的规定。

在法国，收获葡萄是农业生产中最重要的事件之一。每年新酒上市时，全国的大小餐馆都出售各种牌子的新葡萄酒，亲朋好友、同事恋人都去餐馆相聚，品尝新酒。空气中到处洋溢着丰收的节日气氛。

3. 社交礼仪

法国人见面一般行握手礼。男女之间和女子之间，常以亲面颊来代替相互间的握手。以“女士优先”为原则，以“殷勤的法国人”著称。讲话直率，好许诺。交谈要回避个人问题、政治和金钱之类的话题。

事先约会是惯例，准时赴约是礼貌的标志。但他们约会经常迟到，作为被约会的外国人最好别迟到。喜欢以鲜花（不要送玫瑰花或菊花）或巧克力之类作为拜访或赴宴时的礼物，但鲜花不能送双数。能激起人们思维和美感的礼物特别受欢迎，但印有公司名称显眼标志的礼品除外。

4. 禁忌

初次见面就送礼，被认为是不善交际，甚至还会认为行为粗鲁。对已婚女子不能称“小姐”，对老年妇女不能称“老太太”。忌讳打听他们的政治倾向、工资待遇以及私事。忌讳男人向女人赠送香水，以免有过分亲热或有“不轨企图”之嫌。男子不要送玫瑰花给已婚女子。忌讳数字“13”，忌讳核桃，厌恶墨绿色，忌用黑桃图案，商标上忌用菊花。视孔雀为恶鸟，忌讳仙鹤（认为它是蠢汉与淫妇的象征）、乌龟。

四　主要城市和旅游景点

法国是世界上最早发展旅游业的国家之一。法国文化灿烂，名胜古迹比比皆是；海滨优美，山川秀丽，旅游资源极为丰富。法国旅游业的最高行政管理机构是旅游部。

1. 巴黎

法国首都，欧洲大陆上最大的城市，也是世界上最繁华的都市之一。人口 215 万。地处法国北部中央，横跨塞纳河两岸。

巴黎是法国最大的工商业城市，工业生产总值约占全国的 1/4，工人数量约占全国的 1/5，汽车工业居全国首位。服装、化妆品、装饰品和家具等享有世界声誉，香水驰誉全球。巴黎还是法国的金融中心，世界重要金融市场之一。著名的巴黎国际博览会、现代化的特罗卡德罗展览馆，形成了一个可供常年展出的“博览会城”。

埃菲尔铁塔。巴黎的标志。坐落在巴黎市中心塞纳河南岸的马尔斯广场，1889 年为庆祝法国大革命 100 周年和在巴黎举行国际博览会而建，由古斯埃夫·埃菲尔设计。塔身有四座拱形支撑，呈“A”字形，钢铁结构，有玻璃外壳的电梯和楼梯直达塔顶。全塔高 320 米，塔楼分三层，三楼为眺望台，可远眺 70 千米以外的巴黎近郊地区。

卢浮宫。又称罗浮宫，位于塞纳河右岸，是法国文艺复兴时期最珍贵的建筑之一。始建于 12 世纪末，后经扩建和修缮，逐渐成为一座金碧辉煌的王宫。卢浮宫以收藏古典绘画和雕刻而闻名于世。从 16 世纪起，各代法国国王大规模收藏艺术品，充实卢浮宫。收藏艺术品达 40 万件，其中包括雕塑、绘画、美术工艺、古代东方、古代埃及、古希腊和古罗马等七大门类。收藏的珍品中以“宫中三宝”（即萨莫色雷斯的《胜利女神》雕像、米洛斯岛的《爱神维纳斯》雕像和达·芬奇的名画《蒙娜丽莎》）最为著名。卢浮宫与英国伦敦大英博物馆、俄罗斯圣彼得堡艾尔米塔什博物馆和美国纽约大都会博物馆并称世界四大博物馆。

巴黎圣母院。位于塞纳河中斯德岛上，是一座典型的哥特式教堂。因雨果的著名小说《巴黎圣母院》而出名。它是巴黎最古老、最大和建筑史上最出色的天主教堂。始建于 1163 年，由教皇亚历山大和法王路易七世共同主持奠基。工程历时近 200 年，直到 1345 年才最后完成。占地面积 5 500 平方米。它突破了传统教堂建筑模式，增加了外观艺术装饰，开创了一代建筑新风。它是欧洲早期哥特式建筑与雕刻的主要代表。

凯旋门。坐落在巴黎市戴高乐广场中央，为纪念拿破仑 1806 年 2 月在奥斯特尔里茨战役中打败俄奥联军而建。1806 年开工，历时 30 年建成。凯旋门高 50 米，宽 45 米，厚 22 米。四面各有一门，中心拱门宽 14.6 米。门上有许多精美的雕刻。内壁刻有拿破仑时代的将军名字和近百个胜利战役浮雕。12 条大街以凯旋门为中心，向四周辐射，气势磅礴。

凡尔赛宫。位于巴黎以西 20 千米处，1661 年由国王路易十四建造，以其奢华富丽和充满想象力的建筑设计闻名于世。包括皇宫城堡、花园、特里亚农宫等，是欧洲最宏大、最庄严、最美丽的皇家宫苑。

香榭丽舍大街。是横贯巴黎且最具特色、最繁华的街道之一。东起协和广场西至戴高乐广场，全长约 1 800 米，街道最宽处约 120 米。法文中“香榭丽舍”是“田园乐土”的意思。大街幽静的东段体现了田园风光，长约 700 米，街心花园夹在万木丛中时隐时现。西端的戴高乐广场中央有巍峨雄伟、遐迩闻名的凯旋门。大街附近有波旁宫、玛德琳娜大教堂、图勒里公园、卢浮宫、市府大厦和爱丽舍宫等名胜古迹。法国的一些重大节日——7 月 14 日国庆阅兵式、新年联欢都在这条著名的街道上举行。

枫丹白露宫。位于巴黎东南 60 千米处，是法国王室最大的王宫。“枫丹白露”意为“美泉”。建于 1527 年，为意大利文艺复兴式和法国传统风格交融的宫廷建筑。以金碧辉煌的宫苑和浓郁苍翠的森林而闻名，有“宫殿中的宫殿”的美誉，也是具有典型西方艺术特色的室内装饰博物馆。

乔治·蓬皮杜国家艺术中心。位于巴黎，是一座设计新颖、造型特异、用钢铁和玻璃建成的现代化建筑，有“文化工厂”之称。中心由大众知识图书馆、现代艺术馆、工业制造中心和音乐音响协调与研究中心四个部分组成。它是世界上最大的现代艺术博物馆。

2. 里昂

位于索恩河和罗讷河交汇处。人口 41.3 万。处在地中海通往欧洲北部的交通要道上。长期为法国政治中心。19 世纪的法国多次工人起义在此爆发。历史上曾为西方丝织业中心，现为工业基地之一，为化学纤维的主要产地。

罗马剧场。里昂有一大一小两座罗马圆形剧场。其中大剧场是法国最古老的剧场，建于公元前 15 年，可容纳 3 万人。直至今天，仍然可以用作演出。

高卢—罗马文化博物馆。在考古遗址上建成的博物馆，收藏有大量的高卢考古珍品。依山势而建，入口处设在五楼，每经一朝代，便下一层楼。最珍贵的文物是 1528 年发现的克劳狄青铜板，上面铭刻着罗马皇帝克劳狄一世于 48 年在元老院的演说。

圣让首席大教堂。位于索恩河畔。始建于 1180 年，历时三个世纪。教皇约翰二十二世在此举行了加冕典礼；1600 年，亨利四世与玛利亚皇后在此举办了盛大婚典。

3. 马赛

法国第二大城市，人口 162 万。位于地中海沿岸，是法国最大的商业港口，也是地中海最大的商业港口。

马赛港由马赛、拉韦拉、福斯和罗纳圣路易四大港区组成，为法国对外贸易最大门户。马赛是法国的一个重要工业中心，集中了法国 40%的石油加工业和 70%的修船工业。马赛三面被石灰岩山丘所环抱，景色秀丽，气候宜人。每年接待游客达 300 万人次以上，是法国接待游客人数最多的城市之一。

圣母加德大教堂。马赛的象征，建在一个 150 米高的山丘上。大教堂主体建筑上方有一座高达 9.7 米的镀金圣母像。

4. 戛纳

法国地中海岸边的一座小城，人口 9 万。风景秀丽，气候宜人。戛纳电影节一年一次在此举行。电影节的建筑群坐落在 500 米长的海滩上。其中包括 25 个电影院和放映室，中心是高六层的电影节宫。

5. 尼斯

法国南部地中海沿岸城市，法国第五大城市，第二大空港。地处马赛和意大利热那亚之间，有各式各样的博物馆、美术馆、花园、喷水池，为主要旅游中心和首选度假地。

葛拉斯。香水之城，是尼斯西北部的一个小山城。环绕着该城的香水工厂有 30 多家。葛拉斯的乡村到处种满了各种香花，为香水的生产原料。该城市建有“国际香水博物馆”。

6. 勃朗峰

为欧洲最高峰，是久负盛名的旅游中心，一年四季均可开展旅游活动。夏季是避暑胜地，冬季是赏雪、滑雪的好地方，春秋两季丛林蓊郁、鸟语花香，可骑马、钓鱼、打高尔夫球等。

第二节　英　国

英国，国名全称“大不列颠及北爱尔兰联合王国”，简称联合王国或英国。英国历史上的名称颇多，有联合王国、大英帝国、不列颠帝国、英格兰、英联邦、英伦三岛等，习惯称“英国”。“不列颠”一词来源于克尔特语，意为“杂色多彩”，是指古代部族人身上喜涂各种色彩。因曾有部分不列颠人迁居法国，故将本土称为“大不列颠”。过去，大不列颠岛西部的大岛爱尔兰岛都属于英国范围，当时英国的国名为“大不列颠及爱尔兰联合王国”，1921 年 12 月，爱尔兰南部 26 郡成立自由邦以后，改称“大不列颠及北爱尔兰联合王国”。首都伦敦。

一　基本国情

1. 地理气候

英国是位于欧洲西部的岛国，被北海、英吉利海峡、凯尔特海、爱尔兰海和大西洋包围，由大不列颠岛（包括英格兰、苏格兰、威尔士）以及爱尔兰岛东北部的北爱尔兰和一些小岛（海外领地）组成。面积 24.41 万平方千米。隔北海、多佛尔海峡、英吉利海峡与欧洲大陆相望，陆界与爱尔兰共和国接壤。英国地形分为英格兰东南部平原、中西部山区、苏格兰山区、北爱尔兰高原和山区等四部分。主要河流有塞文河和泰晤士河。北爱尔兰的内伊湖，又名尼斯湖，为英国最大的湖泊。

英国属于温带海洋性气候，终年温和湿润。通常最高气温不超过 32 ℃，最低气温不低于－10 ℃，1 月平均气温 4～7 ℃，7 月平均气温 13～17 ℃。多雨雾，秋冬季尤甚。年平均降水量约 1 000 毫米。

2. 发展简史

公元前，居住在地中海的伊比利亚人、比克人、凯尔特人先后来到不列颠。1～5 世纪，大不列颠岛东南部为罗马帝国所统治。罗马人撤走后，欧洲北部的盎格鲁人、撒克逊人、朱特人相继入侵并定居。7 世纪开始形成封建制度，成立有 7 个王国，争雄达 200 年之久，史称“盎格鲁—撒克逊时代”。829 年威塞克斯国王爱格伯特统一英格兰。9 世纪末遭丹麦人侵袭，1016—1042 年为丹麦帝国的一部分。其后经英王短期统治，1066 年诺曼底公爵渡海征服英格兰。1338—1453 年，英法进行“百年战争”，英国先胜后败。1588 年英国击败西班牙“无敌舰队”，树立海上霸权。1640 年英国爆发资产阶级革命，成为世界资产阶级革命的先驱。1649 年 5 月 19 日宣布成立共和国。1660 年王朝复辟，1688 年发生“光荣革命”，确定了君主立宪制。1707 年英格兰与苏格兰合并，1801 年又与爱尔兰合并。18 世纪后半叶至 19 世纪上半叶开展工业革命，成为世界上第一个完成工业革命的国家。19 世纪是大英帝国的全盛时期，成为世界第一殖民大国，自称“日不落帝国”。第一次世界大战后开始衰败。英国于 1920 年设立北爱尔兰郡，并于 1921—1922 年允许爱尔兰南部脱离其统治，成为独立国家。1931 年颁布《威斯敏斯特法案》，被迫承认其自治领在内政、外交上独立自主，大英帝国殖民体系从此动摇。第二次世界大战中经济实力大为削弱，政治地位下降。随着 1947 年印度和巴基斯坦的相继独立，20 世纪 60 年代，英帝国殖民体系瓦解。1973 年 1 月加入欧共体。

资料6-5

英国王室文化

英国王室是世界上目前仅存的几个王室之一，其社会功能虽然在退化，但它的旅游价值却在提高。英国王室领地对外开放的地方越来越多，不仅有已不使用的老王宫、伦敦塔，也有现在依然使用的温莎古堡和肯辛顿宫等，常年对外开放。女王现在的办公地白金汉宫，在每年的8～9月女王休假时对游客开放。除此之外，白金汉宫每天的换岗仪式和一年一度的女王生日阅兵等对游客都具有很强的吸引力。

3. 人口与居民

英国人口6 235万，其中英格兰占83.9%、苏格兰8.4%、威尔士4.8%、北爱尔兰2.9%。

官方和通用语均为英语。

英国居民多数信奉基督教新教，主要分英格兰教会（也称英国国教圣公会）和苏格兰教会（也称长老会）。另有天主教会和佛教、印度教、犹太教及伊斯兰教等宗教社团。

4. 国旗、国徽、国歌、国花、国鸟、国石

国旗：呈横长方形，长与宽之比为2∶1。为“米”字旗，由深蓝底色和红、白色“米”字组成。此旗产生于1801年，是由原英格兰的白地红色正十字旗、苏格兰的蓝地白色交叉十字旗和爱尔兰的白地红色交叉十字旗重叠而成。旗中带白边的红色正十字代表英格兰守护神圣乔治，白色交叉十字代表苏格兰守护神圣安德鲁，红色交叉十字代表爱尔兰守护神圣帕特里克。

国徽：即英王徽。中心图案为一枚盾徽，盾面左上角和右下角为红地上三只金狮，象征英格兰；右上角为金地上半站立的红狮，象征苏格兰；左下角为蓝地上金黄色竖琴，象征北爱尔兰。盾徽两侧为代表英格兰的头戴王冠的狮子和代表苏格兰的独角兽。盾徽周围用法文写着一句格言，意为“恶有恶报”；下端悬挂着嘉德勋章，饰带上写着“天有上帝，我有权利”。盾徽上端为镶有珠宝的金银色头盔、帝国王冠和头戴王冠的狮子。

国歌：《天佑女王》。

国花：玫瑰花。

国鸟：红胸鸲。

国石：钻石。

5. 政治与经济

英国实行君主立宪内阁责任制。国王是国家元首、最高司法长官、武装部队总司令和英国圣公会的“最高领袖”，但实权在内阁。议会是最高司法和立法机构，由国王、上院和下院组成。政府实行内阁制，在议会选举中获多数席位的政党领袖出任首相并组阁，由国王任命，向议会负责。苏格兰另有自己独立的法律体系。英国主要政党有工党、保守党、自由民主党等。

英国是世界经济强国之一，国内生产总值在西方国家中居前列，是世界上第六大经济体、欧盟内第三大经济体。英国是欧盟中能源资源最丰富的国家，也是世界石油和天然气的主要生产国。主要能源有煤、石油、天然气、核能和水力等。主要工业有采矿、冶金、机械、电子仪器、汽车、食品、饮料、烟草、轻纺、造纸、印刷、出版、建筑等。服务业占国内生产总值的3/4，制造业仅占不到1/5。主要农业产业有畜牧、粮食、园艺、渔业等。旅游业是英国最重要的经济部门之一。

英国法定货币为英镑（£）。1英镑＝100便士。

二 文化艺术

14世纪时，杰弗利·乔叟为英国人文主义文学的最早代表，“英国诗歌之父”，其代表作是短篇故事集《坎特伯雷故事集》。威廉·莎士比亚是文艺复兴时期最伟大的剧作家和诗人，一生留下37部戏剧，如《哈姆雷特》、《罗密欧与朱丽叶》、《奥赛罗》等。18世纪的笛福被称为现代小说之祖，代表作有《鲁滨孙漂流记》、《女混混》。19世纪，出现了浪漫主义诗人拜伦、批判现实主义小说家狄更斯、戏剧家兼评论家萧伯纳等一批文学巨匠。

英国文化产业发达。全国约有2 500家博物馆和展览馆对外开放，其中大英博物馆、国家美术馆等闻名于世。大的国家博物馆还有维多利亚和阿尔伯特博物馆、国家画廊、自然历史博物馆、科学博物馆等，其他还有专项博物馆如战争博物馆、邮政博物馆、交通博物馆、扇了博物馆、玩具博物馆等。很多小的博物馆以特色取胜，如伦敦桥附近的“旧手术教室”博物馆，曾经是英国最古老的医院，保留着19世纪早期没有麻醉药和消毒药时的原貌。伦敦地牢博物馆展现了英国历史上最血腥残忍的事件。丘吉尔故居、莎士比亚故居、弗洛伊德纪念馆、狄更斯纪念馆、南丁格尔纪念馆、济慈故居等都是形式内容俱佳的博物馆。

英国拥有多样的音乐文化。古典音乐方面，英国的知名交响乐队有BBC交响乐队、皇家爱乐乐队、爱乐乐队、伦敦交响乐队以及伦敦爱乐乐队等。知名的作曲家有珀塞尔、埃尔加、霍尔斯特、沃恩·威廉斯、安德鲁·洛伊·韦伯等。现代流行音乐中代表乐队有奇想乐队、皇后乐队、甲壳虫乐队、冲击合唱团、铁娘子乐团等。

伦敦有百多座剧院和音乐厅，常年吸引着国内外游客，既有《歌剧院的幽灵》、《悲惨世界》和莎士比亚戏剧等几十年长演不衰的传统节目，也有现代和前卫的艺术表演。英国皇家芭蕾舞团、伦敦交响乐团等艺术团体具有世界一流水准。每年举行500多个专业艺术节，其中爱丁堡国际艺术节是世界上最盛大的艺术节之一。

英国大量珍贵的古式建筑被保留了下来，其中包括当今仍然为人所用的马尔伯勒公爵的布莱尼姆宫、德文郡公爵的察兹沃斯宫、巴斯侯爵的朗利特庄园。这些都是都铎王朝、汉诺威王朝、温莎王朝及其他历史时期的王公贵族修建的私人庄园和宅邸，它们是英国历史建筑的典型代表。

散布在城镇乡村的很多私人庄园和宅邸，古老的城墙、城楼以及独特的建筑物和其他有纪念意义的建筑物，都作为英国的历史遗产而得到了积极保护。如古老的采矿场塔楼、工业革命时期的磨房和工厂、托马斯·特尔福德修建的铁桥及其他桥梁、钢铁建筑的杰作——福斯大桥，以及造型优美的克里夫敦悬索桥等。

资料6-6

欧洲园林

欧洲园林，又称为西方园林，主要是以古埃及和古希腊园林为渊源，有法国古典主义园林和英国自然风景式园林两大流派，以人工美的规则式园林和自然美的自然式园林为造园风格，思想理念、艺术造诣精湛独到。

欧洲园林覆盖面广，它以欧洲本土为中心，势力范围囊括欧洲、北美、南美、澳大利亚等四大洲，对南非、北非、西亚、东亚等地区的园林发展产生了重要影响。

欧洲园林为规则式园林，具有明显的风格特征：气势恢宏，视线开阔；严谨对称，构图均衡；花坛、雕像、喷泉等装饰丰富；体现了庄重典雅、雍容华贵的气势。

三 习俗礼仪

1. 节日庆典

英国重要的国家节日有：1831年开始的一年一次的科学节，1994年开始的每年3月的科学周。

其他的传统节日是：新年或元旦，圣瓦伦丁节或情人节，愚人节，耶稣受难日，圣星期六，复活节，耶稣升天节，五一劳动节，春假（5月最后一个星期一），母亲节（5月第二个星期日），夏季公假（8月最后一个星期一），哥伦布日（10月12日），万圣节前夕（10月31日），万圣节（11月1日），第一、二次世界大战的停战纪念日（11月11日），圣诞节，节礼日。

2. 饮食习俗

英国人饮食主要是英式西餐或法式西餐。口味喜欢清淡酥香、鲜嫩，喜吃酸甜、微辣味。喜爱的烹饪方式有烩、烧烤、煎和油炸。对肉类、海鲜、野味的烹调均有独到的方式。“烤牛肉加约克郡布丁”被称为国菜。喜欢在餐桌上备放置调味品。不吃动物的头、足和内脏。不吃狗肉。就餐时对服饰、就餐方式等都有规定。有早晨喝“被窝茶”，午后喝“过午茶”的习惯。喜欢中国的京菜、川菜、粤菜。

3. 社交礼仪

英国是“绅士淑女”之国，重视女士优先的原则，注重礼仪。英国人比较内向，感情不轻易外露，凡事讲传统，循规矩，办事认真，比较矜持。初次见面一般行握手礼，女子行屈膝礼。男子遇见朋友戴有帽子时，有微微把帽子揭起“点首为礼”的习惯。

英国人喜欢在姓名的后面加荣誉头衔称呼。有自觉排队遵守公共秩序的习惯，等待载人电梯都在右边排队。在拥挤的场所习惯保持距离，避免碰撞。约会应准时赴约，可迟到几分钟，但不能提前早到，并应准备一些小礼物。餐后一般应进行社交谈话，如果用完餐就告辞是非常不礼貌的。谈话时不喜欢距离过近，一般以0.5米以上为宜。

4. 禁忌

英国人忌讳过问活动去向、政治倾向及个人生活上的问题，忌讳以王室的家事作为谈笑的话题。忌讳四人交叉式握手，因为四人的手臂正好形成一个十字架。忌讳在众人面前相互耳语。忌讳数字“13”和“3”。讨厌墨绿色，认为会给人带来懊丧。忌讳黑色，不喜欢绿色和紫色。忌讳黑猫，尤其是黑猫从面前穿过，认为这预示这个人将要遭到不幸。忌讳送菊花、百合花、红玫瑰，枝数和花朵数不能是“13”或双数，鲜花不用纸包扎。忌讳山羊图案、大象图案、黑猫图案、孔雀图案、菊花图案、蝙蝠图案、百合花图案。

四　主要城市和旅游景点

英国人文资源丰富，以历史文化遗迹与建筑最有吸引力，英国的王室文化和博物馆文化是旅游业的最大亮点。旅游业是英国最重要的经济产业之一。英国旅游管理设置有英国旅游局、英格兰旅游委员会、苏格兰旅游委员会和威尔士旅游委员会等四个行政机构。其中英国旅游局为政府机构，隶属于就业部。其他三个为半官方机构，主要职能是宣传促销与旅游合作。

1. 伦敦

英国首都。位于英格兰东南部的平原上，跨泰晤士河，距离泰晤士河入海口 88 千米。面积 1 580 平方千米，人口 718 万。早在 3 000 多年前，伦敦地区就是当时英国人居住的地方。伦敦市分为伦敦城、西伦敦、东伦敦、南区和港口。伦敦城是金融和贸易中心，西伦敦是英国王宫、首相官邸、议会和政府各部所在地，东伦敦是工业区和工人住宅区，南区是工商业和住宅混合区，港口指伦敦塔桥至泰晤士河河口之间的地区。

伦敦不仅是英国的政治中心，还是许多国际组织总部的所在地，其中包括国际海事组织、国际合作社联盟、国际笔会、国际妇女同盟、社会党国际、大赦国际等。

大英博物馆。英国最大的博物馆，又名不列颠博物馆，是世界上历史最悠久、规模最宏伟的综合性博物馆。收藏了世界各地的许多文物和图书珍品，藏品之丰富、种类之繁多为全世界博物馆之最。大英博物馆为世界四大博物馆之一。始建于 1753 年，1759 年对外开放，现有建筑为 19 世纪中叶所建。共有 100 多个陈列室，有展品 400 多万件。主要分为埃及文物馆、希腊罗马文物馆、西亚文物馆、欧洲中世纪文物馆和东方艺术文物馆。

伦敦塔。位于泰晤士河北岸的塔山上，是一个占地 7.2 万平方米，英国罗曼式城堡建筑，由城堡、炮台和箭楼等组成。建于 1078 年，当时是外族征服者威廉建造的一个军事城堡。中心塔是高约 27 米的白塔，周围有 13 座塔。从 12 世纪起，历代国王在这里修建王宫、教堂。其中的血塔被国王专门用来囚禁政治要犯及国王的死敌，是一座死牢，相当于国家监狱。伦敦塔现为英国珍宝博物馆，保存有古代武器、历代王冠和王室珍宝等珍贵文物，其中一根镶有大宝石的皇杖最为珍贵。

伦敦塔桥。从伦敦泰晤士河口算起的第一座桥，也是伦敦的象征，有“伦敦正门”之称。始建于 1886 年。两座高耸的方形主塔，高 40 多米，跨度 60 多米。塔基和两岸用钢缆吊桥相连。桥身分为上、下两层，上层为悬空人行道，下层可供车辆通行。

白金汉宫。英国王宫。位于伦敦詹姆士公园西侧。因 1703 年为白金汉公爵所建而得名，最早称白金汉屋，意思是“他人的家”。1761 年由英王乔治三世购得，作为王后的住宅，称为女王宫。1825 年，英王乔治四世重建，作为王宫。从 1837 年起，英国历代国王都居住在这里。白金汉宫有宴会厅、典礼厅、音乐厅、画廊、图书馆、皇家集邮室等 600 多个厅室。宫门前广场每天举行的皇家卫队换岗仪式是重要观光项目。

大本钟。位于威斯敏斯特桥的南面桥头，与英国议会大厦相连，位于英国议会大厦的北角。建于 1858 年，高 79 米，四面的圆形钟盘直径 6.7 米。它是伦敦的传统地标，为伦敦市的标志、英国的象征。

威斯敏斯特宫。又称英国国会大厦。建于 11 世纪中叶，曾是英国主要王宫，从 1547 年起为英国国会驻地。它是英国哥特式建筑的代表作，也是世界上最大的哥特式建筑之一。

威斯敏斯特教堂。位于伦敦议会广场西南侧，又名西敏寺。始建于 1050 年，以后历代增建。英国哥特式建筑的杰作，是历代国王加冕登基和王室成员举行婚礼的地方。教堂后部的墓地，葬有 20 多位国王和许多著名的文学家、艺术家、政治家、军事家和科学家，如莎士比亚、狄更斯、达尔文、牛顿、丘吉尔等。所以威斯敏斯特教堂被视为英国“荣誉的宝塔尖”。

圣保罗大教堂。建于 1675—1710 年，高约 33 米，是伦敦规模最大的教堂，为英国古典主义建筑的代表作。

2. 爱丁堡

英国北部城市，苏格兰首府，经济和文化中心。位于苏格兰中部低地、福斯湾的南岸。面积 260 平方千米，人口 44 万。1329 年建市，1437—1707 年为苏格兰王国首都。有造纸、印刷出版、造船、化工、核能、电子、电缆、玻璃和食品等工业。旅游业兴盛，是英国仅次于伦敦的旅游城市，有古城堡、大教堂、宫殿、艺术陈列馆等名胜古迹。

爱丁堡城堡。耸立在死火山岩顶上，是爱丁堡和苏格兰的象征。6 世纪时建成，为皇室堡垒。1093 年玛格丽特女王逝于此地，自此成为重要的皇家住所和国家行政中心，直到 16 世纪初荷里路德宫落成。现在，爱丁堡城堡是苏格兰国家战争博物馆、苏格兰联合军队博物馆所在地。

3. 牛津

牛津大学校园就是城市，城市就是校园。位于泰晤士河与查韦尔河交汇处。“津”意为渡口，泰晤士河和查韦尔河在此会合，当时河水不深，用牛拉车即可涉水而过，牛津由此得名。13 世纪，众多修道士聚集在牛津，后来逐渐形成了大学。

现在的牛津城中 40 多所学院散布全城，共有学生 1 万多人。包括这些学院的校舍在内，整个牛津共有 900 多幢历史建筑。不仅是英国的学术中心，也是全世界知名度最高的大学之一。

4. 剑桥

剑桥是座传统大学城，人口 9.2 万。剑桥的原意是指“剑河上的桥”，剑河是当地一条环城河流。这条曲折蜿蜒的小河，两岸杨柳垂丝、芳草萋萋，河上架设着许多设计精巧、造型美观的桥梁，其中以数学桥、格蕾桥和叹息桥最为著名。

剑桥大学在自然科学方面的成就尤其突出，产生了牛顿、达尔文等开创科学新纪元的科学大师。60 多位诺贝尔奖得主曾在剑桥留下足迹，这在全世界都是少有的。因此，剑桥被称为“自然科学的摇篮”。

5. 巴斯

位于英格兰西南部，邻近威尔士。巴斯风光秀丽，历史悠久，有许多名胜古迹和自然风景。两千年前，古罗马帝国在此建立了温泉澡堂。18 世纪时，英国政府将巴斯设计成具乔治王朝风格的城镇，温泉地也逐渐成为高级游乐区。

罗马浴池博物馆。在古罗马帝国浴池遗址上建立的博物馆，为巴斯的标志景观。保存有许多罗马帝国时代建造的温泉浴室，以及神殿遗迹、神像、许愿池和各种礼器文物，还用电视片制作了复原图像，描述出这个浴池 400 年的兴衰和当年的功能与习俗。

6. 约克

英国英格兰东北部城市，北约克郡首府，人口 10.3 万。位于福斯河与乌斯河的交汇处，由罗马人兴建，有两千多年的历史，曾为罗马军事要塞，英格兰北部教区首府，设有约克大主教的教区总教堂。中世纪时发展成港口和商业中心，现为农产品和畜产品集散地，重要的铁路枢纽。旅游业很发达，有城堡博物馆、铁道博物馆等主要景点。

7. 贝尔法斯特

位于爱尔兰岛东北沿海的拉干河口，贝尔法斯特湾的西南侧。北爱尔兰的首府，人口 27 万。始建于 1888 年，北爱尔兰政治、文化中心和最大的工业城市。工业基础雄厚，造船业具有悠久的历史，著名的“泰坦尼克号”在这里建造。

第三节　德　国

德国，国名全称“德意志联邦共和国”。“德意志”一词，在古高德语中，是“人民的国家”、“人民的土地”的意思。首都柏林。

一　基本国情

1. 地理气候

德国位于欧洲中部，东邻波兰、捷克，南接奥地利、瑞士，西界荷兰、比利时、卢森堡、法国，北与丹麦相连濒临北海和波罗的海。面积 35.7 万平方千米。德国地势北低南高，分为四个地形区：北德平原，平均海拔不到 100 米；中德山地，由东西走向的高地块构成；西南部莱茵断裂谷地区，两旁是山地，谷壁陡峭；南部的巴伐利亚高原和阿尔卑斯山区，其间拜恩阿尔卑斯山脉的主峰祖格峰海拔 2 963 米，为全国最高峰。主要河流有莱茵河、易北河、威悉河、奥得河、多瑙河。较大湖泊有博登湖、基姆湖、阿莫尔湖、里次湖。

德国西北部温带海洋性气候较明显，往东、南部逐渐向温带大陆性气候过渡。1 月平均气温 1.5 ℃～6 ℃，7 月平均气温 18 ℃～20 ℃。年降水量 500～1 000 毫米，山地则更多。

2. 发展简史

公元前，德国境内就居住着日耳曼人，2～3 世纪逐渐形成部落，日耳曼部落的方言被称为“德意志”。10 世纪初形成德意志早期封建国家，13 世纪中期走向封建割据。18 世纪初奥地利和普鲁士崛起，根据 1815 年维也纳会议，组成德意志邦联。1848 年德国各地爆发革命，普鲁士于 1866 年的“七星期战争”中击败奥地利后，建立北德意志联邦，1871 年统一的德意志帝国建立。该帝国 1914 年挑起第一次世界大战，1918 年因战败而宣告崩溃。1919 年 2 月德意志建立魏玛共和国。1933 年希特勒上台实行独裁统治，于 1939 年发动第二次世界大战，1945 年 5 月 8 日德国战败投降。根据《雅尔塔协定》和《波茨坦协定》，德国分别由美、英、法、苏四国占领，并由四国组成盟国管制委员会接管德国最高权力。柏林市也划分成四个占领区。1948 年 6 月，美、英、法三国占领区合并，翌年 5 月 23 日成立德意志联邦共和国。同年 10 月 7 日，苏占区成立德意志民主共和国。德国从此正式分裂为两个主权国家。1990 年 10 月 3 日民主德国并入联邦德国，分裂的德国重新统一。

3. 人口与居民

德国人口 8 175.2 万。90%以上的居民属德意志民族。有少数丹麦人和索布族人，还有 719.9 万外籍人，占人口总数的 8.8%。

通用语言为德语。

德国居民中，36%的人信奉基督教新教，34%的人信奉天主教。此外，还有人信奉伊斯兰教和犹太教。

4. 国旗、国徽、国歌、国花、国鸟、国石

国旗：呈横长方形，长与宽之比为 5∶3。自上而下由黑、红、黄三个平行相等的横长方形相连而成。联邦政府机构和驻外使馆等悬挂带有黑鹰图案的国旗。

国徽：土金黄色的盾徽。盾面上是一只红爪红嘴、双翼展开的黑鹰，黑鹰象征着力量和勇气。

国歌：《德意志之歌》。

国花：矢车菊，又名蓝芙蓉、荔枝菊、翠蓝。

国鸟：白鹳。

国石：琥珀。

5. 政治与经济

德国实行联邦议会共和制政体，遵循三权分立的原则。总统为国家元首，由联邦大会选举产生。内阁由总理及各部部长组成。总理为政府首脑，由联邦议院选举产生。议会由联邦议院和联邦参议院组成。主要政党有基督教民主联盟、基督教社会联盟、德国社会民主党、自由民主党、左翼党、绿党、德国共产党等。

德国是高度发达的工业国。经济总量位居欧洲首位、世界第四。工业以重工业为主，汽车、机械制造、化工、电气等占工业产值的 40%以上。食品、纺织与服装、钢铁、采矿、精密仪器、光学以及航空与航天工业也很发达。农业发达，机械化程度高。旅游业、交通运输业发达。服务业为德国经济新的支柱。

德国货币流通欧元。

二　文化艺术

德国素有“诗人和哲人的国度”之誉称。受意大利文艺复兴的影响，德国的 18 世纪文学走向巅峰。歌德、席勒、海涅是享誉世界的伟大诗人。歌德的代表作有小说《少年维特之烦恼》，诗歌《浮士德》。席勒的代表作有剧本《强盗》、《阴谋与爱情》等。莱辛和格林兄弟也是杰出的代表。20 世纪最

著名的作家有托马斯·曼、海因利希·曼和贝托尔特·布莱希特。作家海因利希·伯尔和贡特·格拉斯分别于1972年和1999年获得诺贝尔文学奖。

马克思、恩格斯是伟大的哲学家，马克思主义的创始人。康德、黑格尔、费尔巴哈、尼采都是世界著名的哲学家。

音乐是德国人生活中不可缺少的一部分。德国在各个不同时期造就了众多的享誉世界的音乐大师，如巴赫、贝多芬、舒伯特、门德尔松、舒曼、勃拉姆斯、瓦格纳等。贝多芬对近代西洋音乐的发展有深远的影响，主要作品有交响乐九部，其中尤以《英雄》（第三）、《命运》（第五）、《田园》（第六）、《合唱》（第九）最为著名。柏林爱乐乐团享誉世界。

丢勒是欧洲文艺复兴时期最杰出的美术家之一，代表作有油画《四圣图》、木刻组画《启示录》、铜版画《骑士、死神、魔鬼》。

德国有3 000多座博物馆，收藏内容十分丰富。此外，每年都举行各种艺术节、博览会和影展等。法兰克福和莱比锡是德国图书出版业中心。德国图书出版量在世界上仅次于美国占第二位。教堂、宫殿和古堡是德国重要的文化遗产。

资料6–7

德国啤酒文化

德国是世界上啤酒消耗量最大的国家，德国人酷爱喝啤酒。因此，德国形成了一种特殊的“啤酒文化”：悠久的历史、古老的传说和各式的酿制方法，还有专属的节庆和舞蹈。

在德国最著名的啤酒之乡巴伐利亚，啤酒的历史可以追溯到公元前的古罗马时代。在巴伐利亚北部的库姆巴赫发现了有近3 000年历史的盛啤酒的容器。1516年巴伐利亚公国的威廉四世大公颁布了“德国纯啤酒令”，规定德国啤酒只能以大麦芽、啤酒花和水三种原料制作，所以近五百年来德国啤酒即成为了所谓纯正啤酒的代名词。今日的德国为世界啤酒生产大国，境内共有1 300家啤酒厂，生产的啤酒种类达五千多种。而根据官方统计，每个德国人平均每年消费138公升的啤酒，特别是在每年慕尼黑啤酒节期间，啤酒消耗高达600万公升。

慕尼黑啤酒节，又称“十月节”，每年9月末到10月初在德国的慕尼黑举行，持续两周，是慕尼黑一年中最盛大的活动。世界上的许多城市都效法慕尼黑举办“十月节”。慕尼黑啤酒节可以追溯到1810年。当年巴伐利亚王子路德维希和特蕾瑟公主于10月完婚，官方的庆祝活动持续了五天。人们聚集到慕尼黑城外的大草坪上，唱歌、跳舞、观看赛马和痛饮啤酒。从此，这个深受欢迎的活动便延续下来，流传至今。慕尼黑啤酒节设在慕尼黑市中心占地 42 万平方米的广场。它最大的特点是狂欢，一种有着浓郁巴伐利亚风情的狂欢，热情奔放，无拘无束。

三　习俗礼仪

1. 节日庆典

德国除宗教节日外，重要的国家节日有：元旦（1 月 1 日），国庆日（10 月 3 日），纳粹受害者纪念日（1 月 27 日），民主日（5 月 7 日）。

2. 饮食习俗

德国人饮食特色是“大块吃肉，大口喝酒”。主食大多为炖或煮的肉类，肉食占突出的地位。早餐最为丰盛，品种非常丰富。口味清淡，喜酸甜味，不爱吃油腻、过辣的菜肴。有喝啤酒的习俗。喜欢吃中国餐食。

3. 社交礼仪

德国人在社交场合举止庄重，讲究风度。见面一般行握手礼。熟人朋友和亲人相见时，行拥抱礼。乐于称呼头衔，对刚相识者不宜直呼其名。

德国人纪律严明，对工作一丝不苟，时间观念很强，讲究工作效率，重诺言，重认真履行契约。任何安排的变动都必须事先通知对方，进行协商。一旦约定时间，迟到或过早抵达都会被视为不懂礼貌。在谈判时态度明朗，谈生意时一般使用商业名片。

4. 禁忌

德国人忌讳年龄、工资、信仰、婚姻状况等私人话题，以及涉及纳粹、宗教与党派之争的话题。不喜欢听恭维话，更不爱听过分的恭维话，认为过分的恭维实际上是对人的看不起，甚至是对人的污辱。忌讳在公共场所窃窃私语（夫妻和恋人间除外）。忌讳目光盯视他人，认为那有不轨之嫌。忌讳四人交叉握手。不喜欢客人赠送玫瑰花，因为玫瑰花在德国有浪漫的含义。生日不得提前祝贺。忌讳数字“13”和“星期五”。忌食核桃，认为核桃是不吉祥之物。忌讳蔷薇、菊花，认为这些花是为悼念亡者所用的，不能随意作为礼品送人。

四　主要城市和旅游景点

德国旅游资源丰富，旅游业发达。德国旅游管理机构分为四级，即联邦级、州级、地方级和行业协会级。德国国家政府没有专设旅游管理机构，有关旅游的事务分别由 17 个部委负责，联邦议会经济委员会下设旅游委员会协调各部委的旅游管理工作。旅游管理主要由德国旅游协会承担。

1. 柏林

德国首都。位于欧洲的心脏，东西方的交会点。面积 883 平方千米，其中公园、森林、湖泊和河流约占城市总面积的 1/4，整个城市在森林和草地的环抱之中。人口约 339 万。

柏林始建于 1237 年，是著名的欧洲古都，也是欧洲的旅游胜地，有很多古典建筑和现代建筑群。古典与现代建筑艺术互相映衬，相得益彰，体现了德意志建筑艺术的特色。柏林也是德国文化最大的对外窗口。

勃兰登堡门。位于柏林市中心菩提树大街和“6 月 17 日”大街的交会处，是柏林市区著名的游览胜地和德国统一的象征。始建于 1753 年，普鲁士国王腓特烈·威廉二世为庆祝统一德意志帝国而建立。城门高 20 米，宽 65.6 米，进深 11 米，门内有 5 条通道，中间的通道最宽。此门建成之后曾被命名为“和平之门”。

柏林墙。正式名称为反法西斯防卫墙，是在第二次世界大战后，德意志民主共和国在己方领土上建立的围墙，目的是阻隔东西柏林之间市民的往来。柏林墙是二战以后德国分裂和冷战的重要标志性建筑。1961 年建造，1990 年拆除，两德重归统一。

2. 汉堡

位于易北河、阿尔斯特河与比勒河三河交汇处，距北海入口处约 100 千米。面积 755 平方千米，人口 170 万，是仅次于柏林的德国第二大城市，也是世界上著名的“水上城市”之一。桥梁数量超过 2 300 座，是欧洲拥有桥梁最多的城市。汉堡港是重要的水上枢纽，被称为“德国通往世界的大门”。

汉堡是德国绿化最好的城市，被称为“绿城”。市区中央的阿尔斯特湖风景如画，与其南面的五个大教堂尖塔交相辉映。巴洛克风格的米歇尔教堂是汉堡的象征。

3. 科隆

德国西部最大的城市，人口接近 100 万。科隆在德国属于比较古老的城市，公元前 38 年罗马人就在此设要塞，公元 50 年发展成为罗马帝国的一个城市。城内遍地是珍贵的历史文化遗迹，最有代表性的是科隆大教堂，它是该城市的象征。科隆也是世界闻名的香水生产基地，“科隆之水”是香水的代名词。

科隆大教堂。位于科隆市中心的莱茵河畔，是世界上最完美的哥特式教堂。始建于 1248 年，1880 年竣工，历时 632 年，占地 8 000 平方米，建筑面积 6 000 多平方米。科隆大教堂是世界最大、最高的教堂之一，为中世纪哥特式建筑艺术的代表作。

4. 法兰克福

全称“美因河畔法兰克福”，属于德国黑森州。位于美因河右岸与莱茵河的交汇点，面积 249 平方千米，人口 66 万。它是德国乃至欧洲的工商业中心、金融业中心之一，而且是著名的国际会议中心和商展中心。

5. 无忧宫

位于勃兰登堡州首府波茨坦市北郊。宫名取自法文，原意“无忧”（或“莫愁”）。无忧宫及其周围的园林是普鲁士国王腓特烈二世（1745—1757 年）时期，仿照法国凡尔赛宫的建筑式样建造的。整个园林占地 290 万平方米，坐落在一座沙丘上，故也有“沙丘上的宫殿”之称。无忧宫全部建筑工程前后延续了约 50 年，为德国建筑艺术的精华。无忧宫花园内的一座六角凉亭，被称为中国茶亭。

6. 亚琛大教堂

位于历史古城亚琛，初建于 796 年，为查理曼大帝宫廷教堂。装饰华丽，为中世纪加洛林式建筑艺术杰作，其形制曾被欧洲许多国家模仿。

7. 巴登—巴登

位于卡尔斯鲁厄市西南，为世界著名疗养地，有“欧洲夏都”之称。以矿泉疗养闻名，19 世纪以来逐渐成为富商和达官贵人的消遣乐园和上流社会的社交聚会地。

8. 特里尔古城

位于莱因兰—普法尔茨州。始建于 1 世纪，293 年罗马帝国实行分区治理，特里尔成为首都之一。城内存有皇宫、露天剧场、桥梁、公共浴池等大量古罗马文明遗迹，有“北方罗马”之称。

第四节　意大利

意大利，国名全称“意大利共和国”。“意大利”古时称过“艾诺利亚”、“艾斯佩利亚”、“威大利亚”，后因语音的变化，“威大利亚”的“威”变音为“意”，即称“意大利亚”，意为“小牛生长的乐园”。意大利境内还有两个主权袖珍国：梵蒂冈教皇国和圣马力诺。首都罗马。

一　基本国情

1. 地理气候

意大利位于欧洲南部，包括亚平宁半岛以及地中海中的西西里岛、撒丁岛等岛屿。面积 30 万平方千米。北以阿尔卑斯山为屏障与法国、瑞士、奥地利和斯洛文尼亚接壤，东、西、南三面临地中海的属海亚得里亚海、伊奥尼亚海和第勒尼安海。意大利全境 4/5 为山丘地带。境内有阿尔卑斯山脉和亚平宁山脉，意法边境的勃朗峰海拔 4 810 米；有著名的维苏威火山和欧洲最大的活火山埃特纳火山。最大河流是波河。较大湖泊有加尔达湖、马焦雷湖等。

意大利大部分地区属亚热带地中海式气候。1 月平均气温 2 ℃～10 ℃，7 月平均气温 23 ℃～26 ℃。年平均降水量 500～1 000 毫米。

2. 发展简史

公元前 2000 年至前 1000 年，印欧民族迁入境内。公元前 27 年至公元 476 年为罗马帝国时期。11 世纪诺曼人进入意大利南部并建立王国。12～13 世纪分裂成许多王国、公国、自治城市和小封建领地。从 16 世纪起，意大利先后被法国、西班牙、奥地利占领。1861 年 3 月建立意大利王国。1870 年 9 月王国军队攻克罗马，最终完成统一。1914 年第一次世界大战爆发，意大利先中立，后加入到英、法、俄协约国对德奥宣战，成为战胜国。1922 年 10 月 31 日，墨索里尼组成新政府，开始推行法西斯统治。第二次世界大战中，加入德国一方向英、法等国宣战。1943 年 7 月墨索里尼政府被推翻。同年 9 月 3 日，由国王任命的巴多利奥内阁同协约国签订停战协定，意大利无条件投降。1946 年 6 月举行公民投票，正式宣告废除君主制，成立意大利共和国。

3. 人口与居民

意大利人口 6 074 万。94％的居民为意大利人，另外有法兰西人、拉丁人、罗马人、弗留里人等。

官方语言为意大利语。

意大利居民大多数信仰天主教，有少量的新教徒和犹太教徒。

4. 国旗、国徽、国歌、国花、国树、国石

国旗：呈长方形，长与宽之比为 3∶2。旗面由三个平行相等的竖长方形相连构成，从左至右依次为绿、白、红三色。意大利原来国旗的颜色与法国国旗相同，1796 年才把蓝色改为绿色。据记载，1796 年拿破仑的意大利军团在征战中曾使用由拿破仑本人设计的绿、白、红三色旗。1946 年意大利共和国建立，正式规定绿、白、红三色旗为共和国国旗。

国徽：呈圆形。中心图案是一个带红边的五角星，象征意大利共和国；五角星背后是一个大齿轮，象征劳动者；齿轮周围由橄榄枝叶和橡树叶环绕，象征和平与强盛。底部的红色绶带上用意大利文写着“意大利共和国”。

国歌：《马梅利之歌》。

国花：雏菊。

国树：五针松。

国石：珊瑚。

5. 政治与经济

意大利实行议会共和制。总统为国家元首，由参、众两院联席会议选出。总理为政府首脑，由总统任命，对议会负责。议会是最高立法和监督机构，由参议院和众议院组成。主要政党有自由人民党、民主党、北方联盟、中间联盟、意大利价值党、自治运动党等。

意大利是发达工业国家，经济地位居世界第六位。私有经济为主体，占国内生产总值的80%以上。工业主要以加工业为主，所需能源和原料依赖进口，工业产品的1/3以上供出口。意大利有“欧洲炼油厂”之称；钢产量居欧洲第二；塑料工业、拖拉机制造业、电力工业等位居世界前列。国内各大区经济差距较大，南北差距明显。服务业约占国内生产总值的2/3。

意大利货币通行欧元。

二　文化艺术

意大利是欧洲“文艺复兴”运动的发源地。各地有精心保存下来的古罗马时代的宏伟建筑和文艺复兴时期的绘画、雕刻、古迹和文物。

13世纪末至16世纪文艺复兴时期是意大利文化艺术的黄金时代，并在欧洲居领先地位。意大利伟大诗人但丁与英国的莎士比亚和德国的歌德并称为西欧文学史上的三大天才巨匠。但丁的代表作是《神曲》。著名旅行家马可·波罗的《马可·波罗游记》对沟通东西方文化产生了巨大影响。意大利的雕塑和绘画在世界上享有极高声誉。画家达芬·奇的《最后的晚餐》和《蒙娜丽莎》誉满全球。著名雕塑家和画家还有米开朗基罗、拉斐尔。

三　习俗礼仪

1. 节日庆典

意大利重要的国家节日是：独立日（3月17日），国庆日（6月2日）。

其他的传统节日主要有：元旦，主显节（1月6日），情人节，狂欢节，三八妇女节（3月8日），复活节，意大利解放日（4月25日），母亲节（5月第二个星期日），八月节（8月15日），万圣节，圣诞节（12月25日）。

2. 饮食习俗

意大利人以面食为主食，品种达400多种。意大利烤饼“比萨”名扬世界。菜肴注重味醇香浓，以原汁原味著称。一般重视晚餐，重要的宴请活动往往都安排在晚上。喜欢喝酒和咖啡。大多数意大利人喜欢吃中国菜，尤其是鲁菜、京菜和川菜。

资料6-8

意大利比萨

“比萨”是一种由特殊的饼底、乳酪、酱汁和馅料做成的，具有意大利风味的食品。有人认为比萨来源于中国。据传说，当年意大利著名旅行家马可·波罗在中国旅行时，最喜欢吃一种北方流行的葱油馅饼。回到意大利后他一直想再次品尝，但却不会烤制。一个星期天，他同朋友们在家中聚会，其中有一位是来自那不勒斯的厨师。马可·波罗灵机一动，把那位厨师叫到身边，“如此这般”地描绘起中国北方的香葱馅饼来。那位厨师也兴致勃勃地按马可·波罗所描绘的方法制作起来。但忙了半天，仍无法将馅料放入面团中。此时已快下午两点，大家已饥肠辘辘。于是马可·波罗提议就将馅料放在面饼上吃。大家吃后，都叫“好”。这位厨师回到那不勒斯后又做了几次，并配上了那不勒斯的乳酪和作料，大受食客们的欢迎，从此“比萨”就流传开来。据统计，意大利共有两万多家比萨店，其中那不勒斯地区就有1 200家。

当今世界，比萨已经超越语言与文化的壁障，成为全球通行的名吃，受到各国消费者的喜爱。

3. 社交礼仪

意大利人见面多行握手礼，常见朋友常招手示意。意大利人习惯用手语表达个人的意愿，常用的手势有：用大拇指和食指圈成“O”形，其余三指竖起，意表“好”、“行”或“一切顺利”；竖起食指来回摆动，意表“不”、“不是”、“不行”；一边伸出手掌，再加上撇撇嘴，意表“不清楚”和“无可奉告”；用食指顶住脸颊来回转动，意表“好吃”；五指并拢，手心向下，在胃部来回转动，意表“饥饿”；五指并拢，用食指侧面碰击额头，意表骂别人“笨蛋”、“傻瓜”。

4. 禁忌

意大利人忌讳别人用目光盯视。忌讳用食指侧面碰击额头。忌讳用食指指着对方。忌以手帕为礼送人，认为手帕是擦泪水用的，是一种令人悲伤的东西。忌讳四人交叉式握手。不喜欢议论有关政治方面的话题。忌讳数字“13”和“星期五”。忌讳送菊花和百合花，送花时，枝数和花朵数不能是

“13”与偶数。

四 主要城市和旅游景点

独特的城市风貌，优美的自然风光，丰厚的历史文化，使意大利很早就成为全世界最热的旅游地之一，旅游业成为意大利国民经济的支柱。主要旅游城市是罗马、佛罗伦萨和威尼斯。意大利政府设有文化遗产与旅游部统管全国旅游业。

1. 罗马

意大利首都和第一大城市，全国政治、经济、文化和交通中心。位于台伯河下游的丘陵平原。人口 283 万。它是一座艺术宝库、文化名城，也是天主教教廷所在地。

罗马是历史悠久的世界名城，有 2 500 余年历史，被誉为“露天历史博物馆”、“文艺复兴时代的艺术宝库”。约公元前 2000 年初，罗马人从东北移居于此，公元前 8 至前 4 世纪筑城堡，逐步形成早期罗马城。是古罗马帝国的发祥地。756—1870 年为教皇国的首都，1870 年意大利王国统一后成为意大利首都（教皇国退至梵蒂冈）。全城有许多规模宏大的古代建筑和艺术珍品，其中纪念性雕塑、园林雕塑、建筑装饰雕塑比比皆是。

科洛塞奥大斗兽场。也称斗兽场，位于罗马市中心、威尼斯广场南面。建于 1 世纪，是座椭圆形的建筑物。占地约 2 万平方米，高 57 米，最大直径 188 米，周长 527 米，是迄今留存的古罗马建筑中最卓越的代表，是古罗马帝国的象征。

圣天使城堡。位于台伯河畔。130—139 年哈德连大帝所建的陵寝，后罗马帝国的各代皇帝都安葬于此。圣天使城堡之名源于 6 世纪，当时黑死病肆虐，教皇格里高利一世受大天使米伽勒神谕，在城堡顶部树立了持剑的米伽勒铜像。瘟疫平复后，从此城堡更名为“圣天使城堡”。至今天使铜像仍是圣天使城堡的标志景观。

万神殿。又名潘提翁神殿，位于罗马市中心。始建于公元前 27—前 25 年，为庆祝奥古斯都大帝的胜利而兴建，是至今保存最完整的古罗马帝国时期建筑。神殿以其建筑宏伟、容量巨大与设计智巧闻名于世。万神殿有为意大利带来荣耀的艺术家拉斐尔和为意大利统一作出了贡献的埃曼纽尔二世、温贝尔特一世等人的陵墓。万神殿、斗兽场和地下墓穴，并称为罗马三大古迹。

特莱维喷泉。位于西班牙广场，别称许愿泉、许愿池、少女喷泉。18 世纪修建，主雕塑为海神尼普顿。喷泉与背后雄伟的宫殿融为一体，更显壮观。

威尼斯广场。位于罗马市中心，是罗马最大的广场。呈长方形，长 130 米，宽 75 米，是五条大街的会合点。广场南面的维克多·埃曼纽尔二世纪念堂，是意大利独立和统一的象征。始建于 1885 年，1911 年落成，是为纪念意大利开国国王埃曼纽尔二世而建。广场西北角的威尼斯宫，是文艺复兴时期的哥特式建筑，曾经是威尼斯大使馆所在地，现在已经成为意大利文艺复兴时期的艺术品博物馆。

2. 威尼斯

位于意大利东北部、亚得里亚海威尼斯湾西北岸的重要港口，人口 34.3 万。建于离岸 4 千米的海边浅水滩上，平均水深 1.5 米，由 118 个小岛组成，并以 180 条水道、378 座桥梁联成一体，以舟相通，有“水上都市”之称。每年 9 月首个周日，威尼斯举行传统赛舟会。它是该城最壮观、最别致、最引人入胜的民间节庆活动。

圣马可广场。又称威尼斯中心广场，长约 170 米，东边宽约 80 米，西侧宽约 55 米。它是威尼斯的政治、宗教和传统节日的公共活动中心，由公爵府、圣马可大教堂、圣马可钟楼、行政官邸大楼、圣马可图书馆等建筑和威尼斯大运河围成。这些建筑都是文艺复兴时期的精美建筑。

总督宫。威尼斯共和国时期的最高权力机关。粉红色的大理石外墙，连续的尖形拱门和四瓣花形圆窗，属于典型的哥特式风格。

圣马可大教堂。拜占庭风格。相传是用来供奉圣马可的教堂。圣马可是威尼斯的守护神，标志物是狮子。因此，狮子也是威尼斯的标志物。

3. 米兰

意大利第二大城市，伦巴地区首府。位于波河平原西北部，阿尔卑斯山南麓。人口 158 万。395 年为西罗马帝国都城。历史上，米兰长期作为独立国家存在，但军事上被法国和奥地利控制。直到 19 世纪，米兰才被并入意大利。现在的米兰是意大利最工业化的城市和金融中心。

米兰大教堂。位于米兰市中心的杜奥莫广场，是世界最华丽的教堂之一。规模仅次于梵蒂冈的圣彼得大教堂，为米兰的象征。教堂长 157 米，宽 66～92 米，高 56 米，教堂顶部建有 135 座哥特式大理石尖塔，最高尖塔高 108 米，塔顶有一尊高 4.2 米的镀金圣母玛利亚像。

4. 佛罗伦萨

意大利中部城市，托斯卡纳区首府。位于亚平宁山脉中段西麓盆地中，人口 44 万。为欧洲文艺复兴运动的发祥地，举世闻名的文化旅游胜地。市区仍保持古罗马时期的格局，多中世纪建筑艺术。

花之圣母大教堂。又名佛罗伦萨主教堂，是世界著名大教堂。始建于1296年，花了175年时间建成。哥特式建筑风格。教堂最出名的是仿自罗马万神殿的圆顶，教堂高91米，巨大的穹顶直径45米。

乌费兹美术馆。建于1560年。曾经是美第奇家族的事务所，收藏品达2 500件之多，是全世界收藏文艺复兴时期艺术品最丰富的美术馆。

5. 维罗纳

位于意大利东北部，阿尔卑斯山南麓，人口26万。建于公元前4世纪，是葡萄酒、水果和大理石集散地。维罗纳是连接意大利北部和中欧的交通枢纽，有“意大利的门户”之称。

阿雷纳圆形竞技场。位于市中心布拉广场附近。规模仅次于罗马竞技场，是古罗马时代圆形剧场的遗迹。建于1世纪，至今依然完好地保存着当年的原貌，呈椭圆形，长直径152米、短直径128米、高30米，可容纳3万余人。

朱丽叶故居。位于市中心香草广场附近，建于13世纪。据说曾经是莎士比亚名著《罗密欧与朱丽叶》中女主角朱丽叶的居所。

6. 比萨

意大利中西部城市。临阿诺河，曾是利古里亚海岸港口，现已离海十千米。东距佛罗伦萨68千米。人口10.5万。有许多中世纪建筑，著名的有比萨斜塔、罗马式大教堂、博物馆与图书馆等，旅游业发达。

比萨斜塔。位于比萨城北面的奇迹广场，是比萨城的标志。高约55米，塔底直径15.24米，建于1174—1350年。现塔顶南倾已超出垂直平面5.3米，斜度为5°6′，伽利略曾在此做过著名的斜塔实验。

第五节　俄罗斯

俄罗斯，国名全称“俄罗斯联邦”。“俄罗斯”是从其民族名称“罗斯人”演化而来的。9世纪，在建立以基辅为中心的古罗斯国家过程中，逐步形成了俄罗斯人的祖先古罗斯部族人（东斯拉夫人），并成为此后的国家名称。汉译名“俄罗斯”，是通过蒙古语转译过来的。首都莫斯科。

一　基本国情

1. 地理气候

俄罗斯位于欧洲东部和亚洲北部，其欧洲领土的大部分是东欧平原。面积1 707.54万平方千米，是世界上领土面积最大的国家。东濒太平洋，西接波罗的海芬兰湾，横跨欧亚大陆，东西长 9 000 千米，南北宽 4 000 千米。陆地邻国西北面有挪威、芬兰，西面有爱沙尼亚、拉脱维亚、立陶宛、波兰、白俄罗斯，西南面是乌克兰，南面有格鲁吉亚、阿塞拜疆、哈萨克斯坦，东南面有中国、蒙古和朝鲜。东面与日本和美国隔海相望。

俄罗斯大部分地区处于北温带，气候多样，以大陆性气候为主。温差普遍较大，1 月平均温度为−1 ℃～5 ℃，7 月平均温度为 11 ℃～27 ℃。年降水量平均为 150～1 000 毫米。

2. 发展简史

俄罗斯人的祖先为东斯拉夫人罗斯部族。15 世纪末，大公伊凡三世建立莫斯科大公国。1547 年，伊凡四世自封为“沙皇”，其国号称俄国。16～17 世纪，伏尔加河流域、乌拉尔和西伯利亚各族先后加入俄国，成为一个多民族国家。17 世纪中期乌克兰和俄罗斯合并为统一的国家。1689 年 8 月彼得一世亲政，经过 1700—1721 年的北方战争，俄罗斯得到了通往波罗的海的出海口，从内陆国变为濒海国，彼得一世改国号为俄罗斯帝国。1917 年 11 月 7 日取得了十月社会主义革命胜利，建立了世界上第一个社会主义国家——俄罗斯苏维埃联邦社会主义共和国。1922 年 12 月 30 日，苏维埃社会主义共和国联盟正式成立，俄罗斯联邦同乌克兰、白俄罗斯和外高加索联邦（包括阿塞拜疆、亚美尼亚和格鲁吉亚）一起加入。1991 年苏联发生“8·19”事件，苏联解体。1991 年 12 月 25 日，俄罗斯苏维埃联邦社会主义共和国最高苏维埃决定，将国家正式名称改为“俄罗斯联邦”。

3. 人口与居民

俄罗斯人口 1.431 亿。全国有 150 多个民族，其中俄罗斯族人占 79.8%，高加索地区的民族成分最为复杂，有大约 40 个民族在此生活。

俄语是俄罗斯联邦全境内的官方语言，各共和国有权规定自己的国语，并在该共和国境内可与俄语一起使用。

俄罗斯有 90%以上的居民信奉东正教，此外还有伊斯兰教、萨满教、犹太教、喇嘛教等。

资料6-9

东正教教堂

东正教，又称正教，是基督教中的一个派别，是与天主教、基督新教并立的基督教三大派别之一。1589 年，俄罗斯正教会取得自主地位，建立牧首区，使用俄罗斯正教礼仪的教会，通常称俄罗斯正教。

拜占庭教堂的建筑艺术对俄罗斯正教会产生了极大影响，但在教堂内部的陈设方面，俄罗斯正教具有独特的风格。其典型的布置是：在祭坛处布置有许多圣画像，上绘东正教崇仰的圣人、圣徒等。这种建筑的最大特点就是顶部有一些圆形的“洋葱顶”。一座教堂上可以有多个“洋葱头”，是受了俄罗斯传统多神教的影响，“洋葱头”的数目或是和神话或传奇事迹里的圣人数相当，或是和圣经故事里的相关记载或耶稣的事迹相关。

在莫斯科就有上百座东正教教堂。圣索菲亚大教堂是俄罗斯正教教堂建筑的楷模。著名的还有基督救世主大教堂、克里姆林宫和新圣母修道院等。

4. 国旗、国徽、国歌、国花、国树

国旗：呈横长方形，长与宽之比约为 3∶2。旗面由三个平行且相等的横长方形相连而成，自上而下分别为白、蓝、红三色。俄罗斯幅员辽阔，国土跨寒带、亚寒带和温带三个气候带，用三色横长方形平行相连，表示了俄罗斯地理位置上的这一特点。

国徽：为盾徽。红色盾面上有一只金色的双头鹰，鹰头上是彼得大帝的三顶皇冠，鹰爪抓着象征皇权的权杖和金球。鹰胸前是一个小盾形，上面是一名骑士和一匹白马。

国歌：《俄罗斯联邦国歌》。

国花：向日葵。

国树：白桦。

5. 政治与经济

俄罗斯实行总统制的联邦国家体制。总统是国家元首和国家武装力量最高统帅，国家最高行政首脑。联邦政府为国家最高执行机关，由总理、副总理和若干部长组成。俄罗斯联邦会议是俄罗斯联邦的代表与立法机关，由联邦委员会（上院）和国家杜马（下院）两院组成。各联邦主体（共和国、边疆区、州、自治州和自治区）的权利、地位平等。主要政党有俄罗斯自由民主党、公正俄罗斯党、统一俄罗斯党、俄罗斯联邦共产党等。

俄罗斯经济基础较强，资源丰富，是世界工业大国。工业发达，门类齐全，科技实力雄厚，交通通信等基础设施较好。工业在整个国民经济中起着举足轻重的作用。重工业历来是俄罗斯的基础，主要有能源、冶金、机械制造及金属加工等三大部分。主要出口商品有石油、天然气、金属及其制品、化工产品、机械设备、交通工具、宝石及其制品、木材及纸浆等。农牧业并重，主要农作物有小麦、大麦、燕麦、玉米、水稻和豆类，畜牧业主要为养牛、养羊、养猪业。

俄罗斯法定货币为卢布（SUR）。1 卢布＝100 戈比。

二　文化艺术

俄罗斯领土跨越欧亚两大洲，自然而然地融合了东西方两种文化。俄罗斯重视发展文化事业，大量出版图书和报刊，建立了许多图书馆、博物馆、文化馆、俱乐部等群众性文化设施。

俄罗斯文学源远流长，在世界上享有盛誉。19 世纪是俄罗斯文学的鼎盛时期，文坛上名家辈出，名著如林。出现了普希金、克雷洛夫、亚·尼·奥斯特洛夫斯基、莱蒙托夫、果戈理、别林斯基、赫尔岑、杜勃罗留波夫、屠格涅夫、车尔尼雪夫斯基、涅克拉索夫、列夫·托尔斯泰、陀斯妥耶夫斯基、契诃夫、高尔基、肖洛霍夫、法捷耶夫等世界驰名的大文豪和作家。普希金是俄国浪漫主义诗歌的主要代表，代表作有《叶甫盖尼·奥涅金》、《黑桃皇后》等。亚·尼·奥斯特洛夫斯基有“俄罗斯戏剧之父”之称，代表作为《大雷雨》。列夫·托尔斯泰是俄国伟大的批判现实主义作家，代表作有《战争与和平》、《安娜·卡列尼娜》等。高尔基是跨越俄苏两个时期的无产阶级作家，苏联社会主义文学的奠基人，主要作品有《童年》、《在人间》、《我的大学》等。

俄罗斯的美术源远流长，绘画有着悠久的历史，著名的艺术大师有列维坦、列宾、苏里柯夫、克拉姆斯科伊等。19 世纪 60 年代以“巡回展览画派”为代表的批判现实主义画作达到了世界高度，著名画家有伊·尼·克拉姆斯科伊（代表作《荒野中的基督》和《列夫·托尔斯泰》）、伊·叶·列宾（代表作《小白桦树林》、《金色的秋天》和《弗拉基米尔大道》）。

俄罗斯的宗教音乐和民间音乐有着深远的历史传统，歌剧、交响乐和室内音乐具有鲜明的民族气质，奔放豪迈。19 世纪下半叶是俄罗斯音乐的繁荣期。柴可夫斯基是这一时期最伟大的俄罗斯音乐家，他的传世之作有：歌剧《叶甫盖尼·奥涅金》和《黑桃皇后》；芭蕾舞《天鹅湖》、《睡美人》和《胡桃夹子》；交响幻想曲《罗密欧与朱丽叶》。十月革命后，著名作曲家肖斯塔科维奇的创作被誉为 20 世纪音乐高峰之一，他的著名作品是第一交响曲、第五交响曲、第七交响曲、第十一交响曲。俄罗斯的芭蕾舞艺术历来在世界上享有很高的声誉，著名的芭蕾舞剧目有《天鹅湖》、《罗密欧与朱丽叶》、《吉赛尔》等。俄罗斯的马戏团在俄罗斯也很受人们的欢迎，马戏团团员训练有素，技艺精湛。

资料6-10

俄罗斯芭蕾

19世纪末，柴可夫斯基作曲的不朽名著《天鹅湖》、《睡美人》、《胡桃夹子》等芭蕾舞剧在俄国和各国相继上演，世界芭蕾艺术的中心就由巴黎转到了圣彼得堡。芭蕾舞从内容到形式也都发生了根本性的变化。民间神话传说、仙女花神、精灵鬼怪等故事都成了芭蕾创作的主要题材。女演员成为主角，服装改成了短裙，脚尖舞成为芭蕾的基本要素。这种足尖站立的技艺，把舞蹈者的身体向上提升，适合表现轻盈的体态和表达追求与渴望的情绪。

20世纪初，俄国芭蕾已在世界芭蕾舞坛中占据主导地位，拥有自己的保留剧目的表演风格和教学体系，也涌现了一批编导和表演人才。1913年成立以蒙特卡罗为基地的永久性剧团佳吉列夫俄罗斯芭蕾团，在欧美各地巡回演出，影响巨大，把由俄国保存的古典传统剧目送回欧洲，促成了欧洲芭蕾的复兴。该团解散后，它的成员流散欧美各国，对各国芭蕾复兴或创建作出了重要贡献。

三　习俗礼仪

1. 节日庆典

俄罗斯重要的国家节日有：祖国保卫者日（原苏联建军节，2月23日），卫国战争胜利日（5月9日），国庆节（6月12日），十月革命节（11月7日），宪法日（12月12日）。

其他的重要民间节日有：新年，主降生日，圣瓦伦丁节，三八妇女节，五一劳动节，诗人节（普希金诞辰纪念日，6月6日），彼得节（7月1日），伊里亚节（8月1日），知识节（9月1日）。

2. 饮食习俗

俄罗斯人以面包为主食。喜食牛、羊肉，不爱吃猪肉。注重菜品量大、实惠。喜欢焖、煮、烩的菜，喜欢酸、甜、咸和微辣食品。午餐、晚餐不可无汤，讲究汤浓，要有冷盘。爱饮烈性酒，酒量一般都很大。喜欢中国的京菜、粤菜、川菜。

3. 社交礼仪

俄罗斯人热情、豪放、勇敢、耿直。初次会面行握手礼。但对于熟悉的人，尤其是在久别重逢时，大多要与对方热情拥抱。在迎接贵宾时，俄罗斯人通常会向对方献上面包和盐，这是给予对方的一种极高的礼遇。非常看重社会地位，喜欢以职务、学衔、军衔相称。约会必须准时到达。送给女士的鲜花宜为单数。

4. 禁忌

忌讳国内政治矛盾、经济难题、宗教矛盾、民族纠纷、苏联解体、阿富汗战争，以及大国地位等话题。忌议论妇女的长相、年龄和过分赞美和恭维身体健康。忌讳交叉握手。忌讳隔着门槛交谈和握手。忌讳做“不速之客”。忌讳提前祝贺生日。忌讳赠送刀叉等有利刃或齿状物品。送花时忌菊花、杜鹃花、石竹花和黄色以及三色以上混杂的花，枝数和花朵数忌讳“13”和双数。忌讳送手帕、蜡烛。忌讳数字“13”，不喜欢“星期五”。忌讳黑色，认为黑色是丧葬的代表色，喜爱红色。讨厌兔子，认为兔子是一种怯弱的动物。厌恶黑猫，并视黑猫从自己面前跑走为不幸的象征。喜欢马的图案。有“左主凶，右主吉”的传统观念，忌讳用左手握手或左手传递东西及食物等行为。视盐为珍宝，打翻盐罐，或是将盐撒在地上，认为是家庭不和的预兆。

四　主要城市和旅游景点

俄罗斯拥有丰富的自然风光和人文景观，重要的旅游地有莫斯科、圣彼得堡、黑海和里海海滨、伏尔加河流域和贝加尔湖等。俄罗斯国家旅游管理机构是经济发展和贸易部下设的国家旅游局。

1. 莫斯科

俄罗斯首都，全国政治、经济、科学、文化和交通中心。位于俄罗斯平原中部、莫斯科河畔，跨莫斯科河及其支流亚乌扎河两岸。面积 900 平方千米，人口约 1 415 万。始建于 12 世纪中期，15 世纪初成为莫斯科公国的都城，直到 1712 年彼得大帝迁都圣彼得堡。1922 年 12 月莫斯科再次成为苏联首都。

莫斯科布局严整，以克里姆林宫和红场为中心，向四周辐射伸展。它是俄罗斯最大的综合性工业城市，工业部门齐全，重工业和化学工业很发达，工业总产值居全国首位。莫斯科是俄罗斯著名的旅游城市，城市绿化覆盖水平高，有“森林中的首都”美誉。

克里姆林宫。位于莫斯科市中心，濒莫斯科河。建于 12～17 世纪，曾为历代沙皇的皇宫。十月革命后，成为苏联和俄罗斯联邦共和国最高苏维埃以及苏联政府所在地，现为俄罗斯总统府和国家杜马所在地。主要建筑有大克里姆林宫、圣母升天大教堂、参议院大厦、伊凡大帝钟楼等。宫内塔楼中最宏伟的斯巴斯克钟楼是克里姆林宫的主塔，以塔顶的“克里姆林宫的红星”著称于世，为莫斯科和俄罗斯的标志性建筑。

红场。原名“托尔格”，意为“集市”，1662 年改称“红场”，意为“美丽的广场”。位于莫斯科中心，面积 9.1 万平方米，是国家举行各种大型庆典及阅兵活动的地点。红场地面全部由条石铺成，古老而神圣。红场西侧是列宁墓和克里姆林宫的红墙及三座高塔。红场南边是莫斯科最具有经典象征的瓦西里·勃拉仁大教堂，被誉为古代俄罗斯建筑艺术的卓越代表。北侧是建于 1873 年的国家历史博物馆，也是莫斯科的标志性建筑。博物馆东侧通向红场的入口处，是莫斯科的中心点、零千米处，所有道路的里程都是从这里开始计算的。东面是世界知名十家百货商店之一的古姆商场，建成于 1893 年。

莫斯科大彼得罗夫大剧院。简称大剧院，建于 1776 年，俄罗斯历史上最悠久的剧院。剧院是一座乳白色的古典主义建筑，门廊上方装饰着四匹骏马和太阳神阿波罗的马车，是莫斯科的标志之一。演出大厅金碧辉煌，以金色为主色调，可容纳 2 200 人。在两百多年的历史中，大剧院培养出了为数众多的舞蹈和歌剧名家，曾走出过多位芭蕾巨星，如萨夫兰斯基、涅日达诺娃、奥杰罗夫、别林申斯卡娅、加琳娜·乌兰诺娃。

2. 圣彼得堡

俄罗斯联邦列宁格勒州的行政中心，俄罗斯第二大城市，俄罗斯西北地区的中心城市，又称“北方首都”。坐落在波罗的海芬兰湾东岸、涅瓦河口，由涅瓦河三角洲上的近百个岛屿组成。包括卫星城和郊区共占地 1 350 平方千米，人口 500 万。

圣彼得堡是一座文化名城。1712 年，俄国首都从莫斯科迁至此，直到 1918 年 3 月一直是俄国的首都。城内的俄罗斯古建筑群具有俄国早期巴洛克式建筑的特征。著名的建筑有夏宫、冬宫、塔弗列奇宫、喀山大教堂、伊萨克基辅大教堂等。许多俄国著名诗人和作家，如普希金、莱蒙托夫、高尔基等人都曾在此生活和从事创作。

艾尔米塔什博物馆。由冬宫等五座建筑物组成。冬宫曾经是沙皇皇宫。始建于 1754 年，为 18 世纪中叶俄国巴洛克式建筑的典范。冬宫的四面各具特色，内部设计和装饰风格严格统一。冬宫面向宫殿广场，中央稍微突出，有三道拱形铁门，入口处有阿特拉斯神巨像。1922 年改做国家博物馆，藏有各国不同时期的艺术珍品近 300 万件。是世界四大博物馆之一。

夏宫。又称彼得宫，坐落在芬兰湾南岸的森林中，距离市区 29 千米。始建于 1714 年。建筑豪华壮丽，被誉为“俄罗斯的凡尔赛”。主要建筑有大宫殿、夏花园、玛尔丽宫、奇珍阁、亚历山大花园和茅舍宫等。宫中还有金字塔喷泉、太阳喷泉、橡树喷泉、小伞喷泉、罗马喷泉、亚当喷泉、夏娃喷泉等。

涅瓦大街。圣彼得堡最热闹繁华的街道，聚集了该市最大的书店、食品店、百货商店和购物中心，汇集了各类教堂、众多名人故居以及历史遗迹。著名的有东正教的喀山大教堂、新教的圣彼得和保罗教堂、天主教的圣凯瑟琳教堂、荷兰教堂、亚美尼亚教堂、果戈理故居、柴可夫斯基故居等。

3. 贝加尔湖

位于东西伯利亚南部，是世界上最深、蓄水量最大的淡水湖。贝加尔湖面积约 3.15 万平方千米，平均水深 730 米，蓄水量达 2.3 万亿立方千米，占世界地表淡水的 1/5。湖水清澈，透明度深达 40 米。湖畔群山环抱，风景绮丽，阳光充足，冬暖夏凉，有矿泉 300 多处，很早就成为疗养胜地。贝加尔湖曾是中国古代北方少数民族主要活动地区，汉代“苏武牧羊”的故事就发生在这里。

4. 堪察加半岛

位于俄罗斯亚洲部分东北部，面积 37 万平方千米，森林面积达 40%。堪察加半岛火山、河流、喷泉较多，300 多座火山中活火山就有 28 座。堪察加半岛有许多独特的自然景观，如山间植物长在海边，活火山上有冰川，温泉上有雪堆等。东堪察加半岛还是俄罗斯唯一的间歇泉地区，热泉周期性喷发。

第六节　西班牙

西班牙，国名全称“西班牙王国”。国名的由来有几种说法：第一种说法，古时当地野兔很多，迦太基人起名“野兔国”，从而演变出西班牙的国名；第二种说法，其名称源于巴斯克语，有“边疆、海洋”之意，被罗马人误认成该地的地名，后来便成了国名；第三种说法，其名称源于希伯来腓尼基语，意为“埋藏”，转意为“埋藏的财富、矿藏”。首都马德里。

一　基本国情

1. 地理气候

西班牙位于欧洲西南部伊比利亚半岛上，还包括地中海的巴利阿里群岛和非洲西部的加那利群岛，以及非洲北部的梅里亚和塞尔塔。面积 50.59 万平方千米。北濒比斯开湾，西邻葡萄牙，南隔直布罗陀海峡与非洲的摩洛哥相望，东北与法国、安道尔接壤，东和东南临地中海。西班牙境内多山，是欧洲高山国家之一，全国 35% 的地区海拔 1 000 米以上，平原仅占 11%。主要山脉有坎塔布连、比利牛斯等。南部的木拉散峰海拔 3 478 米，为全国最高峰。

西班牙中部高原属于温带大陆性气候，北部和西北部沿海属于温带海洋性气候，南部和东南部属于亚热带地中海式气候。西北部较湿润，内陆和东南部较干燥。从北到南 1 月平均气温 9.4 ℃～10.3 ℃，7 月平均气温 19.1 ℃～28.1 ℃。年均降水量 350～500 毫米，山地高达 1 500 毫米。

2. 发展简史

公元前 9 世纪凯尔特人从中欧迁入。公元前 8 世纪起，先后遭外族入侵，长期受罗马人、西哥特人和摩尔人的统治。西班牙人为反对外族侵略进行了长期斗争，1492 年取得“光复运动”的胜利，建立了欧洲最早的统一中央王权国家。15～16 世纪，西班牙逐渐成为海上强国，在欧、美、非、亚洲均有殖民地。1588 年“无敌舰队”被英国击溃，开始衰落。1873 年，爆发资产阶级革命，建立第一共和国。1874 年 12 月王朝复辟。在 1898 年的西美战争中，失去了古巴、波多黎各、关岛和菲律宾等最后几块殖民地。在第一次世界大战中保持中立。1931 年 4 月王朝被推翻，第二共和国建立。1936 年 2 月成立有社会党和共产党参加的联合政府。1939 年 4 月佛朗哥夺取政权，实行独裁统治达 36 年之久。1943 年 2 月与德国缔结军事同盟，参加侵苏战争。1947 年 7 月佛朗哥宣布西班牙为君主国，自任终身国家元首。1966 年 7 月立末代国王阿方索十三世之孙胡安·卡洛斯为继承人。1975 年 11 月，胡安·卡洛斯一世登基，恢复君主制。1976 年 7 月，国王任命原国民运动秘书长阿·苏亚雷斯为首相，开始向西方议会民主政治过渡。

3. 人口与居民

西班牙人口 4 616 万。主要是西班牙人，少数民族有加泰罗尼亚人、巴斯克人和加里西亚人，其中外国移民 522 万，超过人口总数的 11％。

官方语言和全国通用语言为西班牙语。少数民族语言在本地区也为官方语言。

西班牙 96％的居民信奉天主教。

4. 国旗、国徽、国歌、国花、国石

国旗：呈长方形，长与宽之比为 3∶2。旗面由三个平行的横长方形组成，上下均为红色，各占旗面的 1/4；中间为黄色。黄色部分偏左侧绘有西班牙国徽。红、黄两色是西班牙人民喜爱的传统颜色，并分别代表组成西班牙的四个古老王国。

国徽：中心图案为盾徽。盾面上有六组图案：左上角是红地上黄色城堡，右上角为白地上头戴王冠的红狮，城堡和狮子是古老西班牙的标志，分别象征卡斯蒂利亚和莱昂；左下角为黄红相间的竖条，象征东北部的阿拉贡；右下角为红地上金色链网，象征位于北部的纳瓦拉；底部是白地上绿叶红石榴，象征南部的格拉纳达。盾面中心的蓝色椭圆形中有三朵百合花，象征国家富强、人民幸福、民族团结。盾徽上端有一顶大王冠，是国家权力的象征。盾徽两旁各有一根海格立斯柱子，也称大力神银柱，左、右柱顶端分别是王冠和帝国冠冕，缠绕着立柱的饰带上写着“海外还有大陆”。

国歌：《皇家进行曲》。

国花：石榴花。

国石：绿宝石。

5. 政治与经济

西班牙实行君主立宪制。国王为国家元首和武装部队最高统帅，王位由胡安·卡洛斯一世及其直系后代世袭。首相是中央政府首脑，由议会推选，国王任命。议会由参、众两院组成，行使国家立法权。中央政府负责治理国家并向议会报告工作。主要政党有西班牙工人社会党、人民党、西班牙共产党、统一与联合党、巴斯克民族主义党等。

西班牙是中等发达的资本主义工业国。国内生产总值居欧盟第五位，世界第八位。主要工业部门有造船、钢铁、汽车、水泥、采矿、建筑、纺织、化工、皮革、电力等行业。服务业是国民经济的重要支柱，旅游业和金融业较为发达。

西班牙货币通行欧元。

二 文化艺术

西班牙悠久的历史与丰厚的文化资源，产生了众多的文学艺术大师，为人类艺术宝库创下了不朽之作。中世纪诞生了世界著名史诗之一的《熙德之歌》，文艺复兴时期伟人的文学家塞万提斯的代表作《堂吉诃德》，出版量仅次于《圣经》。艾塔米拉壁画被誉为“史前艺术圣殿”。著名剧作家维加留下了数以百计的剧本。毕加索是国际上最有影响、最有创造力的艺术家，为抽象画的代表。

此外还有驰名世界的西班牙斗牛和吉普赛人的弗拉门戈舞，它们并称为西班牙两大国粹。西班牙斗牛起源于西班牙古代宗教活动（杀牛供神祭品）。13 世纪，西班牙国王阿方索十世开始将这种祭神活动演变为赛牛表演，真正的斗牛表演始于 18 世纪中叶。现在西班牙有 300 多个斗牛场，最大的是马德里的文塔斯斗牛场，可容纳 2.5 万人。从每年的 3 月 19 日圣约瑟夫日开始，到 10 月 12 日西班牙国庆节，成为斗牛季。其中 3 月在瓦伦西亚著名的火祭节，以及 6 月在格拉纳达的圣体节都将进行一系列的斗牛赛。弗拉门戈舞是目前最为流行的西班牙舞蹈形式，为安达卢西亚地区吉普赛人（又称弗拉门戈人）的音乐和舞蹈，一种集歌、舞、吉他演奏于一体的特殊艺术形式。弗拉门戈舞蹈热情、奔放、优美、刚健，形象地体现了西班牙人民的民族气质。另外，普及到民众中的还有一年一度的奔牛节。

资料6-11

西班牙奔牛节

西班牙奔牛节的正式名称为“圣·费尔明节”。每年 7 月 6 日至 14 日，在西班牙纳瓦拉省省会潘普洛纳市举行。位于潘普洛纳市旧城区的“奔牛之路”是一条狭窄的石板街，全长 848 米。奔牛节时，上万名奔牛爱好者挤满街道，重约 500 千克的公牛冲出牛棚后，在杂乱的人群中狂奔。时常出现人仰牛翻、险象丛生的刺激场景。最后以将公牛引进斗牛场结束。

三　习俗礼仪

1. 节日庆典

西班牙重要的国家节日是：国庆日（10 月 12 日）。

西班牙传统节日丰富多彩，有全国性、地区性和当地性节日，大部分节日包括音乐会、集会、露天舞会，或者宗教和非宗教游行等。主要的节庆有：元旦，东方三圣节（1 月 6 日），劳动节，圣母升天日，万圣节，宪法节（12 月 6 日），圣母受孕日，圣诞节。

2. 饮食习俗

西班牙人主食以面食为主。早、晚餐比较随便，极为重视午餐。早餐一般吃得晚，午餐通常是下午 2 点到 4 点，“下午茶”在晚上 6 点到 8 点，晚餐在晚上 10 点。喜欢吃鱼，尤喜海鲜，喜欢烤肉和汤菜。菜肴辛辣酸苦，口味较重。独具特色的海鲜饭，被尊称为“西班牙国宝饭”。喜爱中国的川菜、粤菜。

3. 社交礼仪

见面时根据亲密程度分别采用握手、亲吻和拥抱等礼节。社交场合一般行握手礼。亲朋好友间相见，通常男人要相互抱一抱肩膀，女人要轻轻拥抱并亲吻双颊。收到礼物时应当面郑重其事地将包装拆开看看，而在公共活动情况下不宜将礼品当面拆看。

4. 禁忌

忌讳谈论宗教、家庭及个人私事等话题，更不愿听到有人说斗牛活动的坏话。当众接吻被认为是极不雅观的举止，是伤风败俗的行为。小孩在元旦那天打架骂人和哭啼都是不吉利的，是不祥的征兆。穿戴讲究，女人上街忌讳不戴耳环。忌讳数字“13”和“星期五”。忌讳大丽花和菊花，视这两种花为死亡的象征。

四　主要城市和旅游景点

西班牙由于特殊的地理位置，古代欧洲文明和阿拉伯文明、北非文明在这里交会，每个时代的辉煌都留下了自己的印记，是世界上拥有文化遗产数量最多的国家之一。旅游业是西班牙经济的重要支柱和外汇的主要来源。西班牙政府旅游主管机构为工业、商业和旅游部。旅游促进会是一个公私结合的自治性机构，主要负责对外旅游宣传，协助进行旅游产品的对外销售。

1. 马德里

西班牙首都，全国经济、交通中心。位于伊比利亚半岛中心，地处梅塞塔高原，海拔 670 米，是欧洲地势最高的首都。面积 607 平方千米，人口 301 万。在历史上因战略位置重要，素有“欧洲之门”之称。马德里是欧洲历史文化名城，城市及其周边地区分布着众多的古罗马时期建筑群，留下了融合各种艺术风格和宗教特点的建筑。

马德里城市分新、旧城两部分，旧城建于 15～18 世纪，街道狭窄；新城为 20 世纪新建的市区，街道宽阔整齐，现代化高层建筑群与旧城的古老格局对照鲜明。

普拉多博物馆。坐落在马德里普拉多大道，建于 18 世纪。是西班牙收藏绘画作品最全面、最权威的美术馆。陈列着 12～18 世纪的美术作品 3 000 余幅，还收藏有古典雕塑、硬币、金银和搪瓷器皿等。

马德里王宫。世界上保存最完整且最精美的宫殿之一。位于曼萨莱斯河左岸，1738 年始建。原址为 1734 年被焚毁的哈布斯堡王朝城堡。建筑融合了西班牙传统王室建筑风格和巴洛克建筑风格。

2. 托莱多

位于马德里以南 70 千米，塔霍河环抱，人口约 5 万。始建于罗马时期，在腓力二世前为卡斯蒂利亚王国（后西班牙王国）首都。

托莱多历史上曾遭罗马人、西哥特人和阿拉伯人的入侵。1085 年，摩尔人后裔阿方索六世国王率兵占领了托莱多，定为国都，并下令保护当地的生活习俗、宗教信仰和历史遗产，允许已有的基督教、伊斯兰教和犹太教三种形态的文化并存共容，于是便保存下这样一座“三文化城”。联合国教科文组织已将其列为世界文物保护区。著名景点有古城堡、比萨格拉门、太阳门、大教堂、圣多美教堂、圣胡安皇家修道院、圣马丁桥。

3. 巴塞罗那

西班牙第二大城市，第一大工商城市和港口。位于西班牙东北部的地中海沿岸，依山傍海，是伊比利亚半岛的门户。面积 91 平方千米，人口 151 万。

巴塞罗那集历史文化景观和海滩风光于一体，是享誉世界的地中海风光旅游目的地和世界著名的历史文化名城，也是西班牙最重要的贸易、工业和金融基地。工业产值占全国的 1/5。巴塞罗那市是国际建筑界公认的将古代文明和现代文明结合得最完美的城市，也是一所艺术家的殿堂，市内随处可见世界著名的艺术大师毕加索、高迪、米罗等人的遗作。

蒙瑟莱特修道院。距巴塞罗那市区 60 千米。以形状奇特的山岩、黑色圣母和欧洲最古老的唱诗班而著称。

圣家大教堂。也叫圣家赎罪堂，由西班牙最伟大的建筑设计师高迪所设计，整个建筑华美异常，是建筑史上的奇迹。登上教堂顶部平台，巴塞罗那城区尽收眼底。

4. 塞维利亚

西班牙第四大都市，人口约 130 万。瓜达尔基维尔河从市中穿过，也是西班牙唯一有内河港口的城市。塞维利亚曾是一个重要的港口，即古都塞维尔，古时又称巴罗斯港。1492 年 8 月 3 日意大利人克里斯多弗·哥伦布奉西班牙国王之命，从巴罗斯港出发，率领探险队西行，横渡大西洋。

塞维利亚大教堂。原为塞维利亚大清真寺。15 世纪清真寺被拆毁，在原址建造塞维利亚大教堂。它是基督教世界最大的宗教建筑，与梵蒂冈圣彼得大教堂、伦敦圣保罗大教堂并称为世界三大教堂。

塞维利亚王宫。始建于 1181 年，持续营建时间长达五百多年，是欧洲最古老的皇家宫殿。曾先后作为伊斯兰教和天主教王宫，是混合着各种不同风格的建筑。

5. 格拉纳达

位于内华达山山麓，达若河和赫尼尔河汇合处，海拔 738 米。人口 23 万。格拉纳达经常举行国际音乐、舞蹈节，著名古迹有摩尔王的阿尔罕布拉宫、花园、王后宫、圣玛丽亚教堂、斐迪南和伊萨贝拉陵墓等。

阿尔罕布拉宫。位于格拉纳达市东南部的太阳山脊上，始建于 13 世纪。

直到15世纪，这里一直是王朝统治的政治和军事中枢。因为建筑中使用了发红的石料，因而又被称为“红宫”。宫殿具有浓厚的摩尔文化特点，代表了西班牙摩尔艺术的顶峰。

第七节　其他欧洲国家

一　奥地利

奥地利，国名全称“奥地利共和国”。首都维也纳。

1. 简况

奥地利位于欧洲中部，是中欧大陆从南到北、从东到西的交通枢纽。面积8.38万平方千米。东邻斯洛伐克和匈牙利，南接斯洛文尼亚和意大利，西连瑞士和列支敦士登，北与德国和捷克接壤。

奥地利气候属于海洋性向大陆性过渡的温带气候。平均气温1月为−2℃，7月为19℃。

996年，史书中第一次提及“奥地利”。12世纪中叶巴奔堡家族统治时期形成公国，成为独立国家。1276年被圣罗马帝国侵占，1278年开始哈布斯堡王朝长达640年的统治。1699年获得对匈牙利的统治权。1804年弗朗茨二世采用奥地利皇帝称号，1815年维也纳会议后，成立以奥地利为首的德意志邦联。1866年在普奥战争中失败，德意志邦联解散。翌年与匈牙利签订协议，成立奥匈帝国。第一次世界大战奥军战败，帝国随即瓦解。1918年11月奥地利共和国成立。1938年3月被纳粹德国吞并。1945年4月27日，奥地利解放，临时政府成立。同年7月，德国投降后，奥地利被苏、美、英、法军占领。1955年5月，四国与奥地利签署条约，宣布尊重奥地利的主权和独立。1955年10月占领军全部撤走，同年10月26日奥国民议会通过永久中立法，宣布不参加任何军事同盟，不允许在其领土上设立外国军事基地。

奥地利人口844.05万，绝大多数为奥地利人，外国人占9.3%，少数民族有斯洛文尼亚人、克罗地亚人和匈牙利人，约占人口的0.52%。官方语言为德语，98%的人讲德语。天主教为国教，信徒约占人口的84%。

2. 国旗、国徽、国歌、国花、国鸟、国石

国旗：呈长方形，长与宽之比为3∶2。自上而下由红、白、红三个平行相等的横长方形相连而成，旗面正中是奥地利国徽图案。

国徽：为一只鹰。黑色的雄鹰头戴金冠，两爪分别握着金色的锤子和镰刀，胸前的盾面上为国旗图案，鹰爪上还套有被打断的锁链。鹰是奥地利的标志，壁形金冠象征市民，镰刀和锤子象征农工，锁链被打断象征奥地利人民获得自由、解放。

国歌：《让我们拉起手来》。

国花：火绒草（雪绒花）。

国鸟：家燕。

国石：贵蛋白石。

3. 政治与经济

奥地利是联邦制共和国，实行议会民主制。总统是国家元首，行使国家最高权力，由普选产生。议会为两院制，由国民议会和联邦议会组成。总理为政府首脑。

奥地利工业国有化程度高，国有企业控制了95%的基础工业和85%以上的动力工业，其产值及职工人数均占其总数的70%。钢铁工业在国民经济中占有重要地位。农业发达，机械化程度高。服务业从业人员约占劳动力总数的56%，其中旅游业是最重要的服务行业。

奥地利货币通行欧元。

4. 节日与饮食习俗

国家的重要节日有：独立日（4月27日），国庆日（10月26日）。其他民间节庆主要有：元旦，主神节（1月6日），狂欢节，复活节，劳动节，耶稣升天日，圣灵降临节，基督圣体节，圣母升天节，圣诞节，圣斯特凡节（12月26日）。

奥地利人以面食为主食。注重菜肴丰盛和菜品营养，偏爱采用烤、煎、炸、酥等方法烹制的菜肴。口味偏重，喜欢咸、辣、甜味。喜饮酒，爱喝白葡萄酒，且酒量较大。喜欢中国的粤菜、川菜、苏菜。

5. 礼仪与禁忌

奥地利人在正式场合一般行握手礼。女人与男宾相见时，行屈膝礼。一些地区还保留着一种古老的寒暄方式：愿神降福于你。注重头衔，极守信誉。会面要预先约定，并应力求做到准时赴约。

不愿意谈论金钱、宗教及政治之类的话题。一般不吃带骨刺的菜肴。忌送红玫瑰（表示爱恋之情）、红康乃馨或成双数的花朵。忌讳数字“13”和“星期五”。

6. 旅游业

奥地利旅游业发达，是国家经济的支柱产业。音乐、森林和白雪是奥地利的旅游“三宝”。奥地利政府旅游管理机构是国家旅游局，国家旅游局属经济部管辖，在国外设有 20 家旅游办事处。

资料6-12

音乐王国

奥地利被人们称为音乐王国。奥地利历史上产生了众多名扬世界的音乐家：海顿、莫扎特、舒伯特、约翰·施特劳斯，还有出生德国但长期在奥地利生活的贝多芬等。这些音乐大师在两个多世纪中，为奥地利留下了极其丰厚的文化遗产，形成了独特的民族文化传统。奥地利萨尔斯堡音乐节是世界上历史最悠久、水平最高、规模最大的古典音乐节之一。一年一度的维也纳新年音乐会是世界上最有影响、最多听众的音乐会。建于 1869 年的皇家歌剧院（现名维也纳国家歌剧院）是世界最著名的歌剧院之一。维也纳爱乐乐团是举世公认的世界最高水平的交响乐团。

维也纳新年音乐会是世界音乐盛事，于每年的 1 月 1 日在维也纳金色大厅举行。演出的曲目是被称为“圆舞曲之王”的小约翰·施特劳斯及其家族的音乐作品，由世界上历史最悠久的维也纳爱乐乐团演奏。高雅、轻松、豪华、热烈是维也纳新年音乐会的最大特点。

维也纳新年音乐会于 1959 年开始第一次电视转播，不久便成为了欧洲文化的盛事。电视转播中，维也纳歌剧院芭蕾舞团还为新年音乐会配上了古典的维也纳舞蹈，这一传统一直保留至今。

资料6-13

滑雪乐园

奥地利是全世界第一滑雪大国。全境面积的 62％地处阿尔卑斯山区。奥地利利用这一得天独厚的条件，开辟了 76 个滑雪区，共有 800 多个滑雪场，22 000 千米的滑雪道。还有 3 500 多条缆车线路把游客快捷地送往每一个出发点。在奥地利，滑雪场有各种各样地形的滑道，适合各种年龄、各种程度的滑雪者。年轻人可以享受速度的刺激；中年人可以和老朋友一起滑雪、饮酒和聊天；老年人可以慢慢地滑，享受山间的清新空气和阳光；小孩可以和父母一起学习滑雪。

维也纳。奥地利首都。世界著名音乐城市和国际旅游胜地。面积 415 平方千米，人口 150 万。位于阿尔卑斯山北麓多瑙河畔，坐落在维也纳盆地中，蓝色的多瑙河从市区流过，森林从西、北、南三面环绕着城市，水秀山清，风景幽雅，素有“多瑙河的女神”之称。1 世纪，罗马人曾在维也纳建立城堡，是一座拥有 1 800 多年历史的古老城市。18 世纪，随着艺术的繁荣，维也纳作为“音乐城市”闻名遐迩。著名景点有维也纳国家歌剧院、维也纳音乐厅、霍夫堡宫、美泉宫等。

维也纳国家歌剧院是世界一流的大型罗马式歌剧院，是“音乐之都”维也纳的主要象征，素有“世界歌剧中心”之称。建于 1869 年，原是皇家宫廷剧院，1918 年改称国家歌剧院。二战后重建，恢复旧观。可容纳观众 1 600多人。

维也纳音乐厅是维也纳最古老也是最现代化的音乐厅，是每年举行“维也纳新年音乐会”的法定场所。始建于 1867 年。音乐厅属于奥地利音乐之友协会，协会拥有会员 7 000 多人，据说是世界上历史最久、人数最多的音乐组织。

霍夫堡宫是奥地利哈布斯堡王朝的宫苑，坐落在维也纳市中心。自 1275 年至 1913 年间，经过多次修建、重建，是由 2 500 个房间构成的迷宫。宫殿内的“奥地利画廊”珍藏着中世纪到现代的绘画和雕塑名作。

萨尔茨堡。奥地利西部小城，人口 15 万。濒临多瑙河支流萨尔茨河，是奥地利北部交通、工业及旅游中心。萨尔茨堡地处阿尔卑斯山北麓，阿尔卑斯山的秀丽风光与丰富多彩的建筑艺术浑然一体，被誉为全世界最美丽的城市之一，被联合国列为世界人类文明保护区。这里是大作曲家莫扎特的出生地，素有“音乐艺术中心”之称。

莫扎特故居坐落于萨尔茨堡市粮食大街 9 号，是一座金黄色的六层楼建筑。1756 年 1 月 27 日莫扎特就诞生在这里，并度过了他的童年。1917 年辟为莫扎特故居博物馆。

二　比利时

比利时，国名全称“比利时王国”。首都布鲁塞尔。

1. 简况

比利时位于欧洲西部，被誉为“西欧的十字路口”。面积 3.05 万平方千米。北连荷兰，东邻德国，东南与卢森堡接壤，南和西南与法国交界，西北隔多佛尔海峡与英国相望。比利时属于温带海洋性气候。

公元前克尔特族的比利时人在此居住。公元前 57 年起长期为罗马人、高卢人、日耳曼人分割统治。9～14 世纪被各国割据。14～15 世纪建立了勃艮第王朝。随后又陆续为西班牙、奥地利、法国所统治。1815 年被并入荷兰。1830 年 10 月 4 日独立。1867 年成为永久中立国。在两次世界大战中均被德国占领。二战后加入北约。1958 年加入欧共体，并与荷兰、卢森堡结成经济联盟。1993 年完成国家体制改革，正式实行联邦制。

比利时人口 1 107.7 万。弗拉芒族占 59.3%，瓦隆族占 40.1%，日耳曼族占 0.6%。官方语言为法语和荷兰语，居民说法语为主，少数人讲德语。90%的居民信奉天主教。

2. 国旗、国徽、国歌、国花、国鸟

国旗：呈长方形，长与宽之比为 15∶13。旗面从左到右由黑、黄、红三个平行相等的竖长方形相连构成。黑色是庄重而具有纪念意义的色彩，表示悼念在 1830 年独立战争中牺牲的英雄；黄色象征国家的财富和畜牧业与农业的丰收；红色象征爱国者的生命和热血，象征独立战争取得的伟大胜利。比利时是世袭君主立宪制国家。国王乘坐的汽车悬挂王旗，王旗与国旗不同，为四方形，旗地近似咖啡色，旗中间有比利时国徽，旗地四角处各有一顶王冠和在位国王名字的第一个字母。

国徽：为斗篷式。整个图案中心为盾面上有一头直立的狮子，其后为交叉的君王节杖，象征王权。盾形图案由利奥波德勋章绶带环绕，两侧各有一头举着国旗的狮子，上端为一顶王冠，饰环之下悬挂着一枚利奥波德（比利时第一代君主）勋章，底部的饰带上写着“团结就是力量”。斗篷上端装饰着王冠和代表比利时九个省的九面旗帜。

国歌：《布拉班人之歌》。

国花：虞美人。

国鸟：红隼。

3. 政治与经济

比利时实行君主立宪的联邦制。国王为国家元首、三军最高统帅。国王和议会共同行使立法权，与政府共同行使行政权，实权在政府，政府对议会负责。联邦议会实行两院制，众议院行使立法权，参议院仅有立法建议和咨询权。

比利时是发达的资本主义工业国家，经济高度对外依赖，80%的原料靠进口，50%以上的工业产品供出口。主要工业部门有钢铁、机械、有色金属、化工、纺织、玻璃、煤炭等行业。

比利时货币通行欧元。

4. 节日与饮食

比利时的节日和地方性节日很多。国家的重要节日有：独立日（10 月 4 日），国庆日（7 月 21 日）。民间节日主要有：新年，复活节，国际劳动节，耶稣升天节，圣灵降临节，法兰德斯纪念日（7月11日），圣母升天节，瓦隆节（9月27日），万圣节，第一次世界大战停战纪念日，国王日（11月15日），圣诞节。

资料6-14

班什狂欢节

比利时的班什狂欢节是与法国尼斯、德国科隆和意大利威尼斯的狂欢节齐名的欧洲四大著名狂欢节之一，其盛名已蜚声世界，每年都吸引着世界特别是欧洲各国的游人前往参加和观看。

著名的班什狂欢节，历史可追溯至中世纪，是欧洲现存的最古老的街道狂欢节之一。班什狂欢节的化装游行就是从那个时候传下来的，并不断发展和创新，现已成为比利时、法国、荷兰、卢森堡等国的民间重大节日。班什狂欢节从每年3月的第一个星期日开始，为期三天，第三天是最为热闹的一天。

比利时人以面食为主食，爱吃烤面包和甜面包。菜肴要求清淡，保持原味及营养，以各式海鲜最为著名。典型的比利时风味菜是炸土豆、贻贝或淡菜（即贻贝）加白酒。饮料多为啤酒及白兰地酒，咖啡、红茶是常用热饮料，水果是餐后必备食品。

5. 礼仪与禁忌

在社交场所和工作交往中常用握手礼。一般称呼先生、女士、夫人和小姐。比利时弗拉芒人见面时，一般都惯用拥抱礼和亲吻礼。爱打手势语，“OK”形手势或竖起拇指是表示赞美之意；“V”形手势是表示胜利和成功之意。

准时赴约是非常重要的，最好能提前几分钟到达。初次见面时主动递上名片的同时重复一下自己的名字，这样可以使对方了解自己的身份，并知道如何称呼。在社交场合或商业活动的聚会上，见面与告别时应与每个在场的人一一握手。

忌讳过问工资、年龄、婚姻等个人以及涉及政治、宗教等方面的话题。忌讳相互间的交叉式握手和交叉式的谈话。无论是普通约会，还是签署正式合同，一经允诺，不可轻易毁约。即使是一次极为普通的约会，如不能按时赴约，也要设法及时通知对方，并表示歉意。忌讳数字“13”和“星期五”。最忌蓝色，凡遇不祥之事，惯用蓝色作为标志。忌讳菊花。忌讳墨绿色。

6. 旅游业

比利时会议旅游颇具特色。主要旅游城市有布鲁塞尔、安特卫普、布鲁日等。比利时国家旅游管理机构是文化部下设的旅游局。

布鲁塞尔。比利时首都。欧盟和北大西洋公约组织总部所在地，同时有其他 700 多个国际组织和 100 多个外交使团在这里设立总部或办事处，因此被称为“欧洲的首都”。位于比利时中部斯海尔德河支流桑纳河畔。布鲁塞尔的居民中有 27%是外国人，使它成为一个真正意义上的国际城市。布鲁塞尔市区略呈五角形，名胜古迹甚多，是欧洲著名的旅游胜地。主要景点有原子模型、小于连雕像、滑铁卢古战场等。

原子模型地处布鲁塞尔易多明市立公园内，是布鲁塞尔的著名标志，人称“比利时的埃菲尔”。它是为纪念 1958 年布鲁塞尔世界博览会而兴建，一共有 9 个球，每个球直径达 18 米，最高的球离地 102 米，球与球之间有管道相通，安装有电动扶梯，供游人上下。

小于连雕像以青铜制成，高 60 厘米，建于 1619 年。树立于布鲁塞尔市中心区恒温街及橡树街转角处。有关这座塑像的传说有多个版本，其中最为人所熟知的是为了纪念一个名叫于连的小男孩，他的顽皮举动熄灭了要引爆整个市政厅的炸弹。

滑铁卢古战场位于布鲁塞尔南郊一片起伏的开阔地。1815 年法国拿破仑战败的地方。狮子山脚下的滑铁卢古战役展览厅，陈列着法国著名画家杜默兰于 1912 年完成的一幅长达 110 米、高约 12 米的环形壁画，描绘了在这场震撼世界的战争中两军激战以及拿破仑骑兵溃败的场面。

安特卫普。位于比利时西北部斯凯尔特河畔，是比利时第二大城市和最大的港口城市。它是世界著名的钻石加工中心和交易中心，加工的钻石绝大部分供出口，钻石交易量占全球的 60%。

三　丹　麦

丹麦，国名全称“丹麦王国”。首都哥本哈根。

1. 简况

位于欧洲北部的日德兰半岛。面积 4.3 万平方千米（不包括格陵兰和法罗群岛）。南同德国接壤，西濒北海，北与挪威、瑞典隔海相望。丹麦地势低平，平均海拔约 30 米。属于温带海洋性气候。平均气温 1 月－2.4 ℃，8 月 14.6 ℃。年均降水量约 860 毫米。

985 年形成统一王国。8～12 世纪曾征服现英国、挪威、法国莱茵河畔等地区。14 世纪走向强盛，并于 1397 年成立以丹麦女王玛格丽特一世为盟主的卡尔马联盟，疆土包括现丹麦、挪威、瑞典、冰岛、格陵兰、法罗群岛以及芬兰的一部分。15 世纪末开始衰落。1523 年瑞典脱离联盟独立。1814 年将挪威割予瑞典。1849 年建立君主立宪政体。1940 年 4 月至 1945 年 5 月被纳粹德国占领。1944 年冰岛脱离丹麦独立。1949 年加入北约，1973 年加入欧共体。拥有对格陵兰和法罗群岛的主权。

丹麦人口 521 万。丹麦人约占 95%，外国移民约占 5%。官方语言为丹麦语，英语为通用语。86.6%的居民信奉基督教路德宗。

2. 国旗、国徽、国歌、国花、国鸟

国旗：呈长方形，长与宽之比为 37∶28。丹麦国旗是世界上最古老的，被称为“丹麦人的力量”。旗地为红色，旗面上稍偏左侧有白色十字形图案。

国徽：为盾徽。金色的盾面上横置着三只头戴王冠的蓝色狮子，周围点缀着九颗红心。狮子和红心象征勇敢、忠诚、善良。盾上端是一顶华丽的王冠，象征丹麦是一个古老的王国。

国歌：《基里斯当挺立桅杆旁》。

国花：冬青。

国鸟：云雀、白天鹅。

3. 政治与经济

丹麦实行君主立宪制。国王为国家元首，议会为一院制。国王与议会共同拥有立法权，国王通过由其任命的内阁部长行使行政权。

丹麦是发达的工业国家，人均国民生产总值居世界前列。工业在国民经济中占主导地位。主要工业部门有食品加工、机械制造、石油开采、造船、水泥、电子、化工、冶金、医药、纺织、家具、造纸和印刷设备等。对外贸易是丹麦的经济命脉，主要原料靠进口，产品销售依赖国际市场。农牧渔业及食品加工业高度发达，农畜产品 65%供出口，猪肉、奶酪和黄油出口量居世界前列。丹麦是欧盟最大渔业国，北海和波罗的海为近海重要渔场。

丹麦法定货币为丹麦克朗（DKK）。1 克朗＝100 分。

4. 节日与饮食

丹麦的国家重要节日有：国庆日（女王玛格丽特二世生日，4 月 16 日），宪法日（6 月 5 日）。其他的主要节日有：元旦，耶稣受难日，复活节，劳动节，耶稣升天节，圣灵降临日，圣诞节。

丹麦人以面食为主食。菜肴注重新鲜。冷桌与开放式三明治是丹麦的特色饮食。开放式三明治就是在面包上面摆满各种食物，最基本的原料是一片面包和黄油，佐以啤酒和冰镇酒。冷桌就是提供丰富的冷热食品的自助餐，由用餐者自取。这是丹麦人待客最常见的形式。丹麦人喜爱中国的粤菜。

5. 礼仪与禁忌

丹麦人在社交场合一般行握手礼。丹麦女子（特别是未婚女子）在与有身份的男子见面时，一般行屈膝礼。喜欢以鲜花作为礼物，一般用三四朵康乃馨代表感谢的意思。给客人送黄色的花，给出门旅行的人送红色的花。应邀到家中做客时，应于约定时间的 1 刻钟内到达。

不喜欢谈论政治和社会问题等话题和私事。除葬礼、婚礼和接受洗礼外，忌讳使用白色的花。忌讳四人交叉握手。忌讳数字“13”和“星期五”。

6. 旅游业

旅游业是丹麦服务行业中的第一大产业。主要旅游点有哥本哈根、安徒生故乡——欧登塞、乐高积木城及日德兰半岛西海岸和最北角斯卡晏等。丹麦政府旅游管理机构是国家旅游局。

哥本哈根。丹麦首都。位于丹麦西兰岛东部，隔厄勒海峡与瑞典重要海港马尔默遥遥相对。人口 50.1 万。它是丹麦政治、经济、文化中心，全国最大和最重要的城市，北欧最大的城市，著名古城。哥本哈根集古典与现代于一体，集聚着充满童话气质的古堡与皇宫、乡村与庄园。哥本哈根艺术气息浓郁，从古老的古典艺术到缤纷的现代艺术，在这里都有丰富的展示，被誉为“北方的巴黎”。

资料6–15

皇宫林立的丹麦

丹麦王国是世界上最古老的君主国。从有史可考的哈拉尔国王（940—986 年在位）到现任君主玛格丽特二世女王，王室的血脉传承了千年之久。

千年的皇族历史，使皇宫的建造一直未曾停顿过。新一届的君主总是不满足于老国王遗留下的旧城，就设计建造自己的城堡。皇族不是只有一座城堡进行日常居住，还会在其他地方建立夏宫，或因特殊需要建立行政宫殿。因为诸多原因，导致了丹麦皇宫林立，新老城堡会聚一堂，而且基本都可向民众开放。由于城堡众多，名字烦琐，丹麦的皇宫都有别称。例如，菲登斯堡宫被称为“和平宫”，菲特烈堡宫又称“水晶宫”，克隆堡因被莎士比亚作为《哈姆雷特》的创作背景，又叫做“哈姆雷特堡”。

这些宫殿建筑都是由当时著名的建筑师来设计建造，从古典式样到融合了新世纪的建筑风格，姿态各异。

“美人鱼”铜像位于哥本哈根朗厄里尼港入口处的一块巨大鹅卵石上，1912年以安徒生童话《海的女儿》中的女主角为原型，由丹麦雕塑家埃德华·埃里克森用青铜雕铸。1913年8月23日安置，现已成为丹麦的象征。

趣伏里公园位于哥本哈根市中心，是丹麦著名的游乐园，有“童话之城”之称。每年4月22日至9月19日对外开放。园内设有20多条历险路线，还可浏览安徒生童话故事里一幕幕脍炙人口的童话情节。

圆塔坐落于哥本哈根市中心。建于1642年。高36米，直径15米。1716年，俄国沙皇彼得大帝访问哥本哈根时曾与其皇后卡特林娜登上塔顶。

安徒生博物馆。位于丹麦菲茵岛中部的欧登塞市。为纪念丹麦童话作家安徒生诞生100周年（1905年）兴建。展出大量安徒生的手稿作品、信件、画稿，安徒生童话故事的录像录音，以及有关安徒生生活的油画和雕塑。收集有68个国家出版的96种文字的安徒生著作。

四 芬 兰

芬兰，国名全称“芬兰共和国”。首都赫尔辛基。

1. 简况

芬兰位于欧洲北部。面积33.8万平方千米。与瑞典、挪威、俄罗斯接壤，南临芬兰湾，西濒波的尼亚湾。地势北高南低。境内因冰川作用形成了6万多个湖泊，有“万湖之国”之称。全国1/4的土地在北极圈内。属于温带海洋性气候。平均气温冬季−14 ℃～3 ℃，夏季13 ℃～17 ℃，年均降水量600毫米。

约9 000年前，芬兰人的祖先从南方和东南方迁居至此。12世纪后半叶始隶属于瑞典，1581年成为瑞典的一个公国。1809年俄国、瑞典战争后，被俄国占领并成为沙俄统治下的一个大公国，沙皇兼任芬兰大公。1917年12月6日宣布独立，1919年成立共和国。1939年至1940年芬苏战争（芬称“冬战”）之后，芬兰被迫同苏联签订了向苏联割让领土的“芬苏和约”。1941年至1944年纳粹德国进攻苏联，芬兰参与了对苏战争（芬称“续战”）。1944年2月，芬兰作为战败国签订了巴黎和约。1995年加入欧盟。

芬兰人口540.5万人。其中芬兰族占90.9%，瑞典族占5.4%，还有少量萨米人（又称拉普人）。人口大部分居住在气候比较温和的南部。官方语言为芬兰语和瑞典语。84.9%的居民信奉基督教路德宗，少部分的居民信奉东正教。

2. 国旗、国徽、国歌、国花

国旗：呈长方形，长与宽之比为18∶11。旗地为白色。稍偏左侧的十字形蓝色宽条将旗面分为四个白色长方形。蓝色象征湖泊、河流和海洋；另一说象征蓝天。白色象征白雪覆盖着的国土。旗面上的十字表示芬兰历史上与北欧其他国家的密切关系。

国徽：为红色盾徽。盾面上为一只头戴王冠的金色狮子，前爪握着一把剑，后爪踩着一把弯刀。九朵白色的玫瑰花点缀在狮子周围。狮子象征芬兰人民的勇敢和力量，九朵玫瑰花代表芬兰历史上的九个省。

国歌：《祖国》。

国花：铃兰花、绣球菊。

3. 政治与经济

芬兰实行共和制。总统是国家元首，拥有任命政府、掌管外交、统率三军等实权。议会为一院制，是国家最高权力机关和立法机关。国家立法权由议会和总统共同行使。

芬兰有丰富的森林资源，有“绿色金库”的美称。木材加工、造纸和林业机械等行业成为国家的经济支柱，是世界纸张、纸板和纸浆出口国。信息产业发达。

芬兰通行欧元。

资料6–16

森林王国

芬兰最重要的自然资源就是森林。全国森林面积 26.275 万平方千米，森林覆盖率高达 66%，居欧洲第一、世界第二。人均拥有林地约 4 万平方米，仅次于加拿大居世界第二位。树种以云杉林、松树林和白桦林居多，茂密的丛林中到处是鲜花和浆果。

芬兰以其森林资源优势，使森林工业成为国家经济的一大支柱。木材加工业历史悠久，技术先进，设备完善。造纸工业规模大，竞争力强，已跻身世界造纸业前列。全国有 44 万私有林主，最大的森工企业芬欧汇川集团，是全球 500 家最大企业之一。

4. 节日与饮食

芬兰重要的国家节日是：独立日（12 月 6 日）。其他的传统节庆主要有：元旦节，神灵节（1 月 6 日），耶稣受难日，复活节，五一节，耶稣升天日，降灵节，仲夏节，万圣节，圣诞节，节礼日。

芬兰人的食物以肉类、鱼类和土豆为主，肉类以牛肉和猪肉为主。牛奶和奶酪是主要的副食。嗜喝汤。喜欢饮酒，酒量也较大。喜爱中国的苏菜、京菜。芬兰是桑拿浴的发源地，享受桑拿浴后用餐已形成为一种生活习惯。

5. 礼仪与禁忌

在社交场合一般行握手礼。与外国友人相会时，尤其是对到家中做客的朋友，喜欢让对方签名并留言，以示对友情的珍重。愿意别人以职衔称呼。约会应预先安排，要准时赴约。

忌讳交叉式握手或交叉式谈话。忌讳数字“13”和“星期五”，并视其为不吉祥的数字与日期。忌食动物内脏。

6. 旅游业

芬兰主要旅游城市有赫尔辛基、罗瓦涅米等，以观赏极光而著称。芬兰政府旅游主管机构是国家旅游局，属贸易与工业部管辖，由外交部、财政部、交通部、饭店餐饮业等组成的旅游理事会领导。各市镇设有旅游办公室。

赫尔辛基。濒临波罗的海，是一座古典美与现代文明融为一体的都市。建于1550年，1812年成为芬兰首都。人口近58万。赫尔辛基三面都被湛蓝的海水及岛屿所包围，被称为“波罗的海的女儿”。城内建筑风格独特，多用浅色花岗岩建成，故有“北方洁白城市”之称。优美的环境融合丰富的文化，以及众多的博物馆，形成了对世界各地游客的强大吸引力。主要名胜有芬兰堡、大教堂、岩石教堂等。

芬兰堡位于赫尔辛基外海上的一串小岛上。建于250多年前，是现存世界上最大的海上要塞。岛上的炮台、城堡和军营都保存完好，还有数十座博物馆。

岩石教堂是从一整块岩石中开凿出来的教堂。1969年完工。教堂外，看到的是一块巨大的岩石，只有一个直径20多米的淡蓝色铜制圆形拱顶暴露在岩石的最上面。教堂的正厅可以容纳约750人做礼拜。

大教堂位于议会广场，是路德派教堂。乳白色的大教堂建于1852年。大教堂顶端是带淡绿色圆拱的钟楼，高出海平面80多米，是赫尔辛基的象征，也是赫尔辛基的重要地标。

罗瓦涅米。位于赫尔辛基以北800千米，面积101平方千米，人口3.5万，是芬兰北部拉普兰省省会。城内林木葱郁，秀丽而宁静，是芬兰北部的政治、经济、文化与旅游中心，被称为“圣诞老人的故乡”。

五 荷 兰

荷兰，国名全称“荷兰王国”。首都阿姆斯特丹。

1. 简况

荷兰位于欧洲西北部。面积 4.15 万平方千米。东邻德国，南接比利时，西、北濒北海。境内 24%的面积低于海平面，1/3 的面积仅高出海平面 1 米。从 13 世纪开始围海造田，增加土地面积约 0.6 万平方千米。属于温带海洋性气候。沿海地区平均气温夏季 16 ℃，冬季 3 ℃；内陆地区夏季 17 ℃，冬季 2 ℃。年平均降水量 797 毫米。

16 世纪前长期处于封建割据状态。16 世纪初受西班牙统治。1568 年爆发延续 80 年的反抗西班牙统治的战争。1581 年北部七省成立荷兰共和国（正式名称为尼德兰联合共和国）。1648 年西班牙正式承认荷兰独立。17 世纪曾为海上殖民强国。18 世纪后，荷兰殖民体系逐渐瓦解。1795 年法军入侵。1810 年并入法国。1814 年脱离法国，翌年成立荷兰王国。1848 年成为君主立宪国。第一次世界大战期间保持中立。第二次世界大战初期宣布中立。1940 年 5 月被德国军队侵占，王室和政府迁至英国，成立流亡政府。战后放弃中立政策，加入北约和欧共体及后来的欧盟。

荷兰人口 1 673.37 万。81%以上为荷兰族。官方语言为荷兰语，弗里斯兰省讲弗里斯语。31%的居民信奉天主教，21%的居民信奉基督教新教。

2. 国旗、国徽、国歌、国花、国鸟、国石

国旗：呈长方形，长与宽之比为 3∶2。自上而下由红、白、蓝三个平行相等的横长方形相连而成。蓝色表示国家面临海洋，象征人民的幸福；白色象征自由、平等、民主，代表人民淳朴的性格特征；红色代表革命胜利。

国徽：即奥伦治·拿骚王室的王徽。为斗篷式。顶端带王冠的斗篷中有一盾徽，蓝色盾面上有一只头戴三叶状王冠的狮子，一爪握着银色罗马剑，一爪抓着一捆箭，象征团结就是力量。盾徽上面有一顶王冠，两侧各有一只狮子，下边的蓝色饰带上写着威廉大公的一句格言："坚持不懈"。

国歌：《威廉·凡·拿骚》。

国花：郁金香。

国鸟：琵鹭。

国石：钻石。

3. 政治与经济

荷兰是君主立宪制王国。立法权属国王和议会，行政权属国王和内阁。枢密院为最高国务协商机构，主席为国王本人。议会由一院和二院组成。二院拥有立法权；一院有权同意或拒绝批准法案，但不能提出或修改法案。

荷兰是发达的资本主义国家，经济强国。工业发达，主要工业部门有食品加工、石油化工、冶金、机械制造、电子、钢铁、造船、印刷、钻石加工等。花卉业是荷兰的支柱产业，花卉出口占国际花卉市场的40%～50%。

荷兰通行欧元。

4. 节日与饮食

荷兰的节日众多，主要节日有：新年，耶稣受难日，复活节，女王日（4月30日），解放日（5月5日），耶稣升天日，降灵节，圣诞节。

荷兰人以面食为主食，爱吃米饭。一般餐前习惯喝饮料。习惯使用餐巾，餐桌上要有调味品。喜爱中国的苏菜、粤菜。

5. 礼仪与禁忌

在正式场合一般行握手礼，要与在场的人一一握手，包括孩子。与一般朋友相见时，大多行拥抱礼。在与亲密好友相见时，也行吻礼（一般是亲吻双颊）。正式信函来往要用头衔称呼，在其他情况下可以不拘形式。

事先预定约会时间，并准时赴约。赴约习惯送鲜花、巧克力或类似的礼物，新颖别致的礼物最受欢迎。不能将食品作为礼物。

忌讳宗教信仰、工资、婚姻、个人去向等话题。喝咖啡忌讳一杯倒满，认为倒满为失礼和缺乏教养的行为，倒在杯子的2/3处才为合适。忌讳别人对他们拍照。忌讳交叉式握手和交叉式谈话。忌讳数字“13”和“星期五”。

6. 旅游业

荷兰有良好的旅游环境和条件，主要旅游胜地有阿姆斯特丹、海牙、鹿特丹等名城。风车、木鞋、郁金香、钻石、奶酪号称荷兰“五宝”。荷兰政府旅游主管机构为经济部下设的国家旅游局。负责旅游宣传推广的是荷兰旅游委员会。

资料6–17

荷兰的特色文化

博物馆世界。荷兰有600多座博物馆，收集了古代的绘画、玩具、铜钱盒、陶器、木鞋等文物。最著名的是阿姆斯特丹国家博物馆。建于1973年的梵高博物馆，以收藏有梵高黄金时期最珍贵的200幅画作而备受瞩目。恩克浩斯和阿纳姆的露天博物馆，有农庄、小屋、工业基地等，再现了荷兰不同时期的生活方式。

风车王国。荷兰临海，地势低洼平坦，因此常年多风。自古以来，荷兰人便利用这一自然条件，建造风车，进行排涝灌溉等生产活动。荷兰人发明的风车是各种各样的，如轴式风车、裙式风车、落地式风车、平台式风车、围墙式风车、塔式风车、八边木制顶动风车和圆形顶动风车等。随着现代科技的发展，大部分风车失去了它在生产中的功效，却成为了享誉世界的历史文化遗产。荷兰曾有风车 9 000 座，但现在只有不到 1 000 座，分布在广大乡村。

欧洲花园。荷兰是鲜花之国，素有“欧洲花园”之称。郁金香、水仙、玫瑰、风信子和石竹等成片成片分布，香气馥郁，色彩缤纷。特别是春天郁金香开花季节，绵延几十里的花田，一望无际。郁金香成为荷兰老百姓美化生活必不可少的一部分，郁金香也渐渐成了荷兰的象征。荷兰的鲜花出口量占到全球的 70%，阿斯梅尔花卉拍卖行掌握着全球鲜花市场的命脉，每年有 37 亿朵鲜花、3.7 亿个盆栽通过这个拍卖行卖到世界各地。

阿姆斯特丹。荷兰首都。位于艾瑟尔湖西南岸，为欧洲内陆水运的交汇点。人口 73.5 万。地势低于海平面 1～5 米，阿姆斯特尔河从市内流过，市内有 160 多条大小水道，由 1 000 余座桥梁相连，被称为“北方威尼斯”。由于地少人多，河面上泊有近 2 万家“船屋”。阿姆斯特丹是荷兰最大的工业城市和经济中心，工业用钻石产量占世界总量的 80%。阿姆斯特丹西南郊的阿斯梅尔花卉市场是世界上最大的花市，花卉销往 100 多个国家。著名景点有世界上最大的郁金香公园——哥肯霍夫公园。

海牙。荷兰政府和议会所在地，荷兰第三大城市。位于荷兰西海岸距北海 6.4 千米的平原上。面积 70 余平方千米，人口 50 多万。建于 13 世纪，被称为欧洲“最大和最美的村子”。

鹿特丹。荷兰第二大城市，世界最大的港口，面积 200 多平方千米，人口 57 万。位于欧洲莱茵河与马斯河汇合处。整座城市展布在马斯河两岸，距北海约 25 千米，有新水道与北海相连。港区水域深广，内河航船可通行无阻，外港深水码头可停泊巨型货轮和超级油轮，连接欧、美、亚、非、澳五大洲的重要港口，素有“欧洲门户”之称。

六　瑞　士

瑞士，国名全称“瑞士联邦”。首都伯尔尼。

1. 简况

瑞士位于欧洲中部。面积 4.13 万平方千米。与奥地利、列支敦士登、意大利、法国和德国接壤。地处北温带，受海洋性气候和大陆性气候交替影响，气候变化较大，年平均气温 9 ℃。

1291 年 8 月 1 日，乌里、施维茨和下瓦尔登三个州在反对哈布斯堡王朝的斗争中秘密结成永久同盟，为瑞士建国之始。1815 年维也纳会议确认瑞士为永久中立国。1848 年制定宪法，设立联邦委员会，成为统一的联邦制国家。

瑞士人口 779.2 万，其中瑞士人占 77.41%，外籍人占 22.59%。通用德语、法语、意大利语及拉丁罗曼语。居民中讲德语的占 63.7%，讲法语的占 20.4%，讲意大利语的占 6.4%，讲拉丁罗曼语的占 0.5%，讲其他语言的占 9%。瑞士 48%的居民信奉天主教，44%的居民信奉基督教，信奉其他宗教的占 5%。

2. 国旗、国徽、国歌、国花、国石

国旗：呈正方形。旗底为红色，正中一个白色十字。白色象征和平、公正和光明，红色象征着人民的胜利、幸福和热情；国旗的整组图案象征国家的统一。正方形象征国家在外交上采取的公正和中立的政策。

国徽：为盾徽。图案与颜色和国旗相同。

国歌：《瑞士国歌》。

国花：高山火绒草。

国石：水晶石。

3. 政治与经济

瑞士是联邦制国家，各州为主权州，有自己的宪法。联邦委员会是国家最高行政机构，联邦委员会主席为瑞士联邦主席，是国家元首兼政府首脑。联邦议会由国民院和联邦院组成，是联邦的立法机构。

瑞士是高度发达的工业国。机械制造、化工、医药、高档钟表、食品加工、纺织业是瑞士工业的主要支柱行业。主要农作物有小麦、燕麦、马铃薯和甜菜。

瑞士法定货币为瑞士法郎（CHF）。1 瑞士法郎＝100 生丁。

4. 节日与饮食

瑞士重要的国家节日是：国庆日（8 月 1 日）。其他的传统节日主要有：元旦，耶稣受难日，复活节，劳动节，耶稣升天日，降灵节，葱头节（每年 11 月第四个星期的星期一），圣诞节。

瑞士人以面食为主食，喜吃米饭。喜食土豆，花样繁多。不喜欢吃辣味过重的菜肴。喜爱中国的粤菜、苏菜。

5. 礼仪与禁忌

瑞士人与人相见一般行握手礼。在公共场合，"你好"、"谢谢"、"请"一类的礼貌用语使用频繁。瑞士人比较保守，认为炫耀财富是不礼貌的。事先约会是必要的，并且重视遵守时间。

酷爱清洁，十分注意保持公共场所的卫生。也十分重视环境污染问题，因此在保护环境卫生、防止污染方面有许多严格而具体的规定。

忌讳年龄、工资、家庭状况等话题。回避减肥和节食的话题，尤其在就餐之时。不愿看到在公共场所晒衣服，认为这样很不雅观，会影响环境。忌讳数字“13”和“星期五”。忌讳猫头鹰，认为它是一种祸鸟，给人以刺探、欺骗、阴谋和险恶的印象。

6. 旅游业

瑞士旅游业十分发达。瑞士洛桑旅游学校为世界培养了大量旅游专业人才。主要旅游点是苏黎世、日内瓦、卢塞恩和洛桑等地。瑞士政府旅游主管机构为经济部下设的国家旅游局，为半官方的协会性事业机构。

资料6-18

旅行者的天堂

瑞士保持有完好的徒步旅行路线，是一个理想的徒步旅行的国家。徒步旅行的选择很多，可以选择从较容易的湖边散步，到比较艰难的山地旅行或冰川游览；可以选择徒步一日游览，或从一个营地到另一个营地的徒步旅行。瑞士徒步旅行的最好季节是从5月到10月。为了方便旅行，徒步旅行图书在当地旅游机构或书店里都能购买到，并且大多数火车站都有自行车出租，还是联网的，可在任何其他火车站还车。

在瑞士旅行，阿尔卑斯山地区的山峰最富有挑战性，可提供许多具有吸引力的旅游和攀登项目，并且登山学校可提供导旅服务和登山攀岩训练。对那些喜爱冒险的人来说，漂流、独木船、快艇、滑翔、跳伞、蹦极运动、骑马等，都是其乐无穷的运动；对滑雪者来说，很多大斜坡和特别垂直的降落点，会给人带来惊险刺激的乐趣。每个瑞士游览胜地都设有网球场，许多旅馆也有自己的网球场，在比赛的同时可以享受美丽的风景与宜人的气候。大多数湖滨都开设有人们喜爱的运动，如帆船、滑水和帆板等。

伯尔尼。位于瑞士的中西部，阿勒河两岸。西岸为老城，东岸为新城，是一座具有八百年历史的名城。人口14万。1848年成为瑞士联邦的首都。伯尔尼在德语中是“熊”的意思。故“熊”成了伯尔尼流行的装饰图案，也成为该市的市徽。伯尔尼以“表都”闻名于世。

钟塔是伯尔尼的城市象征。塔中的小人会在每一整点前的4分钟旋转着从华美的钟塔中出来报时，吸引游人驻足。

苏黎世。瑞士最大的城市。人口36.9万。位于阿尔卑斯山北部，苏黎世湖西北端，利马特河同苏黎世湖的河口。许多著名的科学家，包括爱因斯坦和核物理创始人之一的沃尔弗同·波里都在这里学习和工作过。苏黎世工商业历来兴盛，工业占全国第一位，机器制造业占全国生产总值的3/4。苏黎世不仅是瑞士最大的金融中心，而且是西欧重要的金融中心。

圣彼得大教堂始建于1534年。教堂塔钟楼上有欧洲最大的教堂钟指针盘，钟的盘面直径有8.7米，时针长3米，分针长4米。

日内瓦。坐落于莱芒湖畔，其南、东、西三面都与法国接壤，自古以来为兵家必争之地。罗纳河穿城而过，湖与河的汇合处，由数座桥梁连接着两岸的老城和新城。人口20万。日内瓦是一个国际性城市，是联合国日内瓦总部、国际红十字会等200多个国际组织及人道主义机构所在地，被誉为“和平之都”。

万国宫是日内瓦最著名的建筑，联合国日内瓦总部所在地。坐落在莱芒湖右岸的阿丽亚娜公园内，建筑面积18 600平方米。建筑装修处处体现了“万国”特色。

花钟为日内瓦著名景点，也是日内瓦的象征，直径5米。瑞士的能工巧匠将花卉之美同钟表的制造工艺完美地结合起来，别出心裁地创造出了“花钟”。

洛桑。位于瑞士西南、日内瓦湖北岸、侏罗山南部，是著名的游览胜地和疗养区。弗隆河和卢夫河从市区穿过，将城市分为三部分。市内风光秀美，许多著名的欧洲文学家如拜伦、卢梭、雨果和狄更斯等都先后在此居住过，故洛桑又有“国际文化城”之称。洛桑还是国际奥委会总部所在地。

奥林匹克博物馆坐落在日内瓦湖畔，1993年建立，是世界上唯一的奥林匹克博物馆。收藏并展示了从第一届雅典奥运会至今的上万件珍藏品，是世界最大的奥林匹克运动资料中心。

圣母大教堂建于12世纪中叶，是瑞士规模最大的教堂，洛桑城市形象的象征。

采尔马特。位于瑞士南部阿尔卑斯山的群峰之中的小镇，海拔1 620米，素有“冰川之城”的美称。这里是阿尔卑斯山的观光胜地和世界顶级滑雪胜地，38座海拔4 000米以上的高峰围绕着小镇，滑雪道总长245千米。

七　希　腊

希腊，国名全称“希腊共和国”。“希腊”一词，在希腊文中意为“希伦人居住的地区”。古时候，希腊人自称为亚该俄斯人或达好俄斯人，后来改称为希腊人，称自己的国土为希腊。首都雅典。

1. 简况

希腊位于巴尔干半岛最南端。面积约 13.2 万平方千米。三面环水，西南濒爱奥尼亚海，东临爱琴海，南隔地中海与非洲大陆相望。多半岛、岛屿，多曲折港湾。最大半岛为伯罗奔尼撒半岛，最大岛屿是克里特岛。境内多山，3/4 为山地，奥林匹斯山在希腊神话中被认为是诸神寓居之所，海拔 2 917 米，是全国最高峰。

希腊除高山地区外，属亚热带地中海式气候。冬季平均气温 6 ℃～13 ℃，夏季平均气温 23 ℃～33 ℃。年降水量东部 400～700 毫米，西部 900～1 200 毫米。

公元前 2800 至前 1400 年，克里特岛和伯罗奔尼撒半岛先后出现了米诺斯文化和迈锡尼文化。公元前 800 年形成了数以百计的独立城邦。雅典、斯巴达、底比斯等是其中最发达的城邦。公元前 5 世纪为希腊鼎盛时期。1460 年为奥斯曼帝国所统治。1821 年 3 月 25 日，希腊爆发反侵略战争，同时宣布独立。第二次世界大战期间，希腊被德、意军占领。1944 年全国解放，恢复独立。1946 年国王复位。1967 年 4 月军人发动政变，建立了军人独裁政权。1973 年 6 月废黜国王，确立共和制。1974 年 7 月军政府垮台，12 月公民投票确立国家政体为共和制。

希腊人口 1 131 万，其中 98%以上是希腊人，外来移民以来自阿尔巴尼亚的最多。官方语言为希腊语。东正教是希腊国教，约 97.6%的居民信奉东正教，另外还有天主教、伊斯兰教、犹太教等。

2. 国旗、国徽、国歌、国花、国石

国旗：呈长方形，长与宽之比为 3∶2。由蓝、白相间的横条组成，四道白条，五道蓝条。靠旗杆一侧上方有一蓝色正方形，上有白色十字。九道宽条表示希腊的一句格言“不自由毋宁死”。蓝色代表蓝天，白色代表宗教信仰。

国徽：为由橄榄枝环抱的盾徽。近似方形的蓝色盾面上镶嵌着一个白色十字，白十字象征宗教信仰。

国歌：《自由颂》。

国花：橄榄。

国石：蓝宝石。

3. 政治与经济

希腊实行议会共和制政体。总统为国家元首。议会为一院制，立法权属议会和总统。行政权属总统和总理。司法权由法院行使。

希腊是欧盟中经济欠发达国家之一，经济基础比较薄弱。主要工业有采矿、冶金、纺织、造船、建筑等。希腊是传统的农业国。服务业是经济的重要组成部分，旅游业是获得外汇、维持国际收支平衡的主要途径之一。

希腊通行欧元。

4. 节日与饮食

希腊重要的国家节日是：国庆日（独立日，3 月 25 日）。其他传统节庆主要有：新年，主显节（1 月 6 日），复活节，劳动节，圣诞节。

希腊人以面食为主食。喜吃牛肉和羊肉。嗜酒，嗜饮浓咖啡，喜欢吸烟。喜爱中国的京菜和川菜。

5. 礼仪与禁忌

在社交场合常行握手礼。熟悉的朋友和亲人间，常相互拥抱。上了年纪的人很有威望，受到尊敬，对他们要用恭敬的称号并要优先招待。赴约不是很准时。

忌讳当众打喷嚏和用手帕擦鼻涕。忌讳使用招手和摆手的动作，认为这是蔑视人的一种行为。有不准随意拍照的规定。忌讳数字“13”和“星期五”。不喜欢黑色。厌恶黑猫。

6. 旅游业

希腊是欧洲的文明古国、西方文明的摇篮，各种古文明遗迹、博物馆和展览馆，对旅游者有着很大的吸引力。希腊国家旅游管理机构是旅游与航空部。

雅典。希腊首都，希腊最大的城市，面积 0.9 万平方千米，人口 370 万。位于巴尔干半岛南端，三面环山，一面傍海。市内多小山，基菲索斯河和伊利索斯河穿城而过。雅典对欧洲及世界文化曾产生过重大影响，自古有“西方文明的摇篮”之美誉。

雅典是驰名世界的文化古城，历史上曾创造了辉煌的古代文化，在数学、哲学、文学、建筑、雕刻等方面都曾取得过巨大成就，至今仍保存着很多古代文化遗址。雅典旅游业十分发达，已成为雅典重要的经济支柱之一。

雅典卫城位于雅典西南海拔 150 米的石灰岩山冈上，是祭祀雅典守护神雅典娜的神圣地。距今已有 3 000 年的历史，古希腊建筑的代表作。现存的主要建筑有卫城山门、雅典娜女神庙、帕提农神庙、伊瑞克提翁神庙（伊瑞克先神庙）、胜利神庙等。帕提农神庙建于公元前 447—438 年，又称“雅典娜巴特农神庙”，是希腊祭祀诸神之庙，是供奉雅典娜女神的最大神殿。

奥林匹亚遗址。位于希腊伯罗奔尼撒半岛西部的皮尔戈斯之东，阿尔费夫斯河与克拉泽夫斯河汇流处，距雅典 370 千米。始建于公元前 2000—前 1600 年，从公元前 8 世纪至 4 世纪末，因举办祭祀宙斯主神的体育盛典而闻名于世，是奥林匹克运动会的发祥地。从公元前 776 年开始，到 394 年止，历经 1 168 年，共举行了 293 届古代奥林匹克运动会，成为古代希腊最盛大的节日。为纪念奥林匹亚运动会，1896 年在雅典举行了近代第一届奥林匹克运动会。以后，运动会虽改为轮流在其他国家举行，但仍用奥林匹克的名称，并且每一届的火炬都从这里点燃。

思考与习题

1. 本区主要客源国的社交、禁忌等习俗上有什么共同点？
2. 简述英国主要人文旅游资源。
3. 简述法国主要旅游资源。
4. 简述法国文学、艺术上的主要成就。
5. 为什么说德国是“诗人和哲人的国度”？
6. 俄罗斯大部分国土都在亚洲，为什么说俄罗斯是欧洲的国家？
7. 法国巴黎是世界著名旅游城市，有哪些主要旅游景点？
8. 简述意大利主要人文旅游资源。
9. 俄罗斯有哪些文化名人？代表作是什么？
10. 德国有哪些著名的音乐大师？
11. 列出奥地利的主要旅游景点。
12. 列出丹麦的主要旅游景点。
13. 列出荷兰的主要旅游景点。
14. 列出瑞士的主要旅游景点。

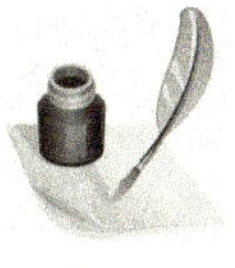

第七章
大洋洲地区国家

➤**教学目标** 知识目标：了解大洋洲地区主要客源国的基本概况；掌握人文习俗和著名旅游景点

能力目标：分析本区主要客源国在物产上的特点

➤**教学难点** 本区客源国的禁忌和民俗

➤**教学重点** 本区主要客源国的人文习俗和著名旅游景点

➤**主要内容** **澳大利亚**

基本国情　习俗礼仪　主要城市和旅游景点

新西兰

基本国情　习俗礼仪　主要城市和旅游景点

大洋洲位于太平洋西南部和南部的赤道南北广大海域中。介于亚洲和南极洲之间，西邻印度洋，东临太平洋，与南北美洲遥遥相对。包括澳大利亚、新西兰等14个独立国家，以及十多个美、英、法等国的属地。面积897万平方千米，人口2 900万。大洋洲是世界七大洲中陆地面积最小、人口最少的大洲。绝大部分居民使用英语。居民绝大部分信奉基督教，少数信奉天主教、印度教。

第一节　澳大利亚

澳大利亚，国名全称“澳大利亚联邦”。“澳大利亚”一词，意即“南方大陆”，欧洲人在17世纪初叶发现这块大陆时，误以为这是一块直通南极的陆地，取名“澳大利亚”。首都堪培拉。

一　基本国情

1. 地理气候

澳大利亚位于南半球大洋洲东部，处于南太平洋和印度洋之间，由澳大利亚大陆和塔斯马尼亚岛等岛屿及海外领土组成，是世界上最大的岛国，面积769.2万平方千米，占大洋洲的绝大部分。东濒太平洋的珊瑚海和塔斯曼海，西、北、南三面临印度洋及其边缘海。

澳大利亚虽四面环水，沙漠和半沙漠却占全国面积的35%。全国分为东部山地、中部平原和西部高原三个地区。最高峰科修斯科山海拔2 230米。中部的埃尔湖是澳大利亚的最低点，湖面低于海平面12米。东部沿海有全世界最大的珊瑚礁大堡礁。

澳大利亚北部属热带气候，西部和中部是热带和亚热带沙漠气候，东部主要是温湿的亚热带气候，东南部是温带气候，南部是地中海气候。内陆地区干旱少雨，年降水量不足200毫米，东部山区500～1 200毫米。年平均气温北部27 ℃，南部14 ℃，年均降水量465毫米。

2. 发展简史

澳大利亚最早的居民为土著人。1770年，英国航海家詹姆斯·库克抵达澳大利亚东海岸，宣布英国占有这片土地。1788年1月26日（1月26日被定为国庆日），英国首批移民抵澳，开始建立殖民地。1900年7月，英国议会通过《澳大利亚联邦宪法》和《不列颠自治领条例》。1901年1月1日，澳各殖民区改为州，成立澳大利亚联邦。1931年，澳成为英联邦内的独立国家。1986年，英议会通过《与澳大利亚关系法》，澳获得完全立法权和司法终审权。

3. 人口与居民

澳大利亚人口2 279万。居民中，74%是英国及爱尔兰后裔，18.3%为欧洲其他国家后裔，亚裔占5%，土著居民约占2.7%。

澳大利亚官方语言是英语。

澳大利亚的居民大多数信奉基督教（占总人口的75%以上），也有人信仰犹太教、伊斯兰教和佛教。

资料7-1

“民族拼盘”的国度

澳大利亚是典型的移民国家，被社会学家喻为“民族的拼盘”。自英国移民踏上这片土地之日起，已先后有来自120个国家的140个民族的人移民到澳大利亚。多民族形成的多元文化是澳大利亚社会的一个显著特征。

澳大利亚在文化艺术方面展示了它的丰富多彩。一方面有体现土著人生活文化的绘画、文学和音乐，另一方面也有表现西方传统的艺术、文学、现代舞蹈、电影、歌剧和戏剧。亚太地区的地理位置也是影响其文化的一个重要因素。因此，澳大利亚的文化艺术作品在其内容和风格上，往往融合了澳大利亚和其他国家的特色。

4. 国旗、国徽、国歌、国花、国鸟、国树

国旗：呈横长方形，长与宽之比为2∶1。旗地为深蓝色，靠旗杆的左上方是红白“米”字，“米”字下面为一颗较大的白色七角星。旗的右边为五颗白色的星，其中一颗小星为五角，其余均为七角。澳大利亚为英联邦成员国，国旗的左上角为英国国旗图案，表明澳大利亚与英国的传统关系。一颗最大的七角星象征组成澳大利亚联邦的六个州和联邦区。五颗小星代表南十字星座，为“南方大陆”之意，表明该国处于南半球。

国徽：左边是一只袋鼠，右边是一只鸸鹋，这两种动物均为澳大利亚所特有，是国家的标志、民族的象征。中间是一个盾，盾面上有六组图案分别象征这个国家的六个州。盾形上方为一枚象征英联邦国家的七角星，周围饰以澳国花金合欢。底部的绶带上用英文写着“澳大利亚”。

国歌：《前进！美丽的澳大利亚》。

国花：金合欢。

国鸟：琴鸟。

国树：桉树。

澳大利亚以绿色和金黄色作为国色。

资料7-2

有袋类动物之国

世界上现有240种左右的有袋动物，有170种左右生活在澳大利亚及其附近岛屿，如袋鼠、树袋熊等。澳大利亚是名副其实的“有袋类动物之国”。另外，有70种左右的有袋动物生活在南美洲的草原地带，如负鼠等。

袋鼠，是澳大利亚代表性动物，也是最出名、最逗人喜爱的珍兽。它的形象出现在澳大利亚的国徽上，几乎成了澳大利亚的同义词。袋鼠种类多达50种以上，有身长超过1米的红袋鼠，以及到处都看得到的灰袋鼠，还有栖息在树上的小型树袋熊等。

树袋熊生活在澳大利亚大陆东海岸，非常可爱，通常被叫做“考拉”，是土著语“不想喝水”之意。实际上，树袋熊一天吃1千克尤加利树叶，其中含大量水分，所以没有喝水的必要。

袋熊是从树袋熊中分出来的种类，它的体型比树袋熊还短粗，更加显得可笑，有普通袋熊和毛袋熊等。

5. 政治与经济

澳大利亚的国体承袭英国的君主立宪制，政治体制为议会制。国家元首是英国女王。总督根据澳大利亚政府的提名，由女王任命，为法定的最高行政长官。联邦政府和议会负责各种涉及全国利益的事务。联邦议会是最高立法机构，由参、众两院组成。在众议院中占多数的政党或多党联盟组成政府，政府部长必须是议员。内阁由总理主持，内阁会议不拘形式，秘密举行。主要政党有澳大利亚工党、自由党、国家党。

澳大利亚有“骑在羊背上”和“坐在矿车上”之美称。矿产资源丰富，是世界重要的矿产资源生产国和出口国。铅、镍、银、钽、铀、锌的储量居世界首位，是世界最大的烟煤、铝矾土、铅、钻石、锌及精矿出口国。农牧业发达，是世界最大的羊毛和牛肉出口国。渔业资源十分丰富，是世界第三大捕鱼区。

澳大利亚法定货币为澳大利亚元（AUD）。1 澳大利亚元＝100 分。

二　习俗礼仪

1. 节日庆典

澳大利亚重要的国家节日是：国庆日（1 月 26 日）。

其他的传统节庆主要有：元旦，复活节，澳纽兵团日（4 月 25 日），女王诞生日（6 月 9 日），圣诞节，开盒节（12 月 26 日）。

2. 饮食习俗

澳大利亚国内居民 95％为英国移民的后裔，因此生活及饮食习惯基本与英国人相似。以面食为主食，口味喜欢酸甜味，不喜太咸。爱吃鱼类的菜肴，不吃辣味。喜爱中国风味的清汤饺子和中国的淮扬菜、浙菜、沪菜、京菜。

澳大利亚一些岛屿上的人把黏土视为美味佳肴，招待远方来客的最好食物就是各色黏土。澳大利亚土著人嗜好嚼猪笼草，每当聚会之时，都以此来互相款待共同咀嚼。他们还有食“蜜蚁”昆虫的习惯。

3. 社交礼仪

澳大利亚人通行西方礼仪。一般行握手礼，喜欢紧紧地热烈握手，并彼此以名字相称。有些土著居民，握手方式是由两人中指相互勾住，而不是全指掌相握。

澳大利亚人有强烈的社会责任感，高度重视集体的努力。平等意识较强，交往时应注意一视同仁，乘出租车必须有一人与司机并排坐，以示尊重。事先约会是必要的，必须准时赴约。交谈时应回避政治、宗教和个人私事等话题。

4. 禁忌

忌讳竖大拇指表示赞扬。忌讳对人眨眼，即使是很友好地向人眨眼（尤其是妇女），也被认为是极不礼貌的行为。忌讳兔子及兔子图案，认为兔子是一种不吉祥的动物。讨厌数字“13”，认为“13”会给人们带来不幸和灾难。忌讳自谦的客套语言，认为那是虚伪和无能或看不起人的表现。忌讳送菊花、杜鹃花、石竹花和黄颜色的花。

伊斯兰教徒恪守教规，禁食猪肉和使用猪制品。

三　主要城市和旅游景点

旅游业是澳大利亚发展最快的行业之一。著名的旅游城市和景点遍布澳大利亚全国。澳大利亚联邦政府的旅游管理机构由国家旅游局、旅游研究局和澳大利亚旅游委员会组成。国家旅游局负责制定和执行旅游发展政策与规划。旅游研究局是一个非执行机构，隶属于工业、科学与旅游部，其职责是收集和发布旅游数据，从事战略性研究，监察旅游发展动向，为政府和企业进行决策服务。澳大利亚旅游委员会是一个由政府相关机构、旅游企业和行业组织及旅游专业人士组成的对外营销机构，主要职能是对外旅游宣传促销，增加入境旅游者，在外国设有 8 家旅游办事处。

1. 堪培拉

澳大利亚首都，位于澳大利亚山脉区的开阔谷地上，面积 2 395 平方千米，人口 32.5 万。堪培拉是一个年轻的城市，1913 年按规划始建，1927 年联邦政府从墨尔本迁于此，为全国政治中心。

堪培拉城市 50%以上的面积为国家公园或保留地，四周森林环绕，邻近风光秀丽的乡村，是一个环境幽雅的现代化都市，享有“天然首都”的美誉。

格里芬湖。位于堪培拉市中心，1963 年建成的人工湖。周长 35 千米，面积为 704 万平方米，以堪培拉市的规划建造设计师伯利·格里芬的名字命名。湖心有为纪念库克船长上岸 200 周年而建的“纪念库克船长喷泉”，喷泉水柱可高达 137 米。湖中阿斯彭岛上的钟塔是英国为纪念堪培拉奠基 50 周年而赠送的。

国会大楼。位于堪培拉市中心，是世界上最著名的建筑之一，堪培拉的标志性建筑。建于 1988 年，占地 32 万平方米，建筑面积 25 万平方米。建筑花岗岩外墙与国会山的形状配合得天衣无缝，整个建筑的核心是矗立在大厅顶上的不锈钢旗杆，高达 81 米，直插云霄。

2. 悉尼

新南威尔士州首府，澳大利亚第一大城市，面积 2 400 平方千米，人口 420 万。位于围绕杰克逊湾的低丘之上，是用当时英国内务大臣悉尼子爵的名字命名的。二百多年前，这里是一片荒原，经过两个世纪的艰辛开拓与经营，它已成为澳大利亚最繁华的现代化、国际化城市，有“南半球纽约”之称。

悉尼是澳大利亚最大的经济中心，工商业发达。铁路、公路和航空网与广大内地相通，有定期海、空航线与世界各国相联系，为澳大利亚的重要门户。

悉尼歌剧院。屹立于悉尼港畔的贝尼朗岬角之上，为风帆形。三面临水，面对大桥，背倚植物园，其外形宛如一组扬帆出海的船队，又如一组白色巨形贝壳。自 1973 年建成以来，一直以造型新颖、风姿绰约著称于世。

悉尼塔。位于悉尼市中心，高 304.8 米，是澳大利亚最高的建筑，金黄色的外观闪耀夺目。它是悉尼城的又一标志。

悉尼谊园。坐落于悉尼市达令港畔，与“中国城”毗邻。是 1988 年澳大利亚建国 200 周年前夕，在悉尼华人社团倡议下兴建的中国花园，是中澳两国人民友谊的象征。

澳大利亚博物馆。位于悉尼市中心海德公园对面，是一个享有国际声誉、着重自然历史和土著居民研究的博物馆，为澳大利亚最大的自然历史博物馆。该馆建于 1827 年，藏品极为丰富，主要收藏和展出各种动植物标本，收藏标本约 875 万件。

3. 布里斯班

澳大利亚第三大城市，全国最大海港，昆士兰州首府，主要工商业中心。位于布里斯班河下游两岸，市中心距河口 25 千米，面积 2 494 平方千米，人口约 112 万。由于这里有不少树袋熊（考拉）的保护区，又称为“考拉之都”。

布里斯班有许多植物园和公园，如女王花园、维多利亚公园、考拉动物园等，是休憩和观光的好去处，风光奇特的黄金海岸和大堡礁每年吸引着世界各地成千上万的游客。

黄金海岸。距布里斯班市区 96 千米，绵延 42 千米，是由数十个美丽沙滩组成的度假胜地。黄金海岸属亚热带海洋气候，终年阳光普照，空气湿润，一年四季都适宜旅游。

大堡礁。延绵 2 000 千米，是世界上最大、最长的珊瑚礁区，是世界著名的自然景观之一，也是澳大利亚人最引以自豪的天然景观。又称为“透明清澈的海中野生王国”。

4. 墨尔本

澳大利亚第二大城市，维多利亚州首府，澳大利亚的工业重镇。墨尔本城市布局整齐美观，摩天大楼鳞次栉比，绿化覆盖率高达40%。1901年至1927年，墨尔本曾经是澳大利亚的首都，为澳大利亚的文化名城。

墨尔本皇家植物园。位于墨尔本市中心，建造于1845年，占地40万平方米。以19世纪园林艺术布置，汇集了3万多种奇花异草。

大洋路。位于墨尔本西南，是一条全长近300千米的海滨公路。1932年竣工，开辟在悬崖峭壁中，沿途奇景迭出。1980年被定为国家自然公园对游客开放，是世界著名的观光景点之一。

企鹅岛。又名菲力浦岛。位于墨尔本东南124千米的海上，为天然动物保护区。这里是小企鹅的栖息地。可以观看到难得一见的企鹅登陆。

5. 珀斯

西澳大利亚州首府，位于澳大利亚西南角的斯旺河畔，东临达令山，西濒印度洋，背山面海，面积5 400平方千米，人口约143万。珀斯是黑天鹅聚集的地方，有“黑天鹅城”之称。珀斯有很多著名的海滩，当中较富盛名的为日落海岸。

6. 阿德莱德

南澳大利亚州首府和港口，人口112万，澳大利亚第四大城市，位于州洛夫蒂山地与圣文森特湾间的滨海平原上。整个市中心被公园绿地包围，市区内有许多保存完好的历史建筑。阿德莱德被称为“教会城”、“南半球的雅典”，还有“节庆之州”的美誉。位于市区北部的节庆中心，是阿德莱德的地标之一。

第二节　新西兰

国名“新西兰”。“新西兰”一词，意为“新的海中陆地”。首都惠灵顿。

一　基本国情

1. 地理气候

新西兰位于南半球太平洋南部，介于南极洲和赤道之间。由北岛、南岛、斯图尔特岛及其附近一些小岛组成。面积27万多平方千米，专属经济区120万平方千米。西隔塔斯曼海与澳大利亚相望，北邻汤加、斐济。新西兰境内多山，山地和丘陵占其总面积的75%以上，天然牧场或农场占国土面积的一半。北岛多火山和温泉，有新西兰最大的湖泊陶波湖，面积616平方千米。南岛多冰河与湖泊，有全国第一峰库克山，世界上海拔最低的冰川南阿尔卑斯山中的弗朗茨·约瑟夫和富克斯冰川和系列冰川湖。

新西兰属于温带海洋性气候。夏季平均气温25℃，冬季平均气温10℃，全年温差一般不超过15℃。西海岸年均降水量1 000～3 000毫米。南岛西南沿海地区可达5 000毫米以上，而东海岸仅500毫米。

资料7-3

绿色岛国

新西兰素以绿色著称。新西兰经过1 000多年的开发，绿色的天然牧场或农场占到了国土面积的一半，但仍有1/4的国土是茂密的森林。广袤的森林和牧场使新西兰成为名副其实的绿色岛国。

新西兰的森林有许多的树蕨、藤类和附生植物，大都属于国家公园和森林公园，禁止开发，人们在那里可以尽情享受其中的野趣。生长在北岛凹地与科罗曼德尔半岛的贝壳杉，是世界上最高大的植物之一。

2. 发展简史

被称为“波利尼西亚人”的毛利人是新西兰最早的居民。14世纪，毛利人从波利尼西亚来到新西兰定居，并用波利尼西亚语“aotearoa”做了它的名字，意思是“白云朵朵的绿地”。1642年，荷兰航海家阿贝尔·塔斯曼在此登陆，把它命名为“新泽兰”。1769—1777年，英国人詹姆斯·库克船长先后五次到新西兰，此后英国向这里大批移民并宣布占领新西兰，把海岛的荷兰文名字“新泽兰”改成英文“新西兰”。1840年起新西兰成为英国殖民地。1907年新西兰独立，成为英联邦的自治领，但政治、经济、外交仍受英控制。1931年，英国议会通过《威斯敏斯特法案》，根据这项法案，新西兰于1947年获得完全自主，仍为英联邦成员。

3. 人口与居民

新西兰人口443.5万。其中欧洲移民后裔占67.6%，毛利人占14.6%，亚裔占9.2%。75%的人口居住在北岛。

官方语言为英语和毛利语。通用英语，毛利人讲毛利语。

新西兰70%的居民信奉基督新教和天主教。

资料7-4

毛利文化

在新西兰，毛利文化深深地影响着整个国家的生活。毛利人的迎宾舞蹈是新西兰官方迎接贵宾的最高礼仪；毛利人的碰鼻礼和纹面广为人们所知。

毛利人是天生的艺术家，尤其在音乐和舞蹈方面有独到之处。他们从传教士那里学习赞美歌的旋律和和声，再经过巧妙的运用，发展成毛利人明朗愉快的音乐。在美术方面，木雕表现了毛利的文化特征，无论是独木舟上的雕刻，还是村寨入口处的雕刻，以及集会场所前面及周围的雕刻等，都充分显示了毛利人已将雕刻艺术融入日常生活中。目前，这种木雕品已成为馈赠的最佳礼物。

毛利人的石雕也很著名。最有名的是在新西兰绿石上雕刻提基神像。该绿石被毛利人视为护身符，非常珍贵。

新西兰毛利人欢迎客人的方式很特别，有一种"家庭式"的欢迎仪式。这是最古老的迎宾礼，也是最为隆重的礼仪。开始时，会场一片寂静，男女整齐地列队两旁。在一阵长时间沉寂以后，突然走出一位赤膊光脚的中年人，先是一声洪亮的吆喝，接着引吭高歌。歌声刚落，年轻的姑娘们翩翩起舞，舞姿优美，周围的人低声伴唱。歌停舞罢，他们就一个个走过来同客人行"碰鼻礼"，鼻尖对鼻尖，互碰三次，欢迎会进入高潮。

还有一种"挑战式"欢迎仪式。欢迎者全部民族装扮，为首的赤膊光足，系着草裙，脸上画上脸谱，手持长矛，一面吆喝，一面向客人挥舞过来，并不时地吐舌头。临近客人时，将一把剑或是绿叶枝条投在地上。这时，客人必须把它拾起来，恭敬地捧着，直到对方舞毕，再双手奉还。

4. 国旗、国徽、国歌、国花、国鸟、国石

国旗：呈横长方形，长与宽之比为2∶1。旗地为深蓝色，靠旗杆的左上方为英国国旗红白色的"米"字图案，右边有四颗镶白边的红色五角星，四颗星排列均不对称。红白"米"字图案表明同英国的传统关系；四颗星表示南十字星座，表明该国位于南半球，象征独立和希望。

国徽：中心图案为盾徽。盾面上有五组图案：四颗五角星代表南十字星座，象征新西兰；麦捆代表农业；羊代表该国发达的畜牧业；交叉的斧头象征该国的工业和矿业；三只扬帆的船表示该国海上贸易的重要性。盾徽右侧为手持武器的毛利人，左侧是持有国旗的欧洲移民妇女；上方有一顶英国伊丽莎白女王二世加冕典礼时戴的王冠，象征英国女王也是新西兰的国家元首；下方为新西兰蕨类植物，绶带上用英文写着“新西兰”。

国歌：《上帝保佑新西兰》。

国花：银蕨。

国鸟：几维鸟。

国石：绿石，又称绿玉。

5. 政治与经济

新西兰实行英国式的议会民主制。国家元首是英国女王，总督由女王任命新西兰人担任，作为其代表行使管理权。总督与内阁组成的行政会议是法定的最高行政机构。行政会议由总督主持。内阁掌握实权，由议会多数党组成。新西兰无成文宪法，由英国议会和新西兰议会先后通过的一系列法律和修正案以及英国枢密院的某些决定所构成。立法权属于一院制的众议院。政党主要有新西兰国家党、新西兰行动党、新西兰共产党、毛利党、新西兰联合未来党等。

新西兰是经济发达国家，畜牧业是其经济的基础。羊肉、奶制品和粗羊毛的出口量均居世界第一位，还是世界上最大的鹿茸生产国和出口国。工业以农林牧产品加工为主，主要有奶制品、毛毯、食品、酿酒、皮革、烟草、造纸和木材加工等，产品主要供出口。新西兰旅游业收入约占国内生产总值的10%，是仅次于乳制品业的第二大创汇产业。

新西兰法定货币为新西兰元（NZD）。1新西兰元=100分。

二　习俗礼仪

1. 节日庆典

新西兰重要的国家节日是：国庆日（也称威坦哲日，2月6日）。

其他传统节庆主要有：新年（1月1日），复活节，澳新军团日（4月25日），女王诞辰日（6月5日），劳动节（10月25日），圣诞节，节礼日（12月26日）。

2. 饮食习俗

新西兰人以米饭为主食。毛利人常用地热蒸制牛肉、羊肉、马铃薯等食品，这些食品通称为“夯吉”。制作“烧石烤饭”的原料有芋头、南瓜、白薯、猪肉、牛排、鸡、鱼等，在铁丝筐内分层一次烧制成，然后洒上盐、胡椒粉等食用。新西兰人喜欢中国的苏菜、京菜和浙菜。

3. 社交礼仪

新西兰人相见时，一般行握手礼；有时也行鞠躬礼，鞠躬方式独具一格，要抬头挺胸地鞠躬。新西兰的毛利人会见客人的最高礼节是施“碰鼻礼”，碰鼻子的次数越多、时间越长，礼就越重。

约会须预先约定，客人应早点到达。喜欢谈论国内和国际政治局势、天气以及体育运动，应回避种族等话题，不要把新西兰作为澳洲或澳大利亚的一部分。

4. 禁忌

忌讳数字“13”。忌讳男女同场活动，即使看戏或看电影，也分为男子场和女子场。当众剔牙和咀嚼口香糖被视为不文明举止；当众闲聊、吃东西、喝水、抓头皮、紧裤带等行为被视为失礼的举止。新西兰的毛利人对有人给他们照相极为反感。不喜欢吃带黏汁或过辣的菜肴。

三　主要城市和旅游景点

新西兰环境清新，气候宜人，风景优美，旅游胜地遍布全国。新西兰政府的旅游主管机构是商业部，下设旅游局。

1. 惠灵顿

新西兰首都。位于新西兰北岛的最南端，扼库克海峡咽喉。面积 266 平方千米，人口 45 万。三面环山，一面临海，环抱着尼科尔逊港。整个城市满目苍翠，空气清新，四季如春。惠灵顿地处断层地带，除临海有一片平地外，整个城市依山建筑。1855 年一次大地震曾使港口受到严重破坏。现在的惠灵顿是 1948 年后重建的。

惠灵顿濒临海湾，加之地势较高，时常受到海风的侵袭，一年之中大部分日子都刮风，因而有“风城”之称。

2. 奥克兰

位于新西兰北岛的奥克兰区，新西兰第一大城市，全国工业、商业和经济贸易中心。人口约 130 万。奥克兰拥有 50 多个小岛，一半是内陆城镇，一半为海边城镇，使之成为一个多元化的水世界。奥克兰在 1841—1865 年间为新西兰第二任首都（原首都拉塞尔）。

3. 罗托鲁阿

位于罗托鲁阿湖南畔，距奥克兰市 221 千米，人口 5 万，是新西兰北岛中北部一座工业城市。“罗托鲁阿”是毛利语，意为“双湖”。全市遍布热泉，市郊森林密布，是毛利人聚居区和著名的旅游胜地。

4. 基督城

位于新西兰南岛东岸，又名克赖斯特彻奇，新西兰第三大城市，新西兰南岛最大的城市，人口 31 万。始建于 150 年前，城市中到处都是规划整齐的花园，有“花园城市”之称。

教堂广场是基督城的中心，正中的天主教堂是一座哥特式古老建筑，高大肃穆，是该城最重要的地标与象征。由于当初前来建设该教堂的人士多是英国牛津大学的基督教会出身，因此这座城市取名为“基督城”。

5. 达尼丁

位于新西兰南岛东南部狭长的奥塔哥港区顶端，奥塔哥省的首府，新西兰南岛第二大城市，也是新西兰第四大城市，人口 12 万。达尼丁依山傍水，气候宜人。整个城市建筑为典型的苏格兰风格，被喻为“苏格兰以外最像苏格兰”的外国城市。达尼丁的皇后镇是新西兰著名旅游区，每年吸引众多的国内外游客来此。

思考与习题

1. 简述澳大利亚人的饮食特点。
2. 澳大利亚有哪些著名的旅游资源与景点？
3. 试从地理角度分析澳大利亚旅游资源的特点。
4. 新西兰人在社交礼仪上有什么特点？

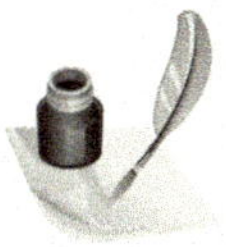

第八章
美洲地区国家

➤**教学目标** 知识目标：了解美洲地区主要客源国的基本概况；掌握人文习俗和著名旅游景点

能力目标：分析本区主要客源国的“民族熔炉”现象

➤**教学难点** 本区客源国的禁忌和民俗

➤**教学重点** 本区主要客源国的人文习俗和著名旅游景点

➤**主要内容** **美国**

基本国情　文化艺术　习俗礼仪　主要城市和旅游景点

加拿大

基本国情　习俗礼仪　主要城市和旅游景点

墨西哥

基本国情　文化艺术　习俗礼仪　主要城市和旅游景点

巴西

基本国情　习俗礼仪　主要城市和旅游景点

美洲是亚美利加洲的简称。其名称的由来，普遍的说法是为纪念意大利一位名叫亚美利哥·维斯普奇的著名航海家。美洲位于西半球，地处大西洋与太平洋之间，北濒北冰洋，南与南极洲隔德雷克海峡相望，由北美和南美两个大陆及其附近许多岛屿组成。巴拿马运河一般作为南北美洲的分界线。在政治地理上，把墨西哥、中美洲、西印度群岛和南美洲统称为拉丁美洲；北美洲仅指加拿大、美国、格陵兰岛、圣皮埃尔和密克隆群岛、百慕大群岛。

美洲的经济发展很不平衡，除美国和加拿大是经济发达国家以外，其他都是发展中国家。美洲文明的代表有玛雅文明、印加文明和阿兹特克文明。此外，奥尔梅克文明、瓦哈卡文明、特奥蒂瓦坎文明和托尔特克文明等在美洲发展史上也占有重要地位。

第一节　美　国

美国，国名全称“美利坚合众国”，简称美国（U. S. A.）。美国因洲名而得名，在英语中“亚美利加”和“美利坚”为同一词“America”，只是汉译不同，前者指全美洲，后者指美国。首都华盛顿。

资料8-1

山姆大叔

美国的绰号叫“山姆大叔”。传说1812年英美战争期间，美国纽约特罗伊城商人山姆·威尔逊（1766—1854）在供应军队牛肉的桶上写有“u. s.”，表示这是美国的财产。这恰与他的昵称“山姆大叔”（Uncle Sam）的缩写（u. s.）相同，于是人们便戏称这些带有“u. s.”标记的物资都是“山姆大叔”的。后来，“山姆大叔”就逐渐成了美国的绰号。19世纪30年代，美国的漫画家又将“山姆大叔”画成一个头戴星条高帽、蓄着山羊胡须的白发瘦高老人。1961年美国国会通过决议，正式承认“山姆大叔”为美国的象征。

一　基本国情

1. 地理气候

美国位于北美洲中部，除本土外，领土还包括北美洲西北部的阿拉斯加和太平洋中部的夏威夷群岛及波多黎各群岛。面积962万平方千米。北与加拿大接壤，南靠墨西哥和墨西哥湾，西临太平洋，东濒大西洋。总体上美国分为三大水系：位于落基山以东的大西洋水系，主要有密西西比河、康涅狄格河和哈德逊河，其中密西西比河全长6 020千米，居世界第四位；太平洋水系主要有科罗拉多河、哥伦比亚河、育空河等；北美洲中东部的大湖群，包括苏必利尔湖、密歇根湖、休伦湖、伊利湖和安大略湖，属冰川湖，为世界最大的淡水水域，素有“北美地中海”之称，其中密歇根湖属美国，其余四湖为美国和加拿大共有。苏必利尔湖为世界最大的淡水湖，面积在世界湖泊中仅次于里海而居世界第二位。

美国大部分地区属于温带大陆性气候，大陆南部属亚热带气候，东部沿海地区分布有温带海洋性气候和地中海气候，阿拉斯加属于极圈内寒冷气候区，而夏威夷群岛和波多黎各群岛位于北回归线以南，属于热带气候区。

2. 发展简史

美国原为印第安人聚居地。15世纪末，西班牙、荷兰、法国、英国等欧洲国家开始向北美移民，印第安人被驱逐到偏远的西部。到1773年，英国已建立了13个殖民地。1775年爆发了北美人民反抗英国殖民者的独立战争。1776年7月4日在费城召开了第二次大陆会议，通过了《独立宣言》，正式宣布建立美利坚合众国。1783年独立战争结束，1787年制定联邦宪法，1788年乔治·华盛顿当选为第一任总统。1860年反对黑奴制度的共和党人亚伯拉罕·林肯当选总统。1861年，南部奴隶主发动叛乱，爆发了美国的南北战争。1865年，战争以北方获胜而结束，从而为资本主义在美国的迅速发展扫清了道路。19世纪初，随着资本主义的发展，美国开始对外扩张。在其后的一百年内，美国领土几乎扩张了十倍。19世纪末，美国工业总产值已经位居世界第一位。第一次世界大战中，美国国力得到大大增强。第二次世界大战结束后，成为世界超级大国。

3. 人口与居民

美国人口3.087亿。美国是一个移民国家，有“民族熔炉”之称，其中白人占64%，拉美裔占16.3%，黑人占12.6%，亚裔占4.7%，印第安人占0.3%。

美国通用美式英语。

美国居民中，信奉基督教新教的占56%，信奉天主教的占28%，信奉犹太教的占2%，信奉其他宗教的占4%。

4. 国旗、国徽、国歌、国花、国鸟、国石

国旗：星条旗。呈横长方形，长与宽之比为19∶10。旗面左上角为蓝色长方形星区，其中分9排横列着50颗白色五角星，50颗五角星代表美利坚合众国的50个州。星区以外是由13道红白相间的条纹组成，7道红条，6道白条，代表组成合众国的最初13个州。红色象征强大和勇气，白色代表纯洁和清白，蓝色象征警惕、坚忍不拔和正义。

国徽：主体为一只胸前带有盾形图案的白头海雕（秃鹰）。白头海雕是美国的国鸟，它是力量、勇气、自由和不朽的象征。盾面上半部为蓝色横长方形，下半部为红白相间的竖条，寓意同国旗。鹰之上的顶冠象征在世界的主权国家中又诞生一个新的独立国家——美利坚合众国；顶冠内有13颗白色五角星，代表美国最初的13个州。鹰的两爪分别抓着橄榄枝和箭，象征和平和武力。鹰嘴叼着的黄色绶带上用拉丁文写着“合众为一”，意为美利坚合众国由很多州组成，是一个完整的国家。

国歌：《星条旗之歌》。

国花：玫瑰花。

国鸟：白头海雕（秃鹰）。

国石：蓝宝石。

5. 政治与经济

美国为联邦制共和国政治体制，实行三权分立，国会、总统、法院分别行使立法、行政、司法权，相互制约。各州拥有较大的自主权。总统为国家元首、政府首脑和武装部队总司令，拥有很大的权力，不对国会负责。政府内阁由各部部长和总统指定的其他成员组成，内阁实际上只起总统助手和顾问团的作用，没有集体决策的权力。国会为最高立法机构，由参议院和众议院联合组成。设联邦最高法院、联邦法院、州法院及一些特别法院。联邦最高法院由首席大法官和大法官组成，终身任职。联邦最高法院有权宣布联邦和各州的任何法律无效。主要政党有共和党和民主党。

美国是世界上最发达的资本主义国家，经济发展水平居世界领先地位，国民经济总产值占世界首位。美国自然资源丰富，煤、石油、天然气、铁矿石、钾盐、磷酸盐、硫磺等矿物储量均居世界前列；石油储量丰富，是石油生产大国。工农业生产门类齐全，集约化程度高。汽车工业、建筑业和金融业为美国经济的三大支柱。主要的工业产品有汽车、航空设备、计算机、电子和通信设备、钢铁、石油产品、化肥、水泥、塑料、新闻纸、机械等。农业高度发达，机械化程度高，粮食总产量占世界的1/5，是世界上最大的农产品出口国。第三产业在国民经济中的比重达到67%。

美国法定货币为美元（USD）。1美元=100分。

二　文化艺术

19世纪末至20世纪初，美国涌现出一大批享有盛名的文学巨匠。主要作家和代表作有：纳撒尼尔·霍桑的小说《红字》、哈里特·比彻·斯托夫人的小说《汤姆叔叔的小屋》、马克·吐温的小说《哈克贝利·费恩历险记》、杰克·伦敦的小说《铁骑》。20世纪，美国现实主义文学进入全盛时期。有影响的作家和作品有：德莱塞的小说《嘉丽妹妹》、《珍妮姑娘》，辛克莱·刘易斯的小说《大街》、《巴比特》，欧内斯特·海明威的小说《战地钟声》、《老人与海》，黑人作家阿历克斯·哈利的小说《根》。1993年托尼·莫里森获得诺贝尔文学奖，她的主要作品有《所罗门之歌》、《宠儿》和《爵士乐》。

美国是世界上最著名的电影王国，好莱坞是美国电影业中心。

三　习俗礼仪

1. 节日庆典

美国的节日丰富多彩。除宗教节日外，主要国家节日有：国庆日（独立日，7月4日），林肯诞辰日（2月12日），华盛顿诞辰日（2月22日），阵亡烈士纪念日（5月最后一个星期一），国旗日（6月14日）。

2. 饮食习俗

美国饮食追求快捷方便，比较大众化。汉堡包、热狗、馅饼、炸面包圈和肯德基炸鸡等快餐风靡美国。口味喜欢清淡、不腻、咸中带微甜。讲究饮食的“生”、“冷”、“淡”。“生”是爱吃生菜，因其特别重视菜肴的鲜、嫩；“冷”是乐于吃凉菜，不喜欢过烫过热的菜肴；“淡”是喜欢少盐味，味道忌咸，稍以偏甜为好。不爱吃蒜和过辣食物。忌食动物内脏。喜欢野味和海味菜肴，偏爱蛙肉和火鸡。喜爱中国的苏菜、川菜、粤菜。

3. 社交礼仪

握手礼是美国人最普通的见面礼。握手时应注视对方，并摘下手套。如果因故来不及脱掉手套，一定要向对方说明原因并表示歉意。人多时不可以交叉握手，女性彼此见面时可不握手。朋友之间通常是不拘礼节地打招呼。盛行女士优先的原则。在社交场合，男子处处谦让妇女，爱护妇女。

美国人平时穿着随便，但正式社交场合必须按请柬要求着装。业务交往讲究守时，但社交活动往往迟到。喜欢直呼名字，并把它视为亲切友好的表示。

资料8-2

不拘礼节的美国人

美国人以不拘礼节著称于世。在写字楼里常常发现“白领”不穿外套、不系领带地坐在自己的办公室里工作。有电话交谈时，他们会把双足往桌子上搁，优哉游哉地“侃”上半天。美国教授讲到来劲之处，会坐在讲台上，神采飞扬地滔滔不绝。美国父子之间和母女之间，关系随和轻松。无论是在电影里，还是在实际生活中，常见到美国长辈与幼辈互拍肩膀、无拘无束。所有这一切都源于美国人不拘礼节的习性。

美国人不拘礼节的习性与他们的民主平等观念相关。美国人对家庭、地位、身份不十分看重，更重视当事人本身的实际成就。因为大家珍视平等的权利，相互交往中就没有必要过分讲究各种各样的礼节。上级与下级之间，家长与子女之间，老板与工人之间，教授与学生之间，一般只需笑一笑，说声“嗨”或者“哈罗”即可，而不必加上各种头衔。还有，美国人在社交场合散席或者业务会议散会时，较少与人一个个地道别，而是向大家挥手说一声“好啦，我们再见吧”。这样做并不表示人们相互间缺少敬意，而是长年累月的习惯使然。

4. 禁忌

忌讳涉及个人私事，如年龄、婚姻状况、收入、宗教信仰等话题。忌讳过分谦虚和客套，忌讳谈话时距离太近。忌讳称呼长者加“老”字，忌讳说“白”、“胖”。忌讳冲他人伸舌头，认为这种举止是污辱人的动作。忌讳赠送带有明显标志的礼物。

忌讳数字“13”和“3”，忌讳“星期五”，认为这些数字和日期都是厄运和灾难的象征。忌讳黑色，认为黑色是肃穆的象征，是丧葬用的色彩。讨厌蝙蝠，认为它是吸血鬼和凶神的象征。黑猫被视为不吉利的动物。

四　主要城市和旅游景点

美国自然旅游资源和现代人造旅游资源均很有特色，博物馆业极为发达。有众多国家公园和形式多样的旅游地，国家公园和自然保护区面积占国土面积的1/10。美国主管旅游的机构是商务部国际贸易管理局所属的旅游产业办公室，具体负责制定旅游政策和进行旅游调研。旅游宣传促销活动由美国旅游协会承担。

1. 华盛顿

美国首都，全称“华盛顿哥伦比亚特区”，是为纪念美国开国元勋乔治·华盛顿和发现美洲新大陆的哥伦布而命名的。位于马里兰州和弗吉尼亚州之间的波托马克河与阿纳卡斯蒂亚河汇流处。面积178平方千米，人口约55万。

华盛顿是美国的政治中心，白宫、国会、最高法院以及绝大多数政府机构均设在这里。面积最大的建筑是美国国防部所在地五角大楼。华盛顿还有许多纪念性建筑。

国会大厦。坐落在“国会山”。1793年华盛顿亲自为大厦奠基，是华盛顿市的象征。乳白色的建筑有一个圆顶主楼和相互连接的东、西两翼大楼，美国国会参众两院都在这里办公。

白宫。坐落在华盛顿市中心的宾夕法尼亚大街，与高耸的华盛顿纪念碑相望，因其外墙为白色砂岩石，故而得名。占地7.3万多平方米，分为主楼和东西两翼，是华盛顿之后美国历届总统办公和居住的地方。白宫正楼南面的南草坪是“总统花园”，美国总统常在这里举行欢迎贵宾的仪式。

华盛顿纪念碑。为纪念美国首任总统乔治·华盛顿而建造，从1848年动工直到1884年才完工。位于华盛顿市中心，是一座大理石方尖碑，高169米，其内墙镶嵌着188块由私人、团体及全球各地捐赠的纪念石，其中一块刻有中文的石碑是清政府赠送的。华盛顿纪念碑四周是个大草坪碧草如茵，那里经常举行集会和游行。

杰弗逊纪念堂。为纪念美国第三任总统托马斯·杰弗逊而建。1938 年在罗斯福主持下开工，至 1943 年落成。纪念馆按杰弗逊喜爱的罗马万神殿式圆顶建筑风格设计，是一座高约 30 米的白色大理石建筑。

林肯纪念堂。为纪念美国第 16 任总统林肯而建。1914 年兴建，1922 年落成，仿古希腊帕提农神庙，长约 57 米，高约 24 米，36 根希腊式白色大理石圆形廊柱，代表林肯逝世时的 36 个州。林肯坐像高 5.8 米，周围饰以有关解放黑奴、南北统一的壁画。

2. 纽约

位于纽约州东南哈德逊河口，濒临大西洋。美国第一大都市和第一大商港。它不仅是美国的金融中心，也是全世界金融中心之一。纽约由曼哈顿、布鲁克林、布朗克斯、昆斯和里士满等五个区组成，面积 828 平方千米，人口 827 万。纽约是世界上最大、最繁华的城市。纽约还是联合国总部所在地，总部大厦坐落在曼哈顿岛东河河畔。

纽约于 1686 年建市。独立战争期间，纽约是乔治·华盛顿的司令部所在地和他就任美国第一任总统的地方，也是当时美国的临时首都。到 19 世纪中叶，纽约逐渐成为美国最大的港口城市和集金融、贸易、旅游与文化艺术于一身的国际大都会。

曼哈顿岛是纽约的核心，面积 57 平方千米。集中了百老汇、华尔街、帝国大厦、格林威治村、中央公园、联合国总部、大都会艺术博物馆、大都会歌剧院等名胜。

大都会艺术博物馆。建于 1880 年。占地 13 万平方米，共收藏展品 300 万件。它是世界四大博物馆之一。馆内的明轩，仿中国苏州网师园而建，颇具苏州园林的艺术神韵。

中央公园。坐落在曼哈顿岛的中央，是大都市中的城市公园，面积 340 万平方米。公园内有池、湖、喷泉，还有动物园、运动场、美术馆、剧院等各种设施。园内还栖息着 250 多种鸟类。

自由女神像。位于纽约市哈德逊河口附近，是法国在 1876 年赠送给美国独立 100 周年的礼物。正式名称是“自由照耀世界之神”，是美国国家纪念碑。自由女神像高 46 米，加基座为 91 米，重 200 多吨，为金属铸造，置于一座混凝土的台基上。自由女神像仪态端庄，身穿宽大的长袍，右手高擎火炬，左手捧美国的《独立宣言》，俯视着纽约海湾，为美国东海岸门户象征。底座表面刻有著名犹太女诗人艾玛·拉扎鲁斯为雕像写的诗作《新的巨人》，底座内为美国移民史博物馆。

3. 波士顿

波士顿被称为美国“最古老的城市”，有360多年的历史。位于美国东北部，是马萨诸塞州的首府，面积125平方千米，人口65万。它濒临浩瀚的大西洋，是优良的海港城市。有哈佛大学、麻省理工学院等世界著名大学。

4. 旧金山

旧金山，又译为圣弗朗西斯科或三藩市，是美国西部重要的海港城市，以及金融、贸易和文化中心。地处加利福尼亚州西北部，太平洋和圣弗朗西斯湾之间半岛的北端，三面临海。面积约120平方千米。

旧金山的水域面积占城市总面积的2/3，市区与周围城镇以桥梁相连接。湾西岸同湾东岸之间有四座长桥，其中金门桥气势宏伟，外形壮观，色调独特，已成为旧金山的标志。旧金山是一座国际化城市，人口构成复杂，有亚洲人、意大利人、法国人、墨西哥人、黑人和西班牙人的社区。每个社区都有各自的特点。

金门大桥。1937年通车。全长2.7千米，桥两端有两座高达227米的塔，是世界上最大的单孔吊桥之一，被视为旧金山的象征。在淘金热的时候，这座桥如同是通往金矿的一扇大门，因此被命名为“金门大桥”。

联合广场。位于旧金山的闹市区。广场中央有座高耸的纪念碑，纪念1895年5月1日美国海军在马尼拉海湾击败西班牙舰队。

唐人街。共有16条街道，华裔居民有10万。19世纪末，中国移民被运来加州修筑太平洋铁路和淘金，被当时的政府视为“次等公民”，并规定他们居住在特定区域。后来又迁入了新的移民，发展成为“唐人街”，成为美国最大的华人聚居区，也是亚洲之外的最大华人社区。

5. 洛杉矶

位于美国西海岸加利福尼亚州南部，是仅次于纽约的美国第二大城市，人口约380万。洛杉矶除拥有发达的工业和金融业，还是美国的文化娱乐中心，是举世闻名的“电影城”和“旅游城”。

洛杉矶大量的移民使其成为一个多民族、多文化色彩的国际性城市，少数民族占全市人口的一半，并拥有众多移民社区，各色人种聚居的地区形成了各自的“城”。洛杉矶也是美国华人的主要聚集地之一，约有40万。中国城为一新一老的“唐人街”，新唐人街建于20世纪中期，位于北百老汇区附近。

迪士尼乐园。位于洛杉矶市区东南，是世界上最大的综合游乐场。1955年，美国动画片大师沃尔特·迪士尼创办了这个主题游乐公园，主要有主街、冒险乐园、新奥尔良广场、动物王国、拓荒者之地、米奇卡通城、梦幻乐团、未来王国等八个主题公园。

好莱坞。位于洛杉矶市区西北郊，是世界最大的电影工业中心。20世纪初，一些制片商开始在这里拍片。20世纪30年代成为美国的一个文化中心。

6. 拉斯维加斯

美国内华达州的最大城市，面积340平方千米，人口190万。地处沙漠，周围环绕着海拔1 000米至3 000米的高山。它因以赌博业为中心的庞大的旅游、购物、度假产业而著名，是世界著名的度假胜地之一。

7. 夏威夷

美国在太平洋中部的一个州。由夏威夷群岛组成，共130多个岛屿，呈弧状横贯北太平洋。总面积1.67万平方千米，人口113.5万。首府和最大城市是檀香山。

夏威夷岛上的冒纳罗亚火山（海拔4 170米）、基拉韦厄火山（海拔1 247米）都是活火山，常常从山顶火山口和山腰裂隙溢出熔岩流。终年盛行东北信风，各岛迎风的东北坡降水丰富，多热带雨林；背风的西南坡干燥少雨，多热带草原。夏威夷经济以农业为主，甘蔗、菠萝、花卉、畜牧等为重要农产品。工业以制糖、菠萝罐头等食品加工为主。夏威夷也是美国重要的军事要地，有珍珠港等大型海空军基地。旅游业是其主要经济来源。

火山国家公园。位于大岛东南部，建于1916年，占地377平方千米。全世界最活跃的两座活火山冒纳罗亚和基拉韦厄都位于此公园内，尤其是基拉韦厄火山仍在不断喷流。

8. 黄石国家公园

位于美国西部北落基山和中落基山之间的熔岩高原上，绝大部分在怀俄明州的西北部。海拔2 134～2 438米，面积8 956平方千米。建于1872年，是美国第一个国家公园和原始公园。因为公园处于一个巨大的火山盆地中，有多达万个温泉点，其中有250个为间歇泉，温泉的数目为世界之最。

公园有五个进口，分五个区：西北的马默斯温泉区以石灰石台阶为主，故也称热台阶区；东北为罗斯福区，仍保留着老西部景观；中间为峡谷区，可观赏黄石大峡谷和瀑布；东南为黄石湖区，主要是湖光山色；西及西南为间歇喷泉区，遍布间歇喷泉、温泉、蒸汽、热水潭、泥地和喷气孔。

9. 大峡谷国家公园

位于亚利桑那州西北部科罗拉多大峡谷，由科罗拉多河流切而成，全长443千米，深约1 800米，谷顶部宽8～25千米，谷底水面线最狭处仅120米。大峡谷从几十亿年前的古老花岗岩到近期各个地质时代的岩层，清晰地暴露在外，在阳光照耀下变化莫测。大峡谷国家公园位于峡谷最深、最壮观处，长约35千米。

第二节　加拿大

国名"加拿大"。"加拿大"一词，是葡萄牙语中"荒凉"的意思；也有说是印第安语中"棚屋"的意思。传说法国探险家卡蒂埃到达此地，在询问当地易洛魁部落酋长"这个地方叫什么名字"时，这位酋长答道："加拿大。"卡蒂埃误以为他的这一回答是指整个的国土，其实酋长告诉他的是指附近的一个由棚屋组成的村落。"加拿大"从此便被讹传成了国家的名称。首都渥太华。

一　基本国情

1. 地理气候

加拿大位于北美洲北部（除阿拉斯加半岛和格陵兰岛外，整个北半部均为加拿大领土）。面积998万平方千米，居世界第二位。东临大西洋，西濒太平洋，南界美国本土，北靠北冰洋。西北与美国的阿拉斯加州接壤，东北隔巴芬湾与格陵兰岛相望。加拿大东部为丘陵地带，南部与美国接壤的大湖和圣劳伦斯地区，地势平坦，多盆地。西部为科迪勒拉山区，是加拿大最高的地区，许多山峰在海拔4 000米以上。北部为北极群岛，多系丘陵低山。中部为平原区。最高峰洛根峰，位于西部的落基山脉，海拔5 951米。加拿大是世界上湖泊最多的国家之一。

加拿大大部分地区属温带大陆性气候，北部为寒带苔原气候，北极群岛终年严寒。中西部最高气温达40 ℃以上，北部最低气温低至−60 ℃。

资料8-3

北极光

北极光为自然界中最为壮观且美丽的天然现象。它是由于太阳光焰（又称太阳风，即电子或其他放射粒子）与地球大气层的相互作用，通过地球磁场由巨大的电子云团产生的明亮艳丽的绿色弧光，有时会伴随着红色或粉红色的边线。这种光有时让人觉得很近，几乎能触摸到，其实它在遥远的大气层之上。加拿大纬度高，很多地方很适宜极光现象的观赏。最佳观赏地点为黄刀市，另外还有亚伯达省北部的麦克莫瑞堡、史密斯堡，曼尼托巴省的丘吉尔等。

2. 发展简史

印第安人和因纽特人（爱斯基摩人）是加拿大最早的居民。16 世纪时，加拿大沦为法、英殖民地，后又被法国割让给英国。1867 年，英国将加拿大省、新不伦瑞克省和诺瓦斯科舍省合并为一个联邦，成为英国最早的自治领。此后，其他省也陆续加入联邦。1926 年，英国承认加拿大的“平等地位”，加拿大始获外交独立权。1931 年，成为英联邦成员国。1982 年，英国女王签署《加拿大宪法法案》，加拿大议会获得立宪、修宪的全部权力。

3. 人口与居民

加拿大人口 3 411 万。其中英裔居民占 42%，法裔居民约占 26.7%，其他欧洲人后裔占 13%，土著居民（印第安人、米提人和因纽特人）约占 3%，其余为亚洲、拉美、非洲后裔等。

英语和法语为加拿大官方语言。

加拿大居民中，信奉天主教的占 47.3%，信奉基督教新教的占 41.2%。

资料8-4

爱斯基摩人

“爱斯基摩”一词是由印第安人首先叫起来的，即“吃生肉的人”。爱斯基摩人是北极地区的土著民族，自称因纽特人，分布在从西伯利亚、阿拉斯加到格陵兰的北极圈内外。分别居住在格陵兰、美国、加拿大和俄罗斯。

爱斯基摩人有着独特的衣、食、住、行方式，他们在与严寒搏斗的千万年中，塑造出的独特文化，是人类发展史上的一朵奇葩。住房有石屋、木屋和雪屋。房屋一半陷入地下，门道极低。一般养狗，用以拉雪橇。主要从事陆地或海上狩猎，辅以捕鱼和驯鹿。以猎物为主要生活来源：以肉为食，毛皮做衣物，油脂用于照明和烹饪，骨牙做工具和武器。

4. 国旗、国徽、国歌、国树

国旗：呈横长方形，长与宽之比为 2∶1。旗面中间为白色正方形，内有一片 11 个角的红色枫树叶；两侧为两个相等的红色竖长方形。白色正方形代表加拿大辽阔的国土（加拿大大部分国土全年积雪期在 100 天以上，故用白色表示）；两个红色竖长方形分别代表太平洋和大西洋；红枫叶代表全体加拿大人民。

国徽：图案中间为盾形，盾面下部为一枝三片枫叶；上部分有四组图案，分别为三头金色的狮子，一头直立的红狮，一把竖琴和三朵百合花，分别象征加拿大在历史上与英格兰、苏格兰、爱尔兰和法国之间的联系。盾徽之上有一头狮子举着一片红枫叶，既是加拿大民族的象征，也表示对第一次世界大战期间加拿大的牺牲者的悼念。狮子之上为一顶金色的王冠，象征英女王是加拿大的国家元首。盾形左侧的狮子举着一面联合王国的国旗，右侧的独角兽举着一面原法国的百合花旗。底端的绶带上用拉丁文写着“从海洋到海洋”，表示加拿大的地理位置——西濒太平洋，东临大西洋。

国歌：《啊，加拿大》。

国树：枫树。

资料8-5

枫叶之国

在加拿大，人们对枫叶有着深厚的感情，并将它作为国家的标志，从国旗、国徽、国树，到老百姓的生活用品，枫叶图案比比皆是，深入人心。加拿大人特别喜欢枫树，不仅因其有观赏价值，还因为它可用来制作糖浆，供人们享用。因此，加拿大有“枫叶之邦”的美誉。

加拿大境内多枫树，沿着圣劳伦斯河，从魁北克到尼亚加拉，是著名的东加拿大黄金观光线。每年 9 月下旬至 10 月上旬，满山遍野的枫叶或呈橘黄，或显嫣红，宛如一堆堆燃烧的篝火。多伦多、京士顿、渥太华、蒙特利尔等大城市，都分布在这条线上。所以，这条线又被称为“传承之路”。每年春天 3 月中旬到 4 月初是采集枫汁、熬制枫液糖浆的季节，各地的“枫叶节”也在这个时候开始，持续到 6 月底。

枫糖节期间，有的农场保留了早年印第安人采集树液及制作枫糖的器具，用古老的制作方法，为游客表演制糖的工艺过程。热情的加拿大人还为游客表演各种民间歌舞，免费供应枫糖糕和太妃糖，让客人品尝。

5. 政治与经济

加拿大的政体名义上为君主立宪制，实际上为议会民主制。英国女王是名义上的国家元首和武装部队总司令，实际上国家分别由议会、总理和法院行使立法、行政和司法权，军队的最高指挥官是国防参谋长。女王任命总督为其代表。联邦总理为政府首脑。联邦议会是国家最高权力和立法机构，由参议院和众议院组成。众议院中占多数席位的政党组成内阁，内阁由总理、副总理和各部部长组成。参众两院通过的法案由总督签署后成为法律。主要政党有保守党、自由党、新民主党、魁北克集团等。

加拿大工业化程度高，制造业和高科技产业较发达，资源工业、初级制造业和农业是国民经济的主要支柱。加拿大以贸易立国，对外资、外贸依赖很大。加拿大森林、矿藏、能源等资源丰富，其中镍、锌、铂、石棉的产量居世界首位。每年出口大量木材、纤维板和新闻纸。工业以石油、金属冶炼、造纸为主。渔业很发达，75%的渔产品出口，是世界上最大的渔产品出口国。旅游业十分发达，旅游收入居世界前列。

加拿大法定货币为加元（CAD）。1 加元=100 分。

二　习俗礼仪

1. 节日庆典

加拿大除宗教节日外，重要的国家节日有：国庆日（独立日，7 月 1 日）；公民日（8 月第一个星期一），休战纪念日（11 月 11 日），维多利亚日（5 月 24 日）。

2. 饮食习俗

加拿大人的生活习俗与英、法、美等国相仿。口味偏淡，喜甜食，不喜欢过咸、过辣菜肴，不喜欢蒜味、酸辣味调料。忌食动物内脏和脚爪。忌食虾酱、鱼露、腐乳和臭豆腐等有怪味、腥味的食物。爱吃烤制食品，极喜欢风味烤牛排。喜爱中国的苏菜、沪菜、鲁菜。

资料8-6

加拿大冰酒

冰酒是加拿大独特且稀有的特产，举世闻名，葡萄酒中的极品。冰酒系100%葡萄汁发酵而成，色泽金黄或酒红，口感醇厚清爽，品质上乘，酒香里处处洋溢着欧美风情。由于真正的冰酒不仅要有优质的葡萄品种和非常严格的酿造工艺，更取决于天气的因素和时机，且其产量极低，被称之珍贵。

冰酒最初在欧洲气候凉爽的产区生产和酿造。而加拿大尼亚加拉半岛的气候特别适合冰酒的生产。加拿大冰酒在国际上一直享有很高的声誉，享有“加拿大国酒”的美誉。

3. 社交礼仪

加拿大一般行握手礼。其礼貌礼节大多与英国和法国相似。亲吻和拥抱礼虽然也是加拿大人的礼节方式，但仅适合于熟人、亲友和情人之间。约会要准时，如果不得已迟到，要先打电话通知，并告诉将会到达的时间。遵守先到先得的规则，讨厌插队，习惯于排队。

4. 禁忌

忌讳说“老”字，年纪大的人被称为“高龄公民”，养老院被称为“保育院”。忌讳在公共场所吸烟。忌讳黑色，偏爱白色。送礼时忌讳白色的百合花和百合图案。忌讳数字“13”和“星期五”。

三　主要城市和旅游景点

加拿大旅游业发达。主要旅游城市有温哥华、渥太华、多伦多、蒙特利尔、魁北克市等。加拿大政府旅游主管机构是工业部下设的旅游局。

1. 渥太华

加拿大首都。位于安大略省东南部与魁北克省交界处。面积 4 662 平方千米，人口 110 万。渥太华河由西向东将整个城市南北分开。南部居民是英国移民后代，讲英语；北部居民是法国移民后代，讲法语。渥太华为加拿大第四大城市，水、陆、空交通枢纽。水力资源丰富，以轻工业为主，有造纸、木材加工、食品、机械制造等工业。

里多运河。全长 202 千米，由渥太华延伸至京士顿，竣工于 1832 年，为 19 世纪工程技术奇迹之一。秀丽的里多河横贯渥太华全城，为首都增添了几分秀色。

2. 多伦多

加拿大安大略省省会，面积 632 平方千米，人口 430 万。地处安大略湖的西北岸，地势平坦，风景秀丽。有屯河和恒比河穿流其间，为加拿大大湖区重要港口城市。“多伦多”在印第安语中是“汇集之地”的意思。多伦多原是印第安人在湖边交易狩猎物品的场所，久而久之，逐渐成了人们汇集之地。

多伦多作为加拿大经济中心和第一大城市，汽车工业、电子工业、金融业及旅游业在经济中占有重要地位。多伦多享有世界上最多元化城市的美誉，包容了来自一百多个国家的移民，演绎出文化的多元性。

西恩塔。耸立于安大略湖畔，于 1976 年建成，塔高 553 米，是世界最高的无支架建筑之一。它既是电视发射塔，又是旅游和文化活动胜地。为多伦多城市的标志。

安大略皇家博物馆。位于多伦多市中心，加拿大最大、拥有最多收藏品的博物馆，有来自世界各地的近 600 万件收藏品。这里典藏有中国本土以外最丰富的中国艺术品，还有希腊、埃及、罗马等其他国家的珍贵收藏品。

卡萨罗玛城堡。在西班牙语中意思是“山丘上的城堡”，建于 1911 年。这座引人瞩目的建筑是加拿大最早的古堡。

3. 尼亚加拉大瀑布

位于加拿大和美国交界的尼亚加拉河中段，与南美的伊瓜苏瀑布及非洲的维多利亚瀑布合称世界三大瀑布。它以宏伟的气势、丰沛而浩瀚的水汽而著称。瀑布总宽度 1 240 米，被山羊岛和鲁纳岛两个岛屿分成了三段。加拿大一边的瀑布高 56 米，岸长约 675 米，称为加拿大瀑布或马蹄瀑布。美国一边较大的瀑布高 50 米，岸长 305 米，称为美国瀑布；小瀑布宽 80 米，落差 50 米，因其水流较小，飞落化雾如同一位蒙着面纱的新娘，故称“新娘面纱瀑布”。

4. 蒙特利尔

位于加拿大东部，是圣劳伦斯河水道（连接五大湖和大西洋）上的主要港口，加拿大的金融、商业中心和全国第二大城市。面积 158 平方千米，人口 300 万。因该城市中 60%是法裔，城市建筑保持百年前巴黎的风格，是世界上除巴黎之外最大的法语城市，故有“北美洲的巴黎”之称。

5. 温哥华

位于加拿大不列颠哥伦比亚省南端，加拿大第三大城市，人口 180 万，也是加拿大西部最大的工商、金融、科技和文化中心。三面环山，一面傍海。温哥华虽处高纬度地区，但南面受太平洋季风和暖流影响，东北部有落基山做屏障，终年气候温和、湿润，环境宜人，是加拿大著名的旅游胜地。

卡皮拉诺吊桥公园。温哥华最古老的观光景点。吊桥全长 137 米，从一百多年前起，吊桥便以两条粗麻绳及香板木悬挂在高 70 米的卡皮拉诺河上。

斯坦利公园。占地 40 万平方米，是北美最大的城市公园，也是世界最闻名的公园之一。1888 年建成，以加拿大总督斯坦利爵士之名命名。

6. 维多利亚

加拿大不列颠哥伦比亚省会，位于加拿大西南的温哥华岛南端，是温哥华岛上最大的城市和不冻港。城市秀美宁静，素有“花园城市”之称，人口 32 万。1862 年建市，以英国 19 世纪维多利亚女王的名字命名。气候温和，风景美丽，市内和近郊多公园，为深海渔船基地和著名旅游胜地。

第三节　墨西哥

墨西哥，国名全称“墨西哥合众国”。“墨西哥”一名源于印第安语的“墨西特里”（也译墨西特耳）一词。“墨西特里”是当地印第安人最大的一个部落阿兹特克族战神的别名，“墨西特里”一词去掉“特里”，加上词尾“哥”，意为“战神指定的地方”。首都墨西哥城。

一　基本国情

1. 地理气候

墨西哥位于北美洲南部，拉丁美洲西北端，是南、北美洲陆路交通的必经之地，素称“陆上桥梁”。面积 196 万平方千米，为中美洲最大的国家。北邻美国，南接危地马拉和伯利兹，东濒墨西哥湾和加勒比海，西临太平洋和加利福尼亚湾。特万特佩克地峡将北美洲和中美洲连成一片。墨西哥 5/6 左右为高原和山地。墨西哥高原居中，两侧为东西马德雷山脉，以南是新火山山脉和南马德雷山脉，东南为地势平坦的尤卡坦半岛，沿海多狭长平原。全国最高峰奥里萨巴火山，海拔 5 700 米。主要河流有北布拉沃河、巴尔萨斯河和亚基河。湖泊多分布在中部高原的山间盆地中，最大的是查帕拉湖，面积 1 109 平方千米。

墨西哥气候复杂多样。沿海和东南部平原属热带气候，年平均气温为 25 ℃～27.7 ℃；墨西哥高原终年气候温和，山间盆地年平均气温为 24 ℃，地势较高地区年平均气温 17 ℃左右；西北内陆为大陆性气候。大部分地区全年分旱、雨两季，雨季集中了全年 75％的降水量。年平均降水量西北部不足 250 毫米，内地为 750～1 000 毫米，墨西哥湾沿岸中部与太平洋沿岸南部为 1 000～2 000 毫米。因墨西哥境内多为高原地形，冬无严寒，夏无酷暑，四季万木常青，故享有“高原明珠”的美誉。

2. 发展简史

墨西哥是美洲大陆印第安人古老文明中心之一，闻名于世的玛雅文化和阿兹特克文化均为墨西哥古印第安人创造。1519 年西班牙殖民者入侵墨西哥，1521 年沦为西班牙殖民地，1522 年在墨西哥城建立新西班牙总督区。1810 年 9 月 16 日，米格尔·伊达尔戈－科斯蒂利亚神父在多洛雷斯城发动起义，开始了独立战争，1821 年 8 月 24 日宣布独立。翌年 5 月伊图尔比德建立墨西哥帝国。1823 年 12 月 2 日宣布成立墨西哥共和国。1824 年 10 月正式成立联邦共和国。1846 年美国发动侵墨战争。1848 年 2 月墨、美签订和约，墨西哥被迫将北部 230 万平方千米的土地割让给美国。1867 年法、英、西班牙等入侵者被赶出墨西哥。1917 年颁布资产阶级民主宪法，宣布国名为墨西哥合众国。

3. 人口与居民

墨西哥人口 1.12 亿，居美洲第三位，仅次于美国和巴西。其中印欧混血种人占 90％，印第安人占 10％。

官方语言为西班牙语，有 8％的人讲印第安语。

墨西哥居民中，信奉天主教的占92.6%，信奉基督教新教的占3.3%。

4. 国旗、国徽、国歌、国花、国鸟、国石

国旗：呈长方形，长与宽之比为7∶4。从左至右由绿、白、红三个平行相等的竖长方形组成，白色部分中间绘有墨西哥国徽。绿色象征独立和希望，白色象征和平与宗教信仰，红色象征国家的统一。

国徽：为一只展翅的雄鹰，嘴里叼着一条蛇，一只爪抓着蛇身，另一只爪踩在从湖中的岩石上生长出的仙人掌上。这组图案描绘了墨西哥人的祖先阿兹特克人建国的历史。仙人掌是墨西哥的国花，象征着墨西哥民族及其顽强的斗争精神。图案中下方为橡树和月桂树枝叶，象征力量、忠诚与和平。

国歌：《墨西哥合众国国歌》。

国花：仙人掌、大丽菊。

国鸟：雄鹰。

国石：黑曜石。

资料8-7

仙人掌王国

墨西哥是仙人掌的故乡，在仙人掌的2 000多个品种中，墨西哥占有一半以上，因此享有“仙人掌王国”的美誉。仙人掌在墨西哥有特殊的地位，当地印第安人把仙人掌视为神灵顶礼膜拜。仙人掌是墨西哥的标志之一，在墨西哥的国旗、国徽和货币上都有仙人掌的图案。

仙人掌在墨西哥被广为种植。农民把仙人掌当主食：摘取其嫩芽，把刺刮干净，水煮后切成丝，拌上油，再加些辣椒，夹在薄薄的玉米饼里吃起来松脆清香，别有风味。在墨西哥有很多种烹调仙人掌的方法：做成的凉菜，清脆可口；用叶片做成仙人掌菜肴，独具民族风味，如辣炒仙人掌、蛋煎仙人掌。墨西哥人还用仙人掌的茎秆做燃料和建造农舍，用它的纤维制作成粗布，用它的肉茎捣烂外敷或绞汁涂之疗伤治病。

仙人掌的果实汁多味甜，可以做饮料、果酱、蛋糕和酿酒，还可以用来制糖。在墨西哥，仙人掌果叫“杜纳”。“杜纳”是墨西哥人一种特殊的水果，每逢客人到来，在餐桌上总要摆放这种果品。仙人掌的叶片经发酵加工后，可以制成一种名叫“诺乔特”的饮料，是墨西哥人非常喜欢的饮料之一。

5. 政治与经济

墨西哥实行总统制的联邦共和政体，立法、行政和司法三权分立。总统是国家元首和政府首脑，由公民直接普选产生。联邦议会是国家立法机构，由参、众两院组成。内阁是政府行政机构，由总统直接领导。墨西哥各州制定本州的宪法，但州政府权力受国家根本法约束。主要政党有国家行动党、革命制度党、民主革命党等。

墨西哥是拉美经济大国。矿产资源丰富，其中白银的产量居世界之首，素有“白银王国”之称。是拉美地区第一大石油生产国和出口国。工矿业门类比较齐全，但发展不平衡。墨西哥是世界主要蜂蜜生产国，生产的蜂蜜90%用于出口。主要农作物有玉米、小麦、高粱、大豆、水稻、棉花、咖啡、可可等。墨西哥古印第安人培育出了玉米，所以墨西哥享有“玉米的故乡”的美誉。剑麻是墨西哥著名农产品，有“绿色金子”的别称。

墨西哥法定货币为墨西哥比索（MXP）。1 比索＝100 分。

二　文化艺术

墨西哥是美洲文明古国，曾孕育了玛雅、阿兹特克、托尔特克、奥尔梅加和特奥蒂瓦坎等古印第安文化。玛利雅奇音乐和萨巴特奥舞蹈融合了西班牙和印第安音乐舞蹈的特色，成为墨西哥独特的民族艺术形式。

墨西哥文学在拉美独树一帜。作家奥克塔维奥·帕斯（1990 年获诺贝尔文学奖）、胡安·鲁尔福和卡洛斯·富恩特斯都是现代西班牙语文坛巨匠。墨西哥壁画举世闻名，里维拉、奥罗斯科、西凯罗斯为杰出壁画家。

墨西哥有 21 处古迹被联合国宣布为“人类文化和自然遗产”。著名的有莫雷利亚、太阳金字塔和月亮金字塔、奇琴伊察古城遗址等。

资料8-8

阿兹特克文化

14～16 世纪初，阿兹特克文化是墨西哥中部最主要的土著文化。据传说，太阳神和战神启示四处流浪的阿兹特克人，只要见到一只老鹰站在仙人掌上啄食一条蛇的地方就是阿兹特克人永久定居之地。“墨西哥”在阿兹特克语中的意思是战神指定的地方。墨西哥国徽上鹰啄蛇的图案即源于此。

1325 年，阿兹特克人开始建立自己的都城特诺奇蒂特兰，即现今墨西哥城前身。1426 年阿兹特克人和其他两个印第安部落结成联盟，不断对外进行军事征服，将其影响扩展到墨西哥中南部，建立了强大的奴隶制帝国。1519 年，都城特诺奇蒂特兰已成为面积达 13 平方千米、人口约 10 万的大城市，同南美洲印加帝国都城库斯科齐名，为当时世界上最大的城市之一。全城有各类房屋数万幢，寺庙祭坛 40 多座，其中最主要的金字塔式“大庙”规模宏伟。

阿兹特克人在迁徙和对外扩张的过程中，不断学习和吸取其他印第安文化的精华，以玛雅历法为基础创建了“太阳历”。阿兹特克最具代表性的文物珍品即是一块巨大的“太阳历”石浮雕，重24吨，直径3.6米，中央是太阳神形象，周围的四个图案代表阿兹特克人所认知的史前年代。其宗教历法通过图像表达出来：一年有18个月，每月20天。阿兹特克文字为象形文字，与玛雅文字类似。阿兹特克人的医学比较发达，会用草药治病并施行土法麻醉。从古抄本的图画中可以看出，土著医生对人体的构造和各器官的作用已有一定了解。

1519年11月，西班牙殖民者的远征军抵达阿兹特克都城特诺奇蒂特兰。当时的阿兹特克首领引狼入室，将他们迎接入城。不久，西班牙殖民者制造事端，残杀市民，遭到阿兹特克人的奋勇反抗。1521年5月被赶出城的西班牙殖民者卷土重来，围攻特诺奇蒂特兰。8月，该城陷落，大部分居民英勇战死。壮丽的特诺奇蒂特兰被侵略者夷为平地。阿兹特克文化遭到摧残和毁灭。

三　习俗礼仪

1. 节日庆典

墨西哥重要的国家节日是：独立日（9月16日）。

其他的传统节庆主要有：新年日，立宪日（2月5日），胡阿雷斯诞辰（3月21日），感恩节（4月6日），劳动节，五月五，革命日（11月20日），圣诞节。

2. 饮食习俗

墨西哥主食为玉米，爱吃玉米面做的薄饼。墨西哥菜以辣椒和番茄为主要原料，九成以上的酱汁是辣椒和番茄调制而成。墨西哥菜分前菜、汤类、主菜和甜品，其中汤类较为清淡，突出主菜的酸辣特色，墨式沙律是其特色风味。喜爱中国的川菜。

资料8-9

墨西哥辣椒文化

辣椒是正宗墨西哥菜肴中不可或缺的基本食材，辣椒的无处不在构成墨西哥别具一格的“辣椒文化”。作为辣椒的发源地，墨西哥辣椒有上百种，品种繁多，形态各异，绚丽多彩。嗜辣成性的墨西哥人的日常饮食中，辣椒已不仅仅是普通调料，它与玉米、菜豆一样，是人们每日必不可少的“主食”。

不管早餐、午餐还是晚餐，从普通人家到高档餐馆甚至国宴，都能找到辣椒的身影。

墨西哥人吃辣椒的方式花样百出。有新鲜干吃，有调汁佐餐，有晒干与西红柿和仙人掌拌菜煮汤，还可以与水果、糕点、糖果、零食、饮品和冰激凌混合享用。烤玉米或煮玉米是墨西哥街边常见的小吃，小贩在新鲜出炉的玉米棒上浇上奶油、洒上奶酪粒后，绝不会忘记再抹上厚厚一层辣椒酱。大街上、公交车上、地铁里，还不时能碰到口含辣味棒棒糖的儿童和手举沾满辣椒粉的冰激凌的俊男靓女。麦当劳、肯德基和必胜客等外来快餐食品也“入乡随俗”，大都会添加具有浓郁墨西哥风情的辣椒。

3. 社交礼仪

墨西哥社交场合最常用的礼节是微笑和握手礼。熟人见面时行拥抱礼与亲吻礼。在上流社会中，男士们往往还会温文尔雅地向女士行吻手礼。不习惯准时到达约会地点，一般比事先约定的时间晚上一刻钟至半个小时，并认为那是一种待人的礼貌。

4. 禁忌

忌讳用手势来比画小孩的身高，因为手心朝下，与地面平行比画在小孩头部位置的手势，只可用来表示动物的高度，认为是在侮辱人。忌讳送黄色的花和红色的花，认为黄色意味着死亡，红色花会给人带来晦气。忌讳紫色，认为紫色是不祥之色。忌讳数字“13”和“星期五”。忌讳蝙蝠及其图案和艺术造型，认为蝙蝠是一种吸血动物，给人以凶恶、残暴的印象。

四　主要城市和旅游景点

悠久的历史文化、独特的高原风情和人文景观以及漫长的海岸线，使墨西哥旅游业居拉丁美洲第一位。墨西哥城、阿卡普尔科、蒂华纳、坎昆等均为著名旅游胜地。墨西哥国家旅游管理机构是旅游部。

1. 墨西哥城

墨西哥首都，墨西哥的政治、经济和文化中心。位于墨西哥高原南部特斯科科湖的湖积平原上，海拔 2 240 米，有众多的卫星城镇。包括墨西哥城和附近的 17 个城镇，面积约 2 018 平方千米，人口 2 200 万。墨西哥城集中了全国近一半的工业、商业和超过一半的服务业以及 2/3 的金融业。它的生产总值占全国的 48%。

墨西哥城群山环绕，气候温和，四季如春，大大小小的花园镶嵌在全城的各处，景色秀丽，为世界旅游名城。主要的名胜古迹有宪法广场、太阳金字塔和月亮金字塔等。

人类学博物馆。坐落于查普尔特佩克公园内，面积 12.5 万平方米，是拉丁美洲最大和最著名的博物馆之一。博物馆集古印第安文物之大成，介绍了人类学、墨西哥文化的起源以及印第安人的民族、艺术、宗教和生活。仅西班牙人入侵前的历史文物展品就有 60 多万件。

太阳金字塔和月亮金字塔。位于墨西哥城北部 40 千米处，是阿兹特克人所建特奥蒂瓦坎古城遗迹的主要组成部分，也是阿兹特克文化保存至今的建筑物。太阳金字塔高 65 米，体积 100 万立方米，是当时祭祀太阳神的地方。月亮金字塔规模较小，塔高 46 米，建造精细，是祭祀月亮神的地方。

2. 阿卡普尔科

墨西哥南部著名的港口及旅游城市。位于格雷罗州太平洋沿岸的阿卡普尔科湾畔。海湾呈半月形，长 6 千米，宽 3 千米，最高水深 100 米，是墨西哥太平洋沿岸的良港和世界最佳天然锚地之一。阿卡普尔科属热带气候，从 12 月至次年 4 月气候温和舒适，适于旅游度假，海岸边有 20 多处金黄色的海滩。

3. 坎昆

墨西哥旅游城市，位于加勒比海北部、尤卡坦半岛东北端海滨，是一座长 21 千米、宽仅 400 米的美丽岛屿。整个岛呈蛇形，西北端和西南端有大桥与尤卡坦半岛相连。该城市三面环海，风光旖旎。在玛雅语中，坎昆意为“四条蛇”，被认为是欢乐和幸福的象征。

坎昆市区的各行各业都为旅游业服务，市内的旅馆建筑风格多种多样、色彩各异。其中谢拉顿旅馆是一座六层楼的金字塔形建筑，因南北会议曾在这里举行而闻名于世。海边有一片 20 千米长的白色沙滩，被命名为“白沙滩”、“珍珠滩”、“海龟滩”和“龙虾滩”。

第四节　巴　西

巴西，国名全称“巴西联邦共和国”。“巴西”之名，源于当地的一种著名红木的名称。1500 年，葡萄牙人抵达南美时，发现了这块无名大陆，便竖起一块刻有葡萄牙王室徽章的十字架，并为其取名“圣十字架地”，同时宣布归葡萄牙所有。后来发现一种纹路细密、坚固耐用、色彩鲜艳，既可做家具，又可制染料，与东方红木类似的树木，把它取名为“巴西”。因此，“巴西”一词便逐渐代替了“圣十字架地”这一名字，以后沿用下来成为国名。首都巴西利亚。

一　基本国情

1. 地理气候

巴西位于南美洲东南部，东濒大西洋。面积851万平方千米，是拉丁美洲面积最大的国家。北邻法属圭亚那、苏里南、圭亚那、委内瑞拉和哥伦比亚，西邻秘鲁、玻利维亚，南接巴拉圭、阿根廷和乌拉圭。巴西地形分为亚马孙平原、巴拉圭盆地、巴西高原和圭亚那高原，其中亚马孙平原约占全国面积的1/3。有亚马孙、巴拉那和圣弗朗西斯科三大河系。亚马孙河全长6 751千米，横贯巴西西北部，亚马孙平原是世界上最大的平原，亚马孙河是世界上最大的河流。

巴西80%位于热带地区，最南端属亚热带气候。北部亚马孙平原属热带气候，年平均气温27 ℃～29 ℃。中部高原属热带草原气候，分旱、雨季。南部地区平均气温16 ℃～19 ℃。

资料8-10

亚马孙热带雨林

亚马孙河是世界上流域最广、流量最大的河流。它水量终年充沛，滋润着800万平方千米的广袤土地，孕育了世界最大的热带雨林，其面积达700万平方千米。亚马孙雨林从安第斯山脉低坡延伸到巴西的大西洋海岸，聚集了250万种昆虫、成千上万种植物和大约2 000种鸟类和哺乳动物，生活着全世界鸟类总数的1/5。有的专家估计每平方千米内有超过75 000种树木，15万种高等植物。亚马孙可能还有几百万种物种正等待着人们去发现。

亚马孙热带雨林对于全世界一切生物的健康生存都有着至关重要的影响，被公认为世界上最神秘的“生命王国”。

2. 发展简史

巴西为古代印第安人居住地。16世纪，葡萄牙航海家佩德罗·卡布拉尔到达巴西。随后，葡萄牙派远征军在巴西建立殖民地，开始长达约三个世纪的统治。1822年，巴西获得独立，巴西帝国建立。1889年，废除帝制，成立共和国。1891年定国名为巴西合众国。1967年改国名为巴西联邦共和国。

3. 人口与居民

巴西人口1.91亿。其中白种人占53.74%，黑白混血种人占38.45%，黑种人占6.21%，还有黄种人和印第安人。

官方语言为葡萄牙语。

巴西居民中，信奉天主教的占73.6%。

4. 国旗、国徽、国歌、国花

国旗：呈长方形，长与宽之比为10∶7。旗地为绿色，中间是一个黄色菱形，其四个顶点与旗边的距离均相等。菱形中间是一个蓝色天球仪，其上有一条拱形白带。绿色象征该国广阔的丛林，黄色代表丰富的矿藏和资源。天球仪上的拱形白带将球面分为上下两部分，下半部象征南半球星空，其上大小不同的白色五角星代表巴西的26个州和1个联邦区。白带上用葡萄牙文写着“秩序和进步”。

国徽：图案中间突出一颗大五角星，象征国家的独立和团结。大五角星内的蓝色圆面上有五个小五角星，代表南十字星座；圆环中有22个小五角星，代表巴西各州和联邦区。大五角星周围环绕着用咖啡叶和烟草叶编织的花环，背后竖立一把剑，剑柄在五角星下端。绶带上用葡萄牙文写着“巴西联邦共和国”“1889年11月15日”（共和国成立日）。

国歌：《听伊皮兰加的呼声》。

国花：毛蟹爪兰。

5. 政治与经济

巴西实行总统联邦共和制政体。总统是国家元首和政府首脑兼武装部队总司令，直接选举产生。国民议会由参议院和众议院组成，行使立法权，为国家最高权力机构。内阁为政府行政机构，内阁成员由总统任命。主要政党有劳工党、巴西民主运动党、巴西工党、民主工党、社会主义人民党、巴西共产党、进步党、巴西社会民主党、民主党等。

巴西是拉美第一大经济实体。矿产资源丰富，主要有铁、铀、铝矾土、锰、石油、天然气和煤等。有较为完整的工业体系，钢铁、汽车、造船等行业在世界享有盛誉，核电、通信、电子、飞机制造等领域的技术水平已跨入世界先进国家行列。农牧业发达，是世界第一大咖啡生产国和出口国，有“咖啡王国”之称，甘蔗和柑橘的产量居世界之首，大豆产量居世界第二，玉米和糖果产量居世界第三，被誉为“21世纪的世界粮仓”。巴西的旅游业久负盛名，为世界十大旅游创汇国之一。

巴西法定货币为雷亚尔（REAL）。1雷亚尔＝100分。

二　习俗礼仪

1. 节日庆典

巴西重要的国家节日是：国庆日（独立日，9月7日），印第安人日（4月19日），吉卜赛人日（5月24日）。

其他传统节日主要有：元旦，巴西狂欢节（2月中下旬），耶稣受难日，独立英雄纪念日（4 月 21 日），劳动节，基督圣体节，圣母显灵日，亡灵日（11 月 2 日），共和国成立日（11 月 15 日），圣诞节。

资料8-11

巴西狂欢节

被称为世界上最大的狂欢节，有“地球上最伟大的表演”之称。每年 2 月的中旬或下旬举行三天。巴西狂欢节对女性化的狂热程度在世界上可以说是独一无二的。在巴西的狂欢节中，里约热内卢狂欢节是世界上最著名、最令人神往的盛会；巴伊亚州首府萨尔瓦多市的狂欢节以保持原汁原味而独具特色。

相传，里约热内卢狂欢节始于 19 世纪中叶。最初的狂欢节是举行一些室内化装舞会，人们戴上面具，尽情欢乐。1852 年，葡萄牙人阿泽维多指挥的乐队走上了街头。随着节奏明快的乐曲，全城男女老少都跳起来，整个城市欢腾起来，标志着狂欢节成为大众的节日。

2. 饮食习俗

巴西东北地区主食是木薯粉和黑豆，其他地区的主食是面食、大米和豆类等。国菜称“脍豆”，即用猪蹄、杂碎和黑豆做原料，放在砂锅内一起炖制而成。“烤肉”是巴西人最喜欢吃的风味菜之一，流行香辣烤鱼、酸甜烤鳗鱼、烤茄子、烤辣椒、烤菠萝、烤苹果、烤玉米、烤香菇、烤哈密瓜等烧烤系列。爱喝咖啡，也喜欢饮酒。喜欢中国的川菜。

资料8-12

咖啡王国

巴西以咖啡质优、味浓而驰名全球，是世界上最大的咖啡生产国和出口国，素有“咖啡王国”之称。咖啡原产于非洲的埃塞俄比亚，1727 年传入巴西。独特的地理和气候条件，加之廉价的劳动力，使咖啡种植业迅速兴起。19 世纪，巴西的咖啡种植几乎遍及全国，随后又形成持续近一个世纪之久的“咖啡繁荣期”。20 世纪初，巴西的咖啡产量占世界总产量的 75%以上，成为国民经济的重要支柱之一。全国有大大小小的咖啡种植园 50 万个，种植面积约 2.2 万平方千米，从业人口达 600 多万，年产咖啡 200 万吨左右，年出口创汇近 20 亿美元。

巴西人也酷爱喝咖啡。上世纪 60 年代，巴西人均年咖啡消费量达 5.8 千克。近 20 年来，随着其他饮料的出现，巴西人均咖啡消费量仍超过 3 千克。

在巴西，无论城市还是乡村，各式各样的咖啡屋随处可见。人们几乎随时随地都可以喝到浓郁芳香的热咖啡。

3. 社交礼仪

巴西最常用的礼节是微笑和握手礼，也有行拳礼相互表示问安和致敬（行此礼要先握紧拳头，然后向上空伸出拇指）。与亲朋好友相见时，大多习惯施拥抱礼或亲吻礼。妇女之间最常用吻礼（在施礼时要脸贴脸发出接吻的吻声，但她们虽吻嘴却不接触脸）。时间观念较随便，通常要比约定的时间迟到10分钟或15分钟。

4. 禁忌

忌用拇指和食指连成圆圈，并将其余三指向上伸开，形成“OK”的手势，认为这是一种极不文明的表示。忌食奇形怪状的水产品和用两栖动物肉制作的菜品。应回避谈论政治、宗教以及其他有争议的话题。送礼忌讳送手帕，认为送手帕会引起吵嘴和不愉快。忌讳数字“13”。忌讳紫色，认为紫色是悲伤的色调。

三　主要城市和旅游景点

巴西的旅游业久负盛名，为世界旅游创汇国之一。主要旅游点有里约热内卢、圣保罗、萨尔瓦多、巴西利亚、伊瓜苏瀑布、伊泰普水电站、玛瑙斯自由港、黑金城、巴拉那石林和大沼泽地等。巴西国家旅游管理机构是旅游部。

1. 巴西利亚

巴西首都，现代化新兴城市。位于中部戈亚斯州境内的马拉尼翁河和维尔德河汇合而成的三角地带上。海拔1 100米，始建于1956年。包括8个卫星城，面积5 814平方千米，人口近240万。

巴西首都原为里约热内卢。为了国防安全及发展内地经济，1891年巴西第一部宪法就规定在内地兴建新都，1956年选定现址，用41个月的时间就在荒凉的中部高原建成了一座现代化的新城市。

2. 里约热内卢

巴西最大的海港，简称里约。位于巴西东南部大西洋西岸，里约热内卢州首府，是巴西第二大城市。面积1 255.3平方千米，人口900万。全国经济、文化和金融中心。有纺织、服装、印刷、汽车、造船、机械、石油加工、化学、冶金和食品等工业。

里约热内卢，在葡萄牙语中意为“一月的河”，因葡萄牙人1505年1月远航到此而得名。从1763年到1960年为巴西的首都，现今仍设有相当多的联邦政府机关以及社团组织和公司的总部，称为巴西“第二首都”。

里约热内卢是世界著名的旅游中心，是巴西和世界著名的旅游观光胜地。随处可见保存完好的古建筑物，大多已被辟为纪念馆或博物馆。巴西的国立博物馆，就是当今世界最著名的大博物馆之一，收藏的物品共有100余万件。

3. 黑金城

位于巴西东南部，以矿产丰富著称的米纳斯吉拉斯州，过去的州政府所在地。1698年建立，据说因为黄金是从黑沙中筛选的，因此取名黑金城。

山城方圆约1平方千米，海拔约1 100米，建筑多为巴洛克风格。窄小的街道随城市的地形高低起伏，至今保存完好。古老的建筑和高大的教堂错落有致，在周围青山绿树的衬托下，呈现出一片古朴优美的风景。

4. 伊瓜苏瀑布

位于巴西与阿根廷交界处的伊瓜苏河下游，世界三大瀑布之一。瀑布分布于峡谷两边，阿根廷与巴西就以此峡谷为界，由275道大小各异的瀑布组成，总跨度约为2 700米，是世界上最宽的瀑布群。伊瓜苏瀑布与众不同之处在于观赏点多。从不同地点、不同方向、不同高度，看到的景象不同。峡谷顶部是瀑布的中心，水流最大最猛，人称“魔鬼喉”。

思考与习题

1. 简述美国、加拿大两国的社交礼仪。
2. 简述美国、加拿大两国的习俗禁忌。
3. 为什么美国能成为世界上旅游业最发达的国家？
4. 简述美国人的饮食特色。
5. 美国在文化艺术上有哪些主要成就？
6. 美国有哪些著名人文景点？
7. 简述墨西哥特色文化和主要景点。
8. 简述巴西在饮食方面的习俗。

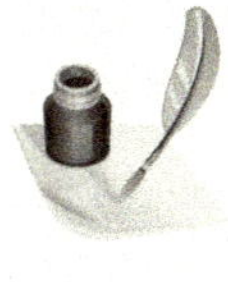

参考文献

[1] 陈家刚．中国旅游客源国概况．天津：南开大学出版社，2005.
[2] 宝胜，舒惠芳．客源国（地区）概况．北京：机械工业出版社，2004.
[3] 王兴斌．中国旅游客源国概况（第3版）．北京：旅游教育出版社，2005.
[4] 陈福义，张金霞．中国主要旅游客源国与目的地国概况．北京：清华大学出版社，2007.
[5] 夏林根．旅游目的地概述．北京：旅游教育出版社，2005.